中国数字营商环境
创新改革实践报告
（2023—2024）

中国信息协会营商环境专业委员会

—— 编著 ——

辽宁人民出版社

图书在版编目（CIP）数据

中国数字营商环境创新改革实践报告 . 2023—2024 / 中国信息协会营商环境专业委员会编著 . -- 沈阳 : 辽宁人民出版社，2024. 10. -- ISBN 978-7-205-11257-8

Ⅰ. F492

中国国家版本馆 CIP 数据核字第 202401L10Y 号

出版发行：辽宁人民出版社
      地址：沈阳市和平区十一纬路 25 号　邮编：110003
      电话：024-23284325（邮　购）　024-23284300（发行部）
      http://www.lnpph.com.cn
印　　刷：辽宁新华印务有限公司
幅面尺寸：170mm×240mm
印　　张：19.5
字　　数：285 千字
出版时间：2024 年 10 月第 1 版
印刷时间：2024 年 10 月第 1 次印刷
责任编辑：郭　健　张婷婷
装帧设计：G-Design
责任校对：吴艳杰
书　　号：ISBN 978-7-205-11257-8
定　　价：96.00 元

编辑委员会

主　任

王金平

副主任

斯　兰　宋林霖　刘　波

委　员

蔡国勇　姜　岩　杨明宇　王皓熠　王　鹏

付平良　贺玉珍　曹良克　张　磊　朱晓红

张凤英　贺可嘉　李辉显　张海军　荆　花

杨　闯　叶仕春　李广文　蒋申超　陈志超

序　言

　　优良的营商环境是稳定市场信心、激发活力、推动经济发展的关键因素。随着我国数字经济的快速发展，提升网络化、数字化、智慧化政务服务水平，是优化数字营商环境的必由之路。

　　我国数字经济的发展速度之快、范围之广、影响之深前所未有，带来新的经济增长动力的同时，也给传统营商环境优化工作提出了一系列挑战。传统的营商环境已经难以满足数字经济发展的需求，需要加大加快数字化转型步伐，构建适应数字经济发展的新型营商环境。

　　新质生产力发展也对营商环境提出新要求、新挑战。当前，我国在新质生产力发展方面已实现了诸多突破。以人工智能、大数据、云计算等为代表的新一代信息技术得到了广泛应用，推动了各行各业的数字化转型和智能化升级。在丰富的实践场景中，新质生产力发展需要市场机制的保障，并通过跨领域、跨部门的协调过程方能实现。因此，营造符合新质生产力发展需要的数字营商环境尤为重要。

　　在数字化时代的浪潮下，营商环境的优化与数字化建设已成为全球政府和企业共同关注的焦点。许多国家都意识到构建数字营商环境的重要性，并将其作为经济发展的新动力点。世界银行于2017年推出了"数字营商指标"，旨在评估各国数字营商环境水平，为国际经验交流和政策制定提供了重要参考。2023年，世界银行发布了新的营商环境评价体系（B-READY），将"数字技术应用"作为重要因素纳入其中，并在21个国家试点开展了指标应用。这一新的评价体系的推出，标志着全球数字营商环境建设进入了一个新的阶段。

我国高度重视和关注数字营商环境的改善。2019年颁布的《优化营商环境条例》，为在法治轨道上优化数字营商环境提供了遵循。习近平总书记也在2020年和2021年亚太经合组织会议上两次提及优化数字营商环境，倡导优化数字营商环境，激发市场主体活力，释放数字经济潜力，为我国开展相关工作提供了明确的指导和方向。2022年国务院颁布的《"十四五"数字经济发展规划》进一步明确了相关要求，为我国数字经济和营商环境建设提供了战略性指导。不少地方政府也在积极探索、不断创新，形成了一系列卓有成效的优化数字营商环境的经验和模式，如北京"接诉即办"、浙江"最多跑一次"改革、江苏"不见面审批"等，都努力让数据多跑路、让百姓少跑腿，进一步优化了营商环境，激发了市场活力和社会创造力。

习近平总书记强调"营商环境只有更好，没有最好"，数字营商环境的优化是一项系统性、长期性工程，数字营商环境创新改革实践经验的总结和研究也至关重要。《中国数字营商环境创新改革实践报告（2023—2024）》（以下简称《报告》），在2022年报告基础上针对法治建设、基础设施建设、平台优化、数据开放共享、在线政务服务和评价体系构建等方面进行了系统探讨和总结。

1. 数字化与营商环境的互动

《报告》指出，数字化不仅是一个技术革新过程，更是一种全新的业务操作方式，能够对营商环境产生根本性的影响。通过集成大数据、云计算、人工智能等现代信息技术，可以极大提升政府服务的透明度和效率，减少企业的风险和运营成本，提高决策的科学性和精确性。具体来说，数字技术的应用使得信息流通更为畅通无阻，政策执行更加精准，同时也增强了政府监管的前瞻性和主动性。

2. 各地实践与成效总结

《报告》详细介绍了各地区如何通过数字化手段改善和优化营商环境的具体案例。例如，有的地区通过建立统一的电子商务平台，简化了企业注册和税务申报的流程；有的地区利用大数据分析，对行业发展趋势进行预测，为企业提供个性化的政策支持和服务；还有的地区通过智能化的审批系统，大幅度缩短了企业获得建筑许可的时间。这些创新和实践不仅提高了行政效率，也优化了企业的投资环境。

3. 理论与概念的深化

尽管数字营商环境已经取得了显著的实践成果，但《报告》也指出，当前对于数字营商环境的理解尚未形成统一的认识，相关的基本概念和理论还需要进一步的梳理和完善。这要求学术界、产业界和政策制定者共同参与，通过广泛的讨论和深入的研究，进一步丰富和完善数字营商环境的理论体系。

4. 未来方向与挑战

面对全球经济的不确定性和复杂性，以及国内经济转型升级的需求，《报告》强调，深入学习贯彻党的二十大精神，将数字技术的发展与营商环境改革紧密结合，不仅是适应国内外经济形势变化的需要，也是推动高质量发展、构建新发展格局的重要途径。《报告》建议，应进一步加强政策支持，优化创新环境，推动数字技术与营商环境的深度融合，为我国经济社会的全面振兴提供有力的数字支撑。

《报告》对当前我国营商环境改革与数字化融合做了深刻解析，既有对营商环境的基本内涵与外延的理解，也有关于数字技术如何赋能传统营商环境的探讨，梳理和提炼出了一系列有效的策略和方法，是集理论性和方法论为一体的重要参考文献。

《报告》还是一份极具前瞻性和指导性的研究成果。《报告》汇集我国各地区的实践案例，不仅展示了数字技术在不同行业和领域的应用，更彰显了数字赋能对于提升营商环境质量和效率的巨大潜力，将为政策制定提供宝贵的参考和借鉴，也为开展数字营商环境研究和实践工作提供重要指引。

鉴以往而知未来。我认为，这是编制《中国数字营商环境创新改革实践报告》的初衷和目的。数字化营商环境的建设并非一蹴而就，但通过政府、企业和社会各界的共同努力，我们有信心打造一个更加便捷、高效、智慧的数字化营商环境，为我国经济的高质量发展注入强大动力。

中国信息协会会长 王新

前　言

　　伴随营商环境改革的不断深入，传统营商环境面临着改革增量空间减小、各类数据难联通、营商政策供需匹配难度大、评价方式存在局限等诸多困境。在数字经济时代，以大数据、云计算、区块链、物联网、人工智能为代表的新一代信息技术从技术层面取得不断突破的同时，也为营商环境的数字化变革提供了新机遇。2020 年 11 月，习近平总书记在亚太经合组织第二十七次领导人非正式会议上首次提出"数字营商环境"概念，提出"倡导优化数字营商环境，激发市场主体活力，释放数字经济潜力，为亚太经济复苏注入新动力"。2022 年 1 月发布的《"十四五"数字经济发展规划》提出，到 2025 年数字营商环境更加优化，电子政务服务水平进一步提升，网络化、数字化、智慧化的利企便民服务体系不断完善，数字鸿沟加速弥合。国内一些先行地区积极开展数字化营商环境领域的创新实践，利用新一代信息技术推动营商环境治理理念、治理方式变革升级。数字化营商环境不仅体现在数字技术深度赋能营商环境改革优化，更体现在其数字资源高度整合、数据价值充分挖掘以及评价方式的颠覆式创新等诸多方面。

　　从"数字化"营商环境的主要特征来看，主要包括以下几个方面。一是数字技术深度赋能营商环境，拓展营商环境优化空间。利用大数据、物联网、区块链、人工智能等新一代信息技术，能够为我国政府部门解决各类营商环境场景问题提供智慧决策支持，为营商环境智慧治理提供更多更优解决方案。通过统一的数据平台和治理体系建设，营商服务将向数字空间迁移，实现常规高频事项的"跑零次""不见面"办理，大大突破物理空间中时间和空间的限制。在系统平台互联互通、监管数据汇聚的基础上，利用大数据和智能决策系统感知监管态势，能够及时主动发现营商环境治理隐患和难点堵点，全面提升营商环境治理的智能化水平。

二是数字资源高度整合，"信息孤岛"连成"数字池塘"。在数字化营商环境阶段，技术的迭代升级和数据共享机制的不断完善使得构建全国统一的"大平台、大数据、大系统"成为可能，通过形成跨部门、跨地区、跨层级的营商政务信息共享应用平台，能够最大限度地避免"信息孤岛"的出现，打破部门间数据壁垒，推动数据共享运用，着力实现营商环境标准互联、信息畅通、便捷高效。在对数字资源进行统一标准化定义的基础上，以"一体化数字资源系统"为代表的一体化智能化公共数据平台能够统筹整合各层级各部门的营商政务数字应用、公共数据和智能组件等数字资源，通过构建协调共享机制，将"信息孤岛"逐步连成"数字池塘"，形成营商政务数字资源高效配置的新格局。①

三是数据价值充分挖掘，精准满足市场主体个性化政策需求。通过海量数据深度挖掘以精准满足市场主体全生命周期发展需求是数字化营商环境的核心特征之一。聚焦要素的普遍共性需求、行业特性需求和市场主体个性需求，借助智能技术手段以及大数据处理和分析，全面构建营商环境治理基础数据库。加强相关数据资源的关联分析和融合利用，有效实现营商事项的政策智能引导和精准推送，增强营商政策的供需匹配度，为营商环境精准治理提供解决方案。2022年以来，各地惠企政策"免申即享"服务平台加快建设，通过梳理编制惠企政策和办事指南两个清单，搭建政策条件库、企业画像库、政策匹配库三个基础模块，分批上线"免申即享"

① 王正新、刘俊：《从传统营商环境走向"数智化"营商环境》，《理论探索》，2023年第2期。

惠企政策。借助数据共享、大数据分析、人工智能辅助，对企业信息和政策要素进行快速精准匹配，实现"政策找企、应享尽享、免申即享"。

四是评价方式实现颠覆式创新，营商环境"无感监测"普及应用。与传统物理空间单一场景、单一案例和断点截面数据评价不同，数字化营商环境阶段的营商环境评价方式将迎来重大变革。一方面，横向打通不同政府部门业务系统，纵向归集不同层级全业务数据，形成业务监测靶点，构建线上全景式"无感监测"体系。另一方面，以地方政务服务中心业务办理监测为切入点，聚焦营商环境重点指标业务，推进靶点数据归集，实现线下无感监测应用场景落地，真实反映现场场景发生和企业、个人等市场主体营商办事过程中的实际感受度，从而解决以往营商环境评价主要以线下调查、事后评价为主而导致的调查时间长、时效性不强、样本不全面等问题。2021年以来，浙江省率先开展营商环境"无感监测"改革，以市场主体和基层"无感"方式，全量、真实、在线归集并监测市场主体全生命周期与政府交互的业务办理手续、时间等数据，形成"监测预警、地方响应整改、案例入库、借鉴推广"的工作闭环，实现营商环境评价方法、数据归集模式和治理机制的重塑，全面提升营商环境评价的便捷性、科学性、时效性。

目 录

序 言 / 1
前 言 / 1

理论篇　数字营商环境理论研究

第一章　法治为基：健全数字化营商环境法律体系 / 3

　　第一节　中国数字化营商环境法律建设 ················· 3

　　第二节　完善数据治理规则 ···················· 6

　　第三节　优化平台治理规则 ···················· 14

　　第四节　灵活调整监管制度 ···················· 20

第二章　基建为底：实现数字基础设施跨越式发展 / 26

　　第一节　数字基础设施嵌入营商环境改革 ·············· 26

　　第二节　突出政府数字化转型统筹协调作用 ············· 31

　　第三节　增强数字基础设施普惠程度 ··············· 35

　　第四节　加强算力基础设施建设布局 ··············· 38

第三章　以技提质：优化平台系统结构功能精细化 / 45

　　第一节　制定匹配用户的个性化办事指南 ·············· 45

　　第二节　设计信息查询高效搜索引擎工具 ·············· 52

　　第三节　细化区分在线服务平台系统功能 ·············· 58

　　第四节　加强平台的整体规划和统一管理 ·············· 62

第四章　以数为擎：推动数据全面开放共享规范化 / 70

　　第一节　加强政务数据资源管理 ················· 70

第二节　全面归集政务数据资源·····················75

第三节　探索创新政务数据应用·····················80

第四节　强化政务数据安全保障·····················86

第五章　以智促效：切实推进在线政务服务高效化 / 92

第一节　事项梳理精准化···························92

第二节　业务流程标准化···························99

第三节　政务服务透明化··························107

第四节　政务服务场景化··························112

第六章　以评促改：构建数字化营商环境评价体系 / 120

第一节　营商环境评价体系·······················120

第二节　数字营商环境国际评价体系···············126

第三节　中国场域数字营商环境评价···············135

第四节　科学优化数字营商环境评价···············141

案例篇　数字营商环境创新改革典型案例

第七章　数据共享　提升政府服务效能 / 149

第一节　案例1 /黑龙江：谱写大篇章　实现大赋能　建设领先

实用高效数字政府·······················149

第二节　案例2/河南驻马店："掌上信息推送"

助力税费红利直达快享 ·················153

第三节　案例3/首信通联：构建营商环境监测和大数据分析平台

推动数字营商环境融合发展···············157

第四节　案例4/吉林松原：全面打造"易轻松"一体化平台·······162

第五节　案例5/江西景德镇："赣通码+不动产"服务新模式

率先驶入"码上办"快车道···············164

第六节　案例6/甘肃白银："三数"赋能智慧交易　持续优化

营商环境……………………………………………167

第八章　流程再造　推进政务服务增值 / 172

第一节　案例7/鹤壁市淇滨区：AI智能技术助力构建政务服务

回访新格局……………………………………172

第二节　案例8/数字赋能　打造服务企业全生命周期应用场景

——河北省威县创新企业服务110改革经验 ………175

第三节　案例9/陕西榆林：运用大数据手段助推营商环境

持续优化……………………………………………180

第四节　案例10/安徽肥西："三个一"赋能营商环境数字化 ……183

第五节　案例11/浙江丽水："一底座、两门户、三能力"

数字化+营商服务新模式探索实践 ……………………187

第六节　案例12/广西崇左：深化政务热线创新改革　助力优化

营商环境……………………………………………193

第七节　案例13/天津静海：数据加速度　企业登记更便捷 ………197

第八节　案例14/河南信阳：以数字化改革为引领打造不动产

"交易登记一体化"平台………………………… 202

第九章　数字赋能　持续优化营商环境 / 206

第一节　案例15/数智赋能　激发鹤壁"信"活力

——数字营商建设的鹤壁信用经验…………… 206

第二节　案例16/安徽天长："数字+远程异地评标"赋能公共

资源交易高质量发展 …………………………210

第三节　案例17/河南确山：数字赋能推动"市民中心"向

"适民中心"转型升级…………………………214

第四节　案例18/洞察经营主体发展需求　打造优化营商环境

"四个精准"数字化支撑——民生智库企调通系统………219

第五节　案例19/哈尔滨市呼兰区：创新实践"三中心"星网

　　　　治理体系　营造公平公正法治化营商环境…………… 224

第六节　案例20/南昌市新建区：探索建立"五通"型政务

　　　　服务新模式　搭建政企"连心桥"……………… 227

第七节　案例21/长沙望城经开区：五个全覆盖串智成链　政策

　　　　兑现服务全新升级……………………………231

第十章　创新引领　探索智慧监管新模式 / 235

第一节　案例22/湖北咸宁：数字赋能"一码管地"　推动营商

　　　　环境创新优化……………………………… 235

第二节　案例23/河南方城：打造数字化信用街区　赋能营商

　　　　环境高质量发展……………………………… 239

第三节　案例24/三亚崖州：探索"空地协同"远程监管服务

　　　　以新模式破题数字政府"小马拉大车"困境………… 242

第四节　案例25/山东沂源：创新"智慧监管+统一指挥"体系

　　　　蹚出综合监管一件事新路径……………………… 245

第五节　案例26/"信用+智慧"　打造全链条信用管理鹤壁

　　　　模式……………………………………… 249

第六节　案例27/福建泉州台商投资区：以智慧云监督促政企

　　　　双兑现　打造诚信化可预期营商环境 ……………… 253

第七节　案例28/海南万宁：创新"审管法信"一体联动制度

　　　　纵深推进"放管服"改革……………………… 256

第十一章　优化环境　激发经营主体活力 / 260

第一节　案例29/安徽亳州：数字赋能创建"满薪满益"

　　　　和谐劳动关系 ……………………………… 260

第二节　案例30/宁波市江北区：多元融合推进新产品

　　　　研发"一类事"改革转型升级　发展新质生产力 … 264

第三节　案例31/广东建设智能化市场准入效能评估平台
　　　　为经营主体公平竞争保驾护航 …………………… 267

第四节　案例32/甘肃酒泉：数据赋能12345热线　"陇商通"
　　　　助力营商环境更优化 ……………………………… 271

第五节　案例33/内蒙古杭锦后旗：提升服务　激活市场主体
　　　　活力　优化环境　招商引资促发展 ………………… 273

第六节　案例34/数字赋能助力郧西县企业开办工作提质
　　　　增效 …………………………………………………… 278

第七节　案例35/鹤壁市山城区：智数双融，推动法治环境
　　　　上阶新高地 ………………………………………… 283

参考文献 / 287

后　记 / 289

理论篇

数字营商环境
理论研究

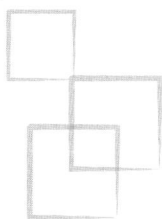

第一章 法治为基：健全数字化营商环境法律体系

习近平总书记多次强调，法治是最好的营商环境。① 随着信息技术的快速发展，数字化为经济的发展注入了新的活力，推动着经济模式的深刻变革，为经济的可持续健康发展带来了新的机遇，数字经济的健康发展离不开法治化的营商环境，但同时也对营商环境的法治化建设提出了更高的要求。当前，营商环境不是靠税收优惠、土地免费等政策性优惠了，而是要通过法治化保障营商环境常态发展、通过智能化促进政府服务效能的方式，实现营商环境的跨越式发展。数字营商环境法治化建设成为新发展阶段法治建设重点工作之一，及时总结和把握数字经济发展及执法的新趋势和新规律，全链条打造护航优质营商环境新引擎。

第一节 中国数字化营商环境法律建设

随着改革开放的持续深入，我国社会经济发展水平正在不断提升。面对新时期的发展环境，我国需要进一步推动营商环境的优化，建立起更加全面的法治营商环境，才能为经济的健康发展奠定良好的基础。《优化营

---

① 《习近平主持召开中央全面依法治国委员会第二次会议强调 完善法治建设规划提高立法工作质量效率 为推进改革发展稳定工作营造良好法治环境》，《人民日报》，2019 年 2 月 26 日。

商环境条例》《中华人民共和国外商投资法》等法律法规的颁布，充分显示了我国推动营商环境法治化建设的决心，中国已在国家层面对数字经济相关立法与制度改革工作做出全面部署。

一、数字营商环境的国家立法保障

数字领域的国家立法为数字化营商环境提供了良好的法治保障。我国从数字经济细分领域入手，对涉及数字用户权益、网络行为、数字市场监管等问题进行专项立法，在法律层面形成了以《中华人民共和国网络安全法》为指引，以《中华人民共和国电子商务法》《中华人民共和国数据安全法》《中华人民共和国个人信息保护法》为核心，以《中华人民共和国密码法》《中华人民共和国电子签名法》及其他部门法"数字条款"为细化补充的数字法律体系，更好发挥各领域立法在营商环境数字化转型中的规则效用。

国家营商环境专门立法顺应了中国营商环境建设的数字化转型需求。2019 年颁布的《优化营商环境条例》使中国成为全球首个从国家层面制定优化营商环境专门行政法规的国家，该条例将党的十八大、党的十九大以来中国深化"放管服"改革优化营商环境的成功做法和实践经验制度化，将优化营商环境工作全面纳入了法治化轨道，成为中国地方制定优化营商环境细则的指引。该条例对数字营商建设的关键性问题作出一系列规定，如第 37 条规定"国家加快建设全国一体化在线政务服务平台，推动政务服务事项在全国范围内实现'一网通办'"。在税务方面，提出"税务机关应当精简办税资料和流程……加大推广使用电子发票的力度，逐步实现全程网上办税，持续优化纳税服务"；在监管执法方面，提出"充分运用互联网、大数据等技术手段，依托国家统一建立在线监管系统"等。2021年 3 月与 12 月发布的《国民经济和社会发展第十四个五年规划和 2035 年远景目标纲要》《"十四五"数字经济发展规划》再次强调数字领域的机制体制改革，指出要加强重点领域与新兴领域的立法工作，通过立改废释纂并举的方式完善中国数字法律体系，促进数字经济规范发展，推进数字法治发展进入"快车道"。

二、地方营商环境条例中的"数字条款"

自国家层面《优化营商环境条例》及相关政策文件颁布后，中国各省市陆续开展区域内优化营商环境的行政立法工作。截至2023年11月，全国共有30个省市发布优化营商环境的地方条例。从发布时间来看，河北省、浙江省、黑龙江省、吉林省、辽宁省、天津市文件发布时间早于国务院优化营商环境条例发布时间；从发布内容来看，所有条例/办法的核心内容都包括国务院条例所涉的政务环境、市场环境、法治环境，辽宁省、天津市的文件中对人文环境做了重点体现，山西省、上海市、河南省分别突出了优化审批、公共服务、优化宜居宜业环境、优化要素和社会环境、融资便利相关内容。总结中国现有地方营商环境条例中的"数字条款"，可归纳出以下特点：

一是普遍以DB项目、《优化营商环境条例》为立法参照，主推DB指标的数字化改革。大多数地方条例按DB项目中的企业全生命周期演进流程，对应制定了政府为企业开办、企业运行、企业采购、企业注销等事项提供数字化服务的计划，以此来提升营商环境的数字化水平。该举实则顺应了BEE项目的指标数字化评价的变化，为适配BEE指标提供良好基础。但现有地方条例对于DBI指数等数字营商环境专门评价指数的关注度总体较低，尚未作出特别调整，部分数字化举措缺乏前瞻，技术手段占据主导而法治化要素相对不足，可能无法适应国际高标准评价要求。

二是注重平台建设，重点打造"一网通办"的政务服务平台。各地方条例基本明确了"通过互联网、云计算、大数据、区块链等现代化技术手段的运用来提升行政服务效率和水平……"的平台建设目标，并将囊括了税务、社会信用信息共享、口岸"单一窗口"服务等不同平台的一体化政务服务平台（体系）作为平台建设重点。

三是以营造公平竞争、准入便利的市场环境为目标，对新兴产业实行包容审慎监管。各地普遍鼓励外商对数字领域进行投资，鼓励创新发展，落实市场准入负面清单、政府权责清单等清单制度，对数字经济新兴产业出台了一系列激励保障政策，并在市场监管层面主推告知承诺制、事中事后监管、审慎包容监管、运用数字监管手段实现非现场监管等多种监管理念、措施，给予数字产业"监管容错"。

四是重视数字司法、智慧司法的建设工作。部分地方条例引入数字检察院、数字法院建设计划，倡导新技术与司法工作的深度融合，旨在构建系统化、数字化的争议解决方案，提升数字营商环境的司法保障水平。

第二节　完善数据治理规则

在数字技术时代，数据赋能助力的数字营商环境具有多重数字化特点和自身发展优势，在为市场主体经营活动带来诸多便利的同时，也提升了政府市场治理的数字化水平，推动了营商环境的转型升级，催生了经济发展新动能。数据治理的概念谱系，准确地说包含了双重内涵：一是依数据的治理，二是对数据的治理。[①] 即一方面强调数据为治理构造了一个新的

[①] 张康之：《数据治理：认识与建构的向度》，《电子政务》，2018 年第 1 期。

治理场域，推动治理主体以一种新的观念和视角去重新审视治理；另一方面不仅是对政府机构内部数据的治理，更是政府为履行社会公共事务治理职能，对自身、市场和社会中的数据资源和数据行为的治理。[①]

一、数据治理基本概念

数据治理的概念可以分为狭义与广义。在狭义上，国际数据管理协会（DAMA）认为数据治理是对数据资产管理行使权力和控制的活动集合；国际数据治理研究所（DGI）认为数据治理是通过一系列信息相关的过程来实现决策权和职责分工的系统。我国国家标准《信息技术大数据术语》（GB/T35295-2017）从数据全生存周期管理出发，将数据治理定义为对数据进行处置、格式化和规范化的过程。

在广义上，联合国将数据作为全球性战略资源，提出数据的激增正在推动世界朝着积极的方向发展，数据治理关乎国家、社会和经济的发展，不能停留在技术治理层面，政府必须采用全面的数据治理框架，数据治理应整体推进数据整合共享与开发利用，同时还需要关注安全、隐私、道德等问题，以及数字素养与数字领导力的提升。世界银行提出数据是一种可以反复使用、创造更多价值的资源，数据治理就是建立新的社会契约的过程，这种社会契约将推动数据的使用和再利用，创造经济和社会价值，同时确保所有人享有从数据中受益的公平机会，同时增强公民的信任，使其相信自己不会受到数据滥用的伤害。近年来，我国出台一系列政策措施，旨在将数据作为关键生产要素，基于数据治理基础制度建设，推动数据的确权、定价、流通，以及数据要素市场化配置，进而促进经济社会高质量发展。将数据视为"关键生产要素"，积极推进数据资源的公共价值与经

[①] 黄璜：《对"数据流动"的治理——论政府数据治理的理论嬗变与框架》，《南京社会科学》，2018 年第 2 期。

济价值释放。[1]同时，综观国内外发展趋势，数据治理是政府、组织、企业等主体实施数字化的基础，涉及制度、技术、市场等多层次体系。因此，可以认为数据治理是对数据全链条的技术处理、制度建设和市场培育，目的是确保数据安全、高效地利用，实现其经济和社会价值。

二、数据治理原则

自20世纪80年代起，我国在数据治理领域不断探索，形成了具有中国特色的数据治理体系。我国数据治理始终坚持党的领导与以人民为中心的基本遵循，同时也体现了普惠、开放、共享、包容、公平等原则。2022年，中共中央、国务院印发《关于构建数据基础制度更好发挥数据要素作用的意见》（以下简称"数据二十条"），提出了围绕数据要素治理、数据基础制度建设的五项原则。第一，遵循发展规律，创新制度安排。数据基础制度的建设必须在认识和把握数据发展基本规律的前提下，以实践探索促进适应数据要素和数字化时代发展的生产关系变革，从而建立有效的市场机制与体系。第二，坚持共享共用，释放价值红利。让数据共享红利惠及最广大的人民群众是数据要素治理的根本目的，数据要素市场应满足不同类型企业的不同需求，不断激发企业创新能力与行业发展新动力，为数字经济发展提供公平、普惠的基础环境。第三，强化优质供给，促进合规流通。数字化背景下的经济社会高质量发展，需要不断优化数据要素供给侧改革，在依法合规的流通交易模式下，确保数据价值有序、健康、可持续地释放。第四，完善治理体系，保障安全发展。全面、系统、科学的数据治理体系构建是统筹数据要素市场构建的最重要保障，坚持发展与安全并重，有效预测、应对数据安全风险，有效监管数据流通交易，发挥企业、行业与政

---

[1] 孟天广：《数字治理生态：数字政府的理论迭代与模型演化》，《政治学研究》，2022年第5期。

府多方力量，共创良好的发展格局。第五，深化开放合作，实现互利共赢。基于双边多边协商和合作，推进数据跨境模式创新，积极参与国际规则制定，探索建立适应国际环境与世界经济发展的规则体系。

公共数据作为数据治理中的重要内容[①]，是当前我国数据要素化过程中的重点任务。公共数据治理同样应遵循一定的具体原则。一是发展优先原则，目前正处于探索释放数据要素价值的关键时期，要通过发展解决问题，在发展中解决问题，也要设置相应的容错机制，推动释放公共数据价值。二是最小范围原则，包括数据范围最小化、知悉范围最小化、权限范围最小化三个层面，探索建立合法合规、安全可靠的公共数据应用规则。三是不可回溯原则，审慎对待原始数据的流转交易行为，结合多样的技术手段和数据处理方法，实现公共数据中敏感、隐私信息的不可回溯，保障流通应用中的数据安全、个人隐私和企业利益。四是区分场景原则，不能对公共数据的隐私和安全保护要求一概而论，而应是在统一的原则要求下，结合不同类型场景，确定具体的治理机制、治理要求和治理模式。

三、加快完善国内数据治理制度

（一）构建中国式现代化的数据治理体系

一是谋划数据治理顶层发展战略。进一步完善数据治理顶层设计，并制定总体规划与细化实施方案，明确国家数据治理的目标和重点，按照全国"一盘棋"的思路予以谋划，加快制定国家数据治理规划，描绘数字化发展的宏伟蓝图。明晰中央与地方的数据主管机构及职责划分，并就各部门间数据共享制定横向、纵向管理规则，构建满足市场供需安全可信的全国数据共享平台，规制数据的境内外流动。应在《中华人民共和国数据安

[①] 高一飞：《论公共数据治理的地方化趋向与完善机制》，《行政法学研究》，2023 年第 4 期。

全法》《中华人民共和国个人信息保护法》等立法实践基础上，加紧在国家层面对数据确权、数据流通、数据使用、数据要素化等议题进行立法研究工作，鼓励、指导地方政府将促进数据产业发展列入立法工作计划，加紧出台地方数据条例，明确各类主体的数据使用权责义务，规范数据使用流程与相应救济程序。

二是坚持集中统一的整体布局。我国数据治理及其基础制度建设应始终坚持党的统一领导，全面落实、统筹推进"五位一体"总体布局，面向网络强国、数字中国建设目标，充分发挥数据要素对于经济社会发展的引领作用。充分发挥党总揽全局、协调各方的领导核心作用，以集中统一的整体布局充分发挥中国特色社会主义制度优势，坚持全局性谋划、一体化布局、整体性推进，更好地发挥各方的积极性，促进数据有序流通和开发利用，整体推进数据要素共建共治共享。

三是突出以人民为中心的治理导向。坚持以人民为中心的发展思想，主动适应社会主要矛盾的变化，把增进人民福祉作为推动数据治理与数据要素市场建立的出发点、落脚点。建立惠民为民的治理体系，增进人民福祉，从企业和群众需求出发，从政府管理和服务场景入手，推动经济社会高质量发展，不断提升经济社会的数字包容性与普惠性，让人民群众在数据治理中有更多的获得感、幸福感、安全感。

四是优化多元参与、共享共治的发展格局。除政务数据外，企业与社会组织等也掌握了大量的具有较高公共价值的数据资源。营造开放的政务数据治理环境，有助于促进民众和组织参与公共政策和事务，能够增强政府事务透明度，增进社会对政府的信任，是提升国家数据治理水平的必要环节。在数字化条件下，数据治理的建设、管理、运维需要多元治理主体的共同参与。

（二）勾勒数据基础制度建设轮廓

一是适度分离数据的持有权与使用权。类比四大传统生产要素的治理，引入"弱所有权"概念，适度分离数据的所有权与使用权不失为一种可行的制度尝试。以土地要素为例，我国的土地制度要求，城市市区土地全部属于国家所有，农村和城市郊区的土地，除法律规定属于国家所有的以外，属于农民集体所有。然而，公有制所有形式并没有限制土地流转及价值创造，因为我国创造性地对土地的所有权和使用权进行了分离，并逐步建立起相应的土地流转制度，同时由自然资源部、农业农村部、住建部等职能部门协同治理，最终实现了土地要素的市场化配置。类似的，劳动力要素、资本要素和技术要素的高效配置也都离不开从确权到权利分割再到制度和组织机构的建立，从而建立要素治理体系的探索过程。若要充分发挥数据要素的潜力，在数据权属划分、流通配置、制度规则等方面必须从价值理念、基本制度、组织机构、治理主体、运行机制等方面逐步勾勒整体性的数据要素治理体系的轮廓。

二是坚持"数据发展主义"策略。数据治理及数据基础制度建设，既要强调数据保护，同时也要强调数据发展，我国的数据治理与数据发展策略是在二者之间找到一个平衡点，兼顾发展和安全。当下及未来，依然要坚持数据发展主义策略。这也是在数据治理过程中，对于数据跨境等问题的基本理念和策略。对我国数据发展而言发展是第一要义，在发展的同时要避免可能产生的各种风险。[①]尤其是在数据资源开发利用上，我国在发展与安全保护两方面都面临着诸多紧迫性工作，国家数据局的成立和"数据二十条"的出台，能够促进数据资源的开发和利用，从而更好地让数据赋能数字经济高质量发展，推动数字中国建设总体规划的实施。同时，在《个人信息保护法》《数据安全法》等数据保护相关法律制度下，要持续加强对数据开发使用过程中可能产生的风险进行强力的监管，保障数据治理与

---

① 方锦程、刘颖、高昊宇等：《公共数据开放能否促进区域协调发展？——来自政府数据平台上线的准自然实验》，《管理世界》，2023 年第 9 期。

数据发展的安全底线。

（三）提升数据治理基础制度建设能力

一是细化、落实国家数据基础制度设计。党和国家深刻把握数字化革命的历史机遇，科学部署网络强国、数字中国建设，为我国数据治理基础制度建设指明了方向、提出了要求，下一步应逐步落实国家数据基础制度的顶层设计，建立促进数据要素作用发挥的配套政策体系，着力构建完善的政策指导和制度支撑体系，针对数据治理建设中的基础性、机制性障碍，出台相应的指导意见、标准规范，调整与当前数据治理不相适应的制度安排。

二是建立统筹有力、统分适度的全局性协调机制。国家层面应建立全局性数据治理统筹协调机制，各地各部门应充分发挥本级数据治理统筹协调机制的作用，协调解决好数据治理过程中涉及全局性、根本性的问题。保障国家数据治理政策的有效性、协调性，充分调动中央与地方数据治理的积极性，高效配置全国数据资源，为数据的横向与纵向流通提供制度保障。

三是鼓励制度创新，推进示范应用。各地数据治理正在如火如荼地开展中，围绕相关基础制度建设既有先行先试经验，也暴露出不少问题。以需求为导向、以应用促发展，研究归纳近几年地方发展经验，在数据要素化改革不充分的地区和领域予以推广，进一步创新数据要素市场发展模式。同时，为进一步完善数据治理制度，加大先行先试力度，创新试点示范内容，分地区、分领域、分批次开展试点，加强建设方向引导，制定考核评估制度，将建设成效好的地方作为典型案例，辐射带动区域与行业发展。

（四）构建公共数据授权运营体制机制

一是完善治理结构，促进公共数据资源开发利用。兼顾公共数据的开发利用和安全保护，必须构建以政府数据管理机构为核心，多方主体共同参与、各司其职的综合治理结构。其中，数据管理机构代表政府对公共数据进行管理，对参与数据治理的企业和个人实施监管，推动落实网络安全、数据安全、个人信息保护等相关要求；公共部门作为数据的提供者和使用者，应遵守数据治理的各项规则和要求，保证数据质量、提出数据需求；数据运营商、研究支撑机构、数据交易机构等是公共数据运营过程中的重要主体，会接触到大量的数据，为此政府应在运营中拥有主导权。

二是明确授权规则，保障运营活动的有序开展。通过引入数据运营主体，在确保安全可控的前提下尽可能地调动市场主体的参与积极性。从授权对象上看，公共数据属于公共资源范畴，政府应优先将公共数据作为出资交由国有企业运营，在保障安全的前提下充分释放数据价值。从授权范围上看，按照行业、区域、场景等维度予以明确的数据授权，限定数据运营主体的被授权范围，是兼顾发展与安全的必然选择。从定价方式上看，应结合公共数据的用途进行选择。拓展运营手段，支撑数据价值的充分释放。一方面，在公共数据运营中积极引入区块链、联邦学习、多方安全计算等新型技术手段，界定数据权责，减少数据跑路，为公共数据的安全、高效流转提供支撑。另一方面，创新运营中的数据流通模式，实现原始数据与数据应用"解耦"，破解安全与流通对立难题，支撑数据价值的释放。

三是完善相关制度体系，破解公共数据要素化难题。坚持系统观念是数据要素治理的重要原则，也是建立有关公共数据授权运营制度体系的重要前提条件。在全国一体化政务大数据体系建设的背景下，通过相关制度规则的完善，消除政务数据整合汇聚、共享交换、跨机构流程优化等方面存在的障碍，面向数据要素市场发展需求，通过制度规则安排重点解决公共数据向第三方授权、运营主体选择、公共数据向市场流通、运营监管等方面面临的难题，统筹数据技术标准、管理规范与运营监督，强化公共部门数据要素治理能力。

第三节　优化平台治理规则

一、平台经济模式的兴起

自 18 世纪后期以来，人类社会已经经历了三次科技革命，每次科技革命都极大改变了人类社会生产和生活面貌。当前，以 5G、云计算、大数据、人工智能为代表的新一轮科技革命和以数字化、信息化、智能化为标志的产业变革蓄势待发。中国信息通信研究院发布的《中国数字经济发展白皮书》显示，中国 2020 年数字经济规模达 39.2 万亿元，占 GDP 的 38.6%，同比名义增长 9.7%。数字红利极大地提升了人们的生活便捷性和消费体验，并助推数字社会发展和数字治理转型。

在"技术—经济"范式下，技术通过影响生产要素、组织结构、商业形态等方面实现重构整个经济运行体系。其中，技术给予数据存储、流动、利用、赋能的现实可能性，是数据经济的根本依归。平台化经营模式已然成为社会主流的新型组织形式。现实中，电子商务、外卖送餐、网约车、共享民宿等数字经济业态的发展离不开平台企业的支撑。大量企业和经营户在平台上谋发展，庞大用户通过平台进行交易，平台越来越成为整个数字经济运行不可或缺的枢纽。作为依托双边市场理论而构建的一种双边市场主体数量和价值相互决定的资源配置新范式。[1] 各类平台公司的快速崛起，充分说明了平台经济模式的威力，成为引领新经济时代最重要的经济体。

---

[1] 裴长洪、倪江飞、李越：《数字经济的政治经济学分析》，《财贸经济》，2018 年第 9 期。

学界大多从平台的视角分析大型科技公司的性质与特征。一是规模经济是大型科技公司的发展特征。作为一种双边或者多边协作方式，平台是一个开放系统，而工业经济的传统企业是资源封闭系统。胡滨等人认为平台规模越大，越有利于提高资源配置效率，平台经济模式依赖于网络效应，平台市场一边的使用者越多，平台另一边乃至双边的使用者获得的价值越大。[①] 二是虽然属于双边市场，但由于平台涉及相互影响、相互依赖的三方关系，而非传统经济的两方关系，大科技公司的平台竞争分析迥异于传统竞争分析。平台服务提供商与平台上交易双方中任意一方的关系，跟传统商业中的上游与下游（最终用户）的关系具有显著的差异。宋梅杰（Song Minjae）指出传统商业体系中的上下游关系，是直接的生产与消费的函数关系；而平台提供商与平台上交易双方中一方的关系，除了受生产与消费函数的制约外，还受交易双方的关系制约。[②] 三是重视无形资产使大科技平台公司面临更高的不确定和竞争性。尹振涛等人认为数字经济时代的大科技平台公司普遍以无形资产构成其主要的资产基础。[③] 例如，苹果作为全球市值最大的企业，基本上没有有形资产，其主要资产是研发、软件、数据库、设计、品牌和商业流程等无形资产。美国、英国和瑞典对无形资产的投资也已经超过了对有形资产的投资。

二、平台经济运行中的失范行为

随着平台经济日益成为人们生活的"标配"，社会对平台经济的发展也提出了新的要求。平台面对的是超大规模的经营者和用户，商品服务种类复杂和场景多样，海量高频交易带来极大动荡性，线上虚拟空间存在无

---

① 胡滨、杨涛、程炼等：《大型互联网平台的特征与监管》，《金融评论》，2021 年第 3 期。

② Song Minjae, "Estimating Platform Market Power in Two-Sided Markets with an Application to Magazine Advertising," American Economic Journal: Microeconomics, vol. 13,2021,pp 35~67.

③ 尹振涛、冯心歌：《大科技金融：概念、发展与挑战》，《金融评论》，2020 第 3 期。

界性和跨域色彩，这些都使平台治理困难重重。平台公司所招致的一系列损害市场经营秩序的事实——"巨头的诅咒"问题开始显性化。

（一）利用信息优势获取垄断利润

数字信息经济发展取得巨大成就的同时，不断涌现的超级平台已成为资本、技术、权力三合一的数字化垄断技术聚合体，超级平台的力量进一步强化。从经济学角度分析，平台经济可以凭借其大量的信息优势，形成边际成本递减、边际收益递增的效应，这就会导致一些平台公司逐渐呈现为一种独占或寡头结构。当前，围绕利用信息优势获取垄断利润的讨论，主要集中于限制市场竞争、阻碍企业创新、设置市场壁垒三个方面。

（二）侵犯用户合法权益

平台公司发展往往会收集大量"数据"，这些数据通常会涉及消费者的个人隐私。如果平台公司利用信息优势对同一种产品采取差异化定价，随着用户价格敏感度降低和承受能力提高，对同一产品逐步制定更高的价格，将会对消费者剩余造成严重损害。同时，数据的跨界应用甚至误用、滥用，易导致客户信息数据泄露，带来新的合规风险。此外，平台公司在提供方便、快捷的普惠金融服务过程中，对数字科技的依赖越来越强，算法自动化决策越来越流行。但算法的广泛应用既可以降低金融服务成本、提高金融服务效率，也可能带来算法歧视的风险：大数据杀熟、种族歧视、性别歧视、排名歧视等。

（三）主观规避法律约束

规避法律的行为，又称"脱法行为"，是指当事人为了躲避法律障碍、禁止性法律规范或负担，试图借助其他法律构造形式实现同样的法律或经济效果。数字经济平台企业开发的各类应用场景更加多元，平台竞争行为呈现垂直细分化与复杂多样化的样态，涌现出越来越多的基于技术应用创新和商业模式创新而生的新型垄断行为，致使在实践中很难准确区分某类行为是应当鼓励的创新行为抑或是打着创新旗号而实质上是违法垄断行为，即合法正当的创新竞争行为与违法不当的"以创新之名行反竞争之实"的行为之间的边界难以准确划定。[①]

三、加快完善平台治理体系

从近些年来平台治理的情况来看，需要坚持问题导向、突出重点、精准施策，以不断完善常态化互联网平台经济治理制度规则以及强化特殊时期、典型市场价格监测和秩序维护为重点，以加快健全新领域质量安全标准等制度性基础设施以及打造市场秩序综合监督体系为保障，系统应对市场秩序出现的新情况，为数字经济、新型产品或服务市场等新领域规范健康发展创造良好的市场环境。

一是平台企业要敬畏手中的能力和权力，树立正确的价值取向，平衡商业动机与公共价值，践行平台的社会责任。过去一些平台"店大欺客"，对中小经营者关注不够，或者采取简单粗暴的管控手段，使平台治理刚性有余而柔性不足。如今越来越多的平台认识到，一个健康规范的数字生态离不开中小经营者的参与和共享。这就要推动平台经济进入新发展阶段，使平台企业越来越从平台视角回归客户视角。与此同时，平台企业所积累的技术、知识和能力，也在越来越多地用于保障平台上中小经营者的健康发展。平台从无到有，从小到大，都离不开成千上万的经营者和消费者的认可和信任，因此这些中小企业和消费者的声音是平台最宝贵的资产。平台的本质是整合资源和撮合交易，通过帮助他人实现成功，进而获得自身的成功。至关重要的是，平台要认识到技术只是手段，正确的价值取向才是平台安身立命的根本。因此，平台应推动市场公平竞争，促进优胜劣汰，

[①] 陈兵、马贤茹：《数字经济平台企业垄断认定完善理路》，《上海大学学报（社会科学版）》，2021年第 3 期。

而不是劣币驱逐良币。平台不应一味迎合消费者而挤压经营者，否则将影响平台的可持续发展。

二是平台要持续加大科技研发和治理创新，提升平台治理的效率性、精准性、系统性和公平性，不断提升经营者的营商获得感。[1]从营商环境的实质来看，其核心在于预期管理，即持续降低企业经营的各类成本，使企业在不确定的市场环境中增强对未来发展的确定性。平台营商环境也意味着要持续降低行政负担，包括经营者的学习成本、合规成本、心理成本。《2021阿里巴巴平台经营环境报告》介绍了许多这方面的探索和实践，见证了平台治理从粗放走向精准，从冗长低效走向便捷效率，从被动响应到主动前瞻，持续提升平台治理的公平性，不断提高经营者的获得感。

在平台治理效率方面，平台通过各种方式降低业务办理和处理时间，提升服务能力，实现很多业务的秒懂、秒批、秒办。比如，阿里简化了淘宝开店程序，大幅下调商家的"运费险"和数字化经营工具费用、改善直播带货的收费机制，扩充面向经营者的人工客服服务量等，这些惠企措施使经营者可以大幅降低学习规则和遵守规则的成本。在平台治理的精准性方面，过去更多"一刀切"的强硬态度，如今则更多表现为"千人千面"的精准施策。比如，阿里会考虑经营者的实际情况，对于首犯和轻微违规的行为主动提示整改、免于直接惩罚，并建立了容错纠错机制，治理的柔性和精准性明显提升。在平台治理的前瞻性和系统性方面，越来越凸显为从"接诉即办"到"未诉先办"，从"头痛医头脚痛医脚"走向系统治本的治理之道。比如，过去经营者面临自主设计费高、知识产权侵权等问题，平台对违规经营者进行"封号"或处罚，治标不治本。阿里近年来研发了AI设计师"鹿班"、虚拟模特"塔玑"、电商翻译等，为经营者提供免费

---

[1]郑磊、高丰：《中国开放政府数据平台研究：框架、现状与建议》，《电子政务》，2015年第7期。

店铺装修、免费海报设计、免费虚拟模特、免费翻译等普惠增值工具，并开发了在各个平台均可免费商用的字体"阿里巴巴普惠体"等。平台提供的这些共性普惠服务，有助于成千上万的经营者规避这些风险，凸显了平台治理的系统性和普惠性。

三是平台要与政府协同治理，推动跨平台治理模式创新，共同优化营商环境。平台经营环境的改善，离不开中国营商环境的整体持续优化。在平台上经营的企业或商户面临营商环境的"二重性"，因此平台企业需要和政府协同治理平台，不断优化平台营商环境，同时规范自身发展。一方面，经营者是在当地注册的企业或个体工商户，当地的营商环境是影响其发展的重要因素。另一方面，经营者在平台注册运行，平台打造的虚拟营商环境也会影响经营者的业务。因此，属地与平台两个维度的营商环境都对经营者产生影响。这意味着平台的治理策略既会直接影响经营者，也会通过当地营商环境间接影响经营者。

平台的无边界与企业的属地管理，意味着平台可以积极贡献力量，服务社会的数字治理。目前平台企业所推行的许多商家治理和服务策略变化，同政府部门广泛开展的"放管服"改革异曲同工。比如，平台治理变革的核心是简化流程与放权让利，推行基于信用的精准柔性监管，提供共性增值服务，多方面降低在平台上经营的中小企业负担。从最近平台治理的发展趋势来看，平台服务中小企业的思路，和政府在营商环境的治理理念和手段上越来越和弦共振。因此，平台所积累的技术和能力，可以从一个平台迁移到其他平台，甚至复制推广到公共服务中。平台经济的发展，不仅要看一个平台的健康程度，也要看生态和行业整体的情况。这就要推动"平台的平台"和跨平台治理模式创新，使平台之间能够达成一定的协同，共同解决平台之间留下的缝隙和治理缺位问题。比如，网络"黑产"可能因为一个平台的治理从严从紧而流窜到另一个平台。再如，平台可以监管自身的公域交易，但是却对流入私域的交易鞭长莫及。这些都需要推动跨平台协同治理，打破"囚徒困境"，解决平台面临的共性问题。

第四节　灵活调整监管制度

公平竞争是现代市场经济的本质特征。我国大力优化数字化营商环境，强化反垄断与反不正当竞争执法，市场秩序总体上不断改善，但数字经济有其独特的竞争逻辑，关于数字市场的垄断和竞争等新问题，各方还存在不同认识。以构筑国家未来竞争新优势为着眼点，准确把握数字市场竞争规律，加快构建起覆盖数字市场发展全周期、全链条的竞争规则体系，塑造公平公正、竞争有序、预期稳定的数字市场环境。

一、数字时代的市场竞争逻辑发生深刻变化

当今时代，数字技术与实体经济深度融合，新技术新业务新模式层出不穷，形成了以在线平台为主要组织架构，承载着海量商户、用户、支付及物流企业等主体在内的生态系统。与传统经济不同，数字市场拥有全新的竞争逻辑。[1]

竞争理念由静态竞争向动态跨界竞争转变。传统经济下，交叉融合创新有限，企业间竞争多依赖市场内竞争，如降价、收购等来提高自身份额。数字时代，动态竞争、跨界扩张、长期发展开始成为数字企业的竞争理念，他们依托海量的数据、巨量的资本、先进的算法和强大的算力，创造出全

---

[1] 孙晋：《数字平台的反垄断监管》，《中国社会科学》，2021年第5期。

新的商业模式，如搜索引擎、网络游戏等，并不断迭代升级，提升产品或服务的吸引力；或通过模式创新，如电子商务、移动支付等来颠覆传统市场格局。例如，苹果、谷歌等数字巨头就是通过动态竞争、跨界融合等创造出前所未见的新业态新模式，进而在全球经济版图上攻城略地。

竞争方式由产品服务竞争向生态系统竞争转变。传统经济下，企业间竞争主要体现在产品服务质量、品牌等少数维度，靠物美价廉来赢得顾客青睐。数字时代，数字巨头企业处于"守门人"（Gatekeepers）的地位，把持着人们上网的"入口"，利用其掌握的用户数据、算法和资本等资源，通过并购重组，或投资入股关联企业，或依托规模优势将业务横向拓展至经济社会各领域，如金融、生活服务、产业互联网等，实施跨界竞争和融通合作，打造起根深叶茂的"生态帝国"，数据驱动型的生态竞争日益成为数字企业抢占市场份额、赢得市场优势的重要方式之一。

竞争优势由追求规模经济向依托网络效应、规模经济和范围经济叠加转变。传统经济条件下，企业基于"经济人"的利己逻辑，借助成本领先和差异化策略，来构筑其核心竞争优势。数字时代，数字企业结合"利己"和"利他"逻辑，利用其源源不断的数据资源、分析技术和强大算力，增强自身学习能力、提升决策科学性、促进供需精准对接，从而获取更多用户和市场，实现"滚雪球"式发展；另一方面，还可利用自身数据和算法匹配能力，赋能入驻到平台上的各类主体，促进各方互动、共同成长，进一步强化平台的差异化竞争优势，巩固其作为市场枢纽、价值创造中心的地位。

竞争格局由竞争性结构向垄断性结构转变。传统经济条件下，受限于成本下降速度、市场空间约束，企业扩张速度慢，在大部分时间内，多数市场是竞争性市场，少数市场也会出现垄断，例如标准石油、国际商业机器公司（IBM）、美国电话电报公司（AT·T）等，曾分别垄断石油、计算机、通信等行业。[①] 数字时代，巨头企业突破了时间和空间约束，用户数和数据量"指数式"增长，结合平台的独特优势在全球范围扩张，由此让数字企业在很短的时间内，就在核心业务领域发展到难以想象的规模，实现用户份额、市场份额的高度集中。例如，谷歌在搜索引擎、移动操作系统等领域处于绝对优势，亚马逊在云计算领域处于绝对优势。

二、竞争秩序监管面临挑战

（一）理论层面：数字市场运行与竞争规律亟须再认识

一方面，应正确把握数字经济发展与监管经验。回顾我国数字经济成长历程，从中央到地方陆续实施了诸多市场导向型激励举措，并秉持包容审慎监管理念，这激发了创新创业活力，成就了中国数字经济发展奇迹。针对数字垄断、监管套利及监管盲区等新问题，有学者指出要从严监管，但也要看到我国数字市场与美国差距较大，当前大国竞争背景下，过快转向从严监管可能会抑制创新活力，出现监管与发展失衡状况。另一方面，应正确把握竞争监管的对象和内容。大型平台通过整合数据、技术、人才等各类创新要素，持续开展"创造性破坏"，才赢得用户甚至垄断市场，这是前期创新资源投入的阶段性回报，应给予适度保护。有学者从缩小贫富差距、强化隐私保护等出发，认为"大就是恶"，这忽略了数字市场动态创新、颠覆式竞争频率远超传统市场的特点，形成了"凡是垄断，必须要反；凡是大企业，必要治理"的倾向，但贫富差距宜从收入分配政策予以调节，隐私保护宜从个人信息保护角度予以调节，不宜让竞争政策背负过多使命。

[①] 谭家超、李芳：《互联网平台经济领域的反垄断：国际经验与对策建议》，《改革》，2021 年第 3 期。

（二）制度层面：数字经济市场竞争规则亟待优化

一是数量监管制度亟待优化。传统上，企业注册地、经营地相对清晰，市场影响限于局地，准入和退出的属地监管和线下监管效果较好。数字经济具有跨界扩张、跨地域甚至全球经营特性，企业注册地、服务器所在地、竞争行为发生地等彼此分离，传统以分级、分片、分业管理为特征的制度很难发挥作用，迫切需要优化。二是反垄断与反不正当竞争规则亟须完善。数字企业善于使用算法、数据、技术、资本等作为竞争手段，如算法操纵、数据滥用、限制交易等，这些新型行为相互交织，对执法能力要求较高，现行法规也很难预见竞争策略演变，很可能出现规则空白，也容易出现监管执法自由裁量权不当的情况。三是滥用行政权力限制竞争行为也亟待规范。公平竞争审查制度实施以来，滥用行政权力妨碍统一数字市场建设的痼疾仍然存在，部分地方或部门出台了一些显性或隐性的限制性政策。例如，消费券必须通过指定平台领取；采购云服务时，必须是当地注册企业或者国有企业。这些举措涉嫌排除或限制了竞争，但负责审查的部门往往是政策酝酿部门，审查动力不足、审查效果大打折扣。

（三）实践层面：数字市场竞争监管工具箱亟待革新

传统监管手段在应对数字企业竞争问题时较为乏力。一是滥用市场支配地位的行为复杂多样，认定难度大。部分数字平台策略性运用倾斜式定价、自我优待、独家协议等排他性行为，以建立、维持和巩固垄断地位。但这些行为的性质及其竞争影响利弊兼具，仍需基于个案研判，很难"一刀切"将其归为垄断行为。二是基于算法的垄断协议更加隐蔽，更难治理。在位平台企业利用算法合谋，具有较强技术性、隐蔽性，变种也很多，还可以影响平台上入驻的商户、物流等合作企业的策略选择（如"二选一"）[1]，来

---

[1] 熊鸿儒：《我国数字经济发展中的平台垄断及其治理策略》，《改革》，2019 年第 7 期。

恐吓阻止潜在平台进入市场，这些行为利弊兼具，需逐案分析。三是并购的潜在竞争效应难以判别。部分大型平台广泛投资初创企业，一旦不同意入股或收购，则采取综合手段予以打压，这类行为可能会消灭潜在对手，对进入者形成"寒蝉效应"。但也要看到，大型平台的投资并购行为也可为各类风险资本、投资者提供退出渠道，激励更多主体参与创新。四是不正当竞争行为频发高发。既有直接侵害消费者的行为，如诱导消费、商业欺诈、虚假宣传、假冒伪劣等，也有破坏其他经营者的行为，如侵犯商业机密、商业诋毁、网络刷单、流量劫持等，这些行为破坏了数字市场营商环境。

三、以制度创新促进市场公平竞争的思路

（一）加强数字市场竞争理论研究

加大对数字市场竞争监管研究，全面认识和把握数字经济市场运行的特征，尤其是竞争方式变革的内在逻辑，统筹处理好数字市场结构与技术创新之间、发展与监管之间、产业政策与竞争政策之间的关系，逐步形成科学的数字市场与竞争理论体系。加强数字经济发展形势的监测和研判，深化对数字经济动态创新、跨界融合发展规律和特点的认识，提高对新型数字经济垄断行为、不正当竞争行为的甄别能力，更好发挥各类研究机构对科学决策和竞争治理的支撑能力。

（二）完善数字竞争监管制度规范

持续完善数字市场竞争监管基本制度，加快出台与新修订《中华人民共和国反垄断法》相配套的经营者集中、滥用行为、垄断协议等规则，对一时存在争议或者看不清的行为，不急于立法规范。针对新产业新业态新模式，要坚持包容审慎监管理念，最大限度降低准入和退出门槛，但要加强监管协调，及时发现和弥补制度空白。针对金融、科技、媒体、安全、民生等重点领域，紧扣资本、数据、算法、技术、行为等的关键要素，分

门别类研究制定竞争监管相关指南，发挥其竞争合规的指引作用，增强制度可预期性。还要完善数字经济领域相关道德伦理规范，防范技术滥用，确保技术应用以人为本。

（三）健全完善公平竞争审查制度

我国数字经济发展区域不平衡、新产业新业态新模式众多，对传统线下各个领域带来了巨大冲击，"新旧摩擦"现象突出，地方政府和部门有动力也有意愿去干预市场，这其中就可能存在保护传统产业的冲动。针对地方保护、地区封锁和行业垄断等问题，要进一步分类完善公平竞争审查制度，从源头上防范限制竞争的政策出台。重点是加大对准入限制和各类支持性政策的审查力度，增强审查制度刚性，切实提升审查效能。

（四）加快完善竞争监管高效执行机制

发挥数字经济发展部际联席会议制度作用，探索建立跨部门跨区域执法机制，推进违法线索相互通报、处理结果互享互认，消除监管盲区，降低监管成本。持续完善竞争监管体制，依法推动反垄断执法事权下放，构建纵向联动、横向协同的数字市场竞争监管体制。强化多元共治，构建政府与市场、政府与社会组织多元协同、共享共治的扁平化监管体制，探索与数字市场相适应的高效治理模式。推进"互联网＋监管"、信用监管、智慧监管，增强主动发现、监测和取证等能力，提升监管针对性、科学性和时效性。

（五）倡导公平竞争和培育竞争文化

积极倡导推进数字市场公平竞争。加强反垄断执法的同时，要发挥典型案件普法示范警示作用，增强各类市场主体的公平竞争意识。鼓励企业形成竞争合规文化，支持和引导数字企业建立和加强竞争合规管理制度，培育竞争合规文化，增强竞争合规意识，有效防范反垄断和反不正当竞争法律风险，共同守住合规守法经营的底线。

第二章 基建为底：实现数字基础设施跨越式发展

作为政府财政资本性投资的主要领域，基础设施能够发挥社会先行资本的特殊作用，为经济增长质量提升带来较为明显的正外部性。但传统基础设施供需结构日益失衡、边际效益逐渐降低，已经无法满足中国经济社会平稳发展的需要。与此同时，伴随世界新一轮科技革命和产业变革的不断演进，物联网、5G、大数据等新型数字技术相互叠加、融合与迭代所构建的新型数字基础设施体系，已经成为推动经济增长质量提升的源头基础和新生动力。[①]2023 年 2 月，中共中央、国务院发布《数字中国建设整体布局规划》，提出将"打通数字基础设施大动脉"作为夯实数字中国建设的重要一环。

第一节 数字基础设施嵌入营商环境改革

一、数字基础设施的衍生与发展

近年来，随着我国经济下行压力增大以及传统基建投资的日益饱和，为顺应新一轮科技革命和产业变革发展趋势，中央提出加快新型基础设施

[①] 贺晓宇、张二宇：《新型数字基础设施建设与经济增长质量提升》，《现代经济探讨》，2023 年第 11 期。

建设。2020 年 4 月，国家发展和改革委员会首次给出新型基础设施概念的初步界定，其中基于新一代信息技术的数字基础设施是新型基础设施的重要内容。数字基础设施具有与传统基础设施不同的特点，因此不能完全套用传统基础设施的发展策略和建设模式。

一般认为，数字基础设施是以信息网络为基础，综合集成新一代信息技术，围绕数据的感知、传输、存储、计算、处理和安全等环节，形成的支撑经济社会数字化发展的新型基础设施体系。狭义的数字基础设施，指的是信息基础设施，即基于新一代信息技术演化发展形成的基础设施。而广义的数字基础设施，不仅包括信息基础设施，还包括融合基础设施，即传统基础设施利用新一代信息技术进行智能化改造后所形成的基础设施形态。

数字基础设施是新兴事物，可以从以下角度理解和把握。第一，从预期作用看，数字基础设施将为经济社会数字化转型和创新发展提供动力和支撑。新一轮科技革命和产业变革正处在实现重大突破的历史关口，数字基础设施可以降低全社会应用数字技术进行创新的成本，构建数据驱动的创新体系和新型生产范式，以信息化、智能化为杠杆培育新动能，全面提升我国经济产业实力。第二，从形成方式看，数字基础设施是以信息网络为基础，以新一代信息技术和数字化为驱动因素形成的，它既有基于新技术全新构建的，也有原有基础设施自身演进升级形成的，还有利用信息技术赋能转型升级形成的。第三，从发展情况看，数字基础设施具有较强的成长性。随着技术革命和产业变革的发展，围绕着数据的生成、处理和流通的整个流程，会不断地形成新的基础设施形态。由于技术和商业模式尚处于演进阶段，不同的数字基础设施所处的发展阶段不同，其基础设施属性的强弱也不同。

党的十八大以来，中国数字基础设施实现跨越式发展。截至 2022 年

7月，中国已许可的 5G 中低频段频谱资源共计 770MHz，许可的中低频段频率资源总量位居世界前列，累计建成开通 5G 基站达 196.8 万个。网络基础设施全面向 IPv6 演进升级，IPv6 活跃用户数达 6.97 亿。中国移动通信实现从"3G 突破"到"4G 同步"再到"5G 引领"的跨越，6G 领域的愿景需求研究、关键技术研发、国际交流合作加快。互联网普及率从 2012 年的 42.1% 提高到 2021 年的 73%，上网人数达 10.32 亿人，移动电话用户总数达 16.43 亿户，其中 5G 移动电话用户达 3.55 亿户，约占全球的四分之三。

在数字产业创新能力方面，关键核心技术取得突破，产业创新活力不断提升，数字产业快速成长。截至 2021 年，中国工业互联网核心产业规模超过 1 万亿元，大数据产业规模达 1.3 万亿元，并成为全球增速最快的云计算市场之一，2012 年以来年均增速超过 30%。[①]

二、数字基础设施的主要特质

除具有基础性、公共性、强外部性等基础设施一般特征外，相对成熟的传统基础设施而言，数字基础设施最突出的特点是技术创新性强，并由此衍生出一系列新技术经济特征。

一是创新活跃，范畴持续扩展延伸。信息技术本身就是当前最活跃的科技创新领域，同时随着新一代信息技术与经济社会深度融合，越来越多的新兴网络、应用平台和信息系统都可以为生产生活提供基本服务和一般条件，提升整体社会产出水平，数字基础设施的范畴会随着新技术新模式的发展而不断拓展延伸。

二是技术性强，设施迭代升级迅速。传统基础设施技术相对较为成熟、

---

① 何立峰：《国务院关于数字经济发展情况的报告》，全国人大常委会专题报告，2022年10月28日。

升级缓慢，而数字基础设施所依托的信息技术在不断创新和优化，部分技术还不稳定，需迭代式的开发和升级，建设、运营、管理和维护等都对技术提出更高要求。

三是面向应用，需要持续投入开发。不同于传统基础设施低信息化水平的运行模式，数字基础设施软硬结合，基于对数据的实时采集、计算、分析来实现与应用的紧密耦合，需要根据场景变化不断进行二次开发，以快速响应用户需求，实现资源优化配置，这要求大量的持续性投入。

四是数据为核，统一标准重视规范。数据是新型基础设施实现高效运行的核心生产要素，在市场力量为主的建设模式下，为了加速数据的流动、更大地发挥数据的价值，既需要有完善的数字治理体系，更需要形成统一的建设标准、技术规范等，推动不同所有者设施之间的互联互通，实现城市间、行业间、企业间的数据流通共享。

五是网络性强，安全可靠要求更高。数字基础设施特别是信息和融合基础设施实行的是联网运行，数字世界和物理世界高度融合，我们的生活生产将取决于数字基础设施的安全可靠运行，恶意攻击或者网络故障将给社会带来不可估量的损失，甚至传统基础设施运行都会受到严重影响。

六是跨界融合，创新型人才需求大。数字基础设施快速迭代创新，加速跨界融合，建设和运营对技术的要求高，需要大量熟悉信息通信、软件和传统领域的技术型人才和融合型人才，对我国人才结构提出较高要求。

三、数字基础设施助力营商环境改革

企业发展离不开信息流、资金流的高效运转，离不开贸易通道的便捷畅通。近年来，我国坚持技术应用和制度创新双轮驱动，持续升级数字基础设施，助力企业数字化转型。世界银行营商环境成熟度评价指标体系（B-READY）拓展并更新了营商环境基本范畴，新纳入促进数字基础设施

规范发展的内容。

（一）健全数字技术应用、发展和安全法规保障

建设法治化营商环境要求健全监管制度。B-READY 评估各经济体的监管制度时，着重关注制度的透明度、清晰度、可预期性和相关性等。梳理前述 10 大指标，发现有 7 个指标对数字技术应用的配套制度提出了要求。大致分两类：一类从增强政府在线服务能力角度，关心是否出台相关制度来保障数字技术应用，以便企业可在线获取法规信息、在线办事等；另一类从促进企业营商角度，认为企业使用数字技术可提高生产力、促进创新、创造高技能岗位，为此针对公用服务接入（固定宽带互联网）、获取金融服务（电子支付）、国际贸易（数字贸易）这 3 个指标，从制度上提出要求，以保障固定宽带网络的高效部署和优质服务、电子支付的安全可靠、数字贸易限制性规定尽可能少。

（二）增强系统可用性、信息可及性、电子存储性和协同互通性

公共服务质量直接关系到监管规定能否有效落地。B-READY 按照"有没有系统→公开不公开→存储不存储→ 方便不方便"的递进逻辑，从系统可用性、信息可及性、电子存储性和协同互通性 4 个方面对 10 个指标分别评估。系统可用性方面，关注是否有在线服务系统，如企业可否在线注册、办理工程审批、纳税及查询就业信息等；信息可及性方面，关注政府信息在线公开性，如是否开放企业注册信息、不动产查询、边境办事服务以及竞争法执行情况等；电子存储性方面，关注土地交易、所有权、地籍数据等是否以电子方式存储以及是否做到地理全覆盖；协同互通性方面，关注部门间系统是否协同联动，如企业登记、税务和社保系统、产权交易相关系统是否自动交换信息。

（三）强调提升数字基础设施服务能力

一是" 公用服务接入"指标新增了固定宽带互联网服务，侧重从供给

角度考察数字技术应用情况，关注宽带服务质量（如速率）和可靠性（如网络时延），资费、流程、计划中断和投诉的透明性，以及耗费的实际时间和成本。二是"获取金融服务"指标新纳入电子支付，关注电子支付基础设施的安全可靠性、交易费用和条款是否透明，申诉纠纷解决机制是否可靠，法规、协议、数据是否协同。三是"国际贸易"指标新纳入了数字贸易，包括电子商务和网络安全，对线上交易的安全可靠性、跨境交易监管法规透明性作出要求。同时，强调要以电子单一窗口来支持无纸化贸易，包括整合相关部门（如海关、税务、检疫、港口等部门）的数据信息，方便企业以电子方式申报、处理海关事务等。[①]

第二节 突出政府数字化转型统筹协调作用

我国政府数字化转型可追溯至 1993 年底正式启动的"三金工程"。随着 1996 年国家信息化工作领导小组成立，国家启动"政府上网工程"，各级政府部门的电子政务服务平台建设快速推进，但尚未形成整体合力；直到 2019 年 5 月国家政务服务平台上线，"整体一盘棋"的政府数字化转型路径才逐渐清晰。可见，我国政府数字化转型契合了"互联网＋政务服务"的一体化在线政务服务平台建设，深化了"放管服"改革，发挥了市场在资源配置中的决定性作用。通过加快政府业务流程重组和深入推进数据共享，政务服务"一网通办"取得显著成效。根据《2020 联合国电子政务调查报告》，我国电子政务参与指数在全球排名第九位。

[①] 单衍菲、马源：《以数字技术赋能加快建设国际一流营商环境》，《中国发展观察》，2023 年第 3 期。

党的十八大以来，得益于中国在新一轮科技革命中抢抓先机的战略定力，大数据、云计算、人工智能、区块链等呈现出迭代发展态势。在"数字中国"的"五位一体"战略布局体系中，"数字政府"致力于为数字经济、数字社会、数字文化和数字生态建设提供数字基础设施和良好发展环境。作为一种"互联网化的政府"，数字政府推动实现了政府形态和范畴在互联网化过程中得以延伸拓展，呈现为基于特定历史方位、治理使命和发展需求，由不同主体合作而成的全方位、交互式、立体化发展格局和迈向"整体智治"新境界。

在新一轮政府机构改革推动下，各地政府大数据统筹管理成为改革的重要亮点。截至 2021 年底，全国已有 28 个省份成立省级大数据管理工作机构，以提升政府数据资源开发利用效率。技术治理场景有效满足了高效性和便利性的外部需求，展现出数字化时代技术治理为政府增能提供的超乎寻常的想象空间。一是持续打造开放透明化政府。数字政府建设推动政府行为以一种"可视化"的方式呈现出来，在原有信息公开效度不断提升的同时，"数字空间"政府的透明性能够增加社会对政府信任。

鉴于政务数据具有可机器读取、可追踪溯源、可融合增值、可供社会化再利用的特点，政府数据开放实现了行政权力运行全程留痕和责任可追溯，保证政府各项工作的开展更廉洁与透明。二是推进形成治理精细化政府。与电子政务时代侧重于办公自动化过程中推动政务信息流动不同，数字政府意在通过数据的精细化管理、分析和应用，为政府精细化治理锚定航道，推动实现从模糊治理到智慧治理的渐续性转变。三是全面展现服务界面化政府。在数字政府结构形态上，"界面政府"成为"放管服"改革时代政府形象的新标签：政府是一个由界面、内部结构、功能和环境四个要素构成的结构化体系，政府通过界面与民众互动，通过内部结构支撑其功能实现和适应环境。①

政府数字化转型着力于优化推动政府职能转型和优化政务服务体验，通过数字治理优化营商环境是治理能力现代化的重要路径。政府数字化转型的标准化动作是数字政府建设，于企业而言，能更为便捷地获得行政许可、行政征收、行政检查等公共服务；于个人而言，最直观的感知便是社会服务的可获得性、舒适性及公平性。可见，政府数字化转型的直接效果体现在治理能力提升和政务服务优化，而营商环境优化则是政务服务优化的一项重要且直观的衡量指标。上海市的"一网通办"、浙江省的审批服务"最多跑一次"、广东省的"数字政府"建设都显著助力了营商环境的持续优化；尤其是各级地方政府基于"放管服"改革推进的"互联网＋政务服务"，对于推进地方营商环境的市场化与法治化建设有显著促进作用。

一是规则先行与法治保障并重。政府数字化转型本质上是一场牵一发动全身的重大改革，深化"放管服"改革、优化营商环境则是一项涉及经济社会改革和对外开放众多领域的系统性工程。一要坚持规划先行、谋定而后动，科学制定数字政府标准体系、规划和营商环境发展规划，明确政府数字化转型的目标、阶段以及政务服务优化的关键举措，确保数字政府建设与营商环境优化互为支撑，并适时出台相应政策措施，确保转型与改革有序推进。二要强化法治保障，把优化营商环境进一步纳入法治化轨道，依法严查涉企违法违规收费，完善商事纠纷非诉讼解决机制，完善知识产权的保护制度，着力推进数字法院建设，构建依法维权便捷通道，最大程度降低企业和市民的法律成本。三要坚持标准化推进，完善标准化管理机制，全面推进标准化在数字政府建设中的应用，着力推动数据标准化建设，以业务标准化强化数据归集和共享，以数据标准

---

① 宋林霖、李广文：《"放管服"改革的治理意蕴及其走向》，《中国行政管理》，2022 年第 8 期。

化推动业务流程标准化再造。

二是坚持整体一盘棋、一网办。政府数字化转型与营商环境优化都不是单个部门的事，而是整个政府系统一荣俱荣、一损俱损的大转折，往往涉及多个部门的权限和业务调整，部门协作显得尤为关键。一要坚持整体一盘棋，以统一平台建设促进业务集成，以业务集成促成服务集成，在优化民生服务和营商环境方面，以"一网通办"为导向，在便企服务层面，强化统一平台建设，加快推进"一件事一次办"。二要及时清理各种法规、规章和政策文件，清除部门文件之间的制约，建立强有力的部门间协调机制，对部门之间的交叉职能进行调整，合并同类项，统一业务归口，避免标准分歧和权责分裂。三要以数据归集打通部门梗阻，以部门之间的数据流通与共享倒逼部门协同，推动各项涉企审批流程优化再造，杜绝基础设施独建独享、系统不连通、信息不共享、基础支撑平台重复建设等问题。四要推进权责分级，最大程度下放事权，给基层足够自主权，注重工作的前瞻性和精细化，借力智能化提升社会治理效能。

三是强化数字赋能与网格支撑。政府数字化转型一定要注重数字化与人的结合，注重数字化理念与社会治理理念的融合，尤其要力破"信息孤岛"，借力数字化转型赋能网格化治理，提升市域治理和乡村治理的精细化、精准化水平；借力数字化转型创新治理手段，以治理数据共享优化社会服务方式，深挖"数据红利"，筑牢智慧治理根基。数字化转型赋能网格化要注重充分发挥分级调度的作用，一方面要赋予基层网格自主处置权限，以便及时处理各类突发事件；另一方面要强化上级调度中心的数据归集、统计与共享，以治理数据统计优化治理效能，以治理数据共享推动跨区域协同治理。在治理优化的同时也要注重发挥网格对政府数字化转型的支撑作用，强化转型过程中的部门协作。

四是提升数据统筹治理与应用。进入数字经济时代，在推进数字政府建设的同时，要着力提升数据统筹治理能力。一要抓好数据归集共享与开放应用，建立数据需求清单、归集清单、共享清单和治理清单，实行清单化闭环管理，推动公共数据在安全可控的前提下最大程度开放共享，解决部门间信息流动不通畅、信息获取不对称、不及时等问题。二要抓好数据安全，建立健全数据分级分类、重要数据保护、隐私数据保护、数据跨境流动等数据安全管理制度。强化数据安全管理意识，加快构建数据安全风险技术监测体系，优化数据安全技术。三要强化数据资产应用，打通数据流通梗阻，构建一站式数据资产管理平台，建立"用数据说话、用数据辅助决策、用数据智能监管、用数据驱动创新"的数据资产化应用新模式，推动大数据智能在政务服务和企业经营管理中的广泛应用。四要强化基础设施支撑，加快传统基础设施数字化建设和改造，积极推进5G、大数据、物联网、人工智能等新技术与数字政府深度融合，切实加快政务服务思维转变，着力推动数据与人才等其他生产要素进一步融合，进一步释放数据要素价值。

第三节　增强数字基础设施普惠程度

数字基础设施建设是数字经济时代贯彻新发展理念，推动经济高质量发展，建立现代经济体系的基础保障，也是数字化营商环境建设的基本前提和重要基础。2023年2月，中共中央、国务院印发《数字中国建设整体布局规划》提出，到2025年，"基本形成横向打通、纵向贯通、协调有力的一体化推进格局，数字中国建设取得重要进展"。"数字基础设施高效联通，数据资源规模和质量加快提升，数据要素价值有效释放，数字经济发展质量效益大幅增强，政务数字化智能化水平明显提升"。数字基础设施建设是孕育创新、促进转型、培植发展新动能的土壤，可以为中国经济数字化转型提供底层支撑。数字基础设施建设通过网络连接迅速把公共服务、政府治理、经济运行嫁接在一个全球最先进的底层基础设施上，通过消除个体区域数字鸿沟为公众提供平等参与的机会，所带来的经济红利广泛惠及所有阶层个体。[①]

一、深化重点产业数字化转型

数字基础设施范围广、类型多，不可能一拥而上、一蹴而就，可以先聚焦起步基础较好、应用范围较广、效益产生最快的新型基础设施领域，加快投资建设，尽快将数字基础设施转化为社会经济发展的内生动力，达到以局部带整体的良好效果。在信息基础设施领域，积极推进新技术的引入部署，加快 5G 和光纤宽带"双千兆"网络建设，统筹部署传感器等泛在感知设施，合理布局云计算、边缘计算等算力基础设施，为各行业基础设施建设提供公共基础。在融合基础设施领域，加快传统基础设施数字化转型，推广部署工业互联网，打造智能化交通环境，建设泛在电力物联网，升级智慧城市设施；同时要积极推进社会发展基础设施智能化转型，利用人工智能、物联网、5G 等技术建设智慧学校、智慧医院等设施。在创新基础设施领域，可以聚焦工业互联网、人工智能、高性能计算等关键核心技术攻关，布局建设一批产业创新中心和公共服务平台。

立足不同产业特点和差异化需求，推动传统产业全方位、全链条数字化转型，提高全要素生产率。加快提升农业数字化水平和推动工业数字化转型，深入实施智能制造工程，积极推动装备数字化，大力发展数字商务，

[①] 邓荣荣、吴云峰：《有福同享：城市数字基础设施建设与经济包容性增长》，《上海财经大学学报》，2023 年第 1 期。

全面加快商贸、物流、金融等服务业数字化转型，优化管理体系和服务模式，同时推动产业互联网融通应用，培育供应链金融、服务型制造等融通发展模式，以数字技术促进产业融合发展。推动产业园区和产业集群数字化转型。激励产业园区加快数字基础设施建设，利用数字技术提升园区管理和服务能力。积极探索平台企业与产业园区联合运营模式，丰富技术、数据、平台、供应链等服务供给，提升线上线下相结合的资源共享水平。[①]

二、利用新技术新模式构建新设施

信息技术是否能够发展成为新的基础设施具有不确定性，应针对技术的不同发展阶段采取差异化的策略，通过引导和培育加速新的基础设施形态的形成。一是鼓励通用目的技术相关设施建设。例如，加快构建面向通用或专业目的的普惠 AI 平台；积极探索推进建设国家级区块链公共基础设施；积极探索网上课堂、互联网医院、人工智能诊疗平台等新的基础设施形态。二是以建设运营模式创新培育更多共性基础设施。在智慧城市等融合基础设施建设过程中，应从构成新型基础设施的要素、结构、功能等入手，整合各领域的共性需求，创新跨领域共建共享建设运营模式，培育更多的共性能力平台，推动形成更多的共性基础设施。

三、探索创新政策支持体系

数字基础设施建设要正确处理好政府和市场的关系，通过建立适应数字基础设施特点的政策支持体系，充分利用市场和社会力量加快我国数字基础设施建设。分类施策丰富资金投入渠道，根据投资规模、建设周期、盈利性、技术创新性等特点，灵活选择政府直接投资、引导性资金、PPP 模式、

---

① 周伟：《数据赋能：数字营商环境建设的理论逻辑与优化路径》，《求实》，2022 年第 4 期。

社会资本等多种资金投入方式。营造良好市场环境，通过深化体制机制改革、放宽市场准入、明确监管规则等措施，吸引更多社会企业参与数字基础设施建设和应用推广。加强信息技术和软件人才培育，培养跨 ICT 领域与传统领域的复合型人才。

四、同步规划建设数字安全设施

网络安全和可靠性是数字基础设施建设发展的底线保障，应加快建立数字基础设施网络安全保障体系，推动构建跨领域、跨部门、政企合作的安全风险联防联控和应急处置机制。同步规划、建设、运行配套网络安全设施，加强政府网络安全设施能力，鼓励市场化的安全设施建设。强化新兴信息技术带来的安全风险研究，加强网络安全风险评估评测、隐患排查。加强新型基础设施可靠性系统设计，综合采用优化网络架构、路由组织、节点备份等措施，保证新型基础设施平稳运行。

第四节　加强算力基础设施建设布局

理解算力基础设施，首先需要阐明算力的含义。顾名思义，算力与计算紧密相关[①]，人类的大脑是强大的计算引擎，生命过程中，识物、闻声、辨味都可以理解成为大脑在进行运算。大部分时间里，人们进行口算、心算就是大脑算力的体现，在复杂计算场景下，计算工具逐步得到研发与应用，从结绳、堆石到算筹、算盘，计算工具不断发展。20 世纪 40 年

[①] 刘宇航、张菲：《计算概念谱系：算势、算力、算术、算法、算礼》，《中国科学院院刊》，2022年第 10 期。

代，算力革命跨越式发展，1946 年 2 月，世界上第一台数字式电子计算机 ENIAC 诞生，人类算力工具正式进入了数字电子时代，如今算力演进更是进入了云计算的时代。因此，狭义言之，算力通常是指计算机实现特定计算功能，并满足特定计算性能的能力。由此拓展，广义言之，算力作为数字经济时代新型生产力，是计算设备集群或者中心，处理各种信息的能力，涉及数据存储、网络传输、信息计算等内容。

一、算力基础设施的发展趋势

随着新一轮科技革命和产业变革深入推进，算力经历了从单机计算到云计算、从边缘计算到泛在计算、从单一算力到多样性算力的发展，算力基础设施建设呈现新的特征和趋势。

一是投资扩容趋势明显。当前，随着数字经济和实体经济加速融合，技术不断更新迭代，基础数据不断累积，算力需求呈现爆发式增长。据相关测算，到 2025 年，我国算力核心产业规模将达到 4.4 万亿元，关联产业规模约 24 万亿元，未来 5 年我国智能算力规模的年复合增长率将达 52.3%。因此，算力基础设施建设投资扩容成为时代发展的必然趋势。

二是东西协同趋势显著。2022 年，国家"东数西算"工程启动实施，构建以 8 个国家算力枢纽节点和 10 个国家数据中心集群为引领的新型算力网络体系。基于资源禀赋与区位优势，"东数西算"工程将东部部分算力需求有序引导至西部，实现算力跨区域调度，目前东中西地区相互协作、共同布局的趋势显著。河南省与甘肃省共同探索，建设了全国首个集约型、系统性城市算力网络。

三是乘数倍增效应明显。算力基础设施建设是扩大有效投资的重要方向，也是赋能产业转型升级的重要动能。一方面，算力基础设施建设涉及的投资体量大、产业多、链条长，具有明显的乘数效应。据中国信通院测算，算力中每投入 1 元，将带动 3—4 元 GDP 的增长。另一方面，算力正加速向政务、工业、交通、医疗等多领域渗透，数字政府、自动驾驶、智慧医疗、远程教育等新应用、新业态不断涌现，对产业的赋能效应显著。

四是绿色低碳挑战加剧。数字基础设施建设涉及数据传输、存储、计算、应用等环节，是"吃电大户"，特别是数据中心除了驱动服务器等硬盘设施所需的电力，还需要通过空调、冷水机等辅助设施降温，以及备用电源提供不间断电力保障，能耗巨大，给绿色低碳发展带来挑战。

二、国内算力网络布局概况

随着人工智能、数字孪生、元宇宙等新兴技术的迅速发展，全球算力需求规模呈爆发式增长，而原有分散式布局的数据中心难以满足新兴领域海量高性能计算需求。算力网络作为新型信息基础设施，具有能够在云、边、端之间按需分配和灵活调度计算、存储以及网络资源的特点，加快布局算力网络建设成为打通数字基础设施大动脉，夯实数字中国建设基础的必然选择。事实上，近年来我国不断加强算力网络建设布局并取得初步成效，主要表现在以下几个方面：

一是国家"东数西算"建设持续推进。截至 2022 年 9 月，京津冀、长三角、粤港澳大湾区、成渝、内蒙古、贵州、甘肃、宁夏等枢纽节点的建设工程积极推进。"东数西算"工程起步区新开工数据中心项目高达 60 多项，新建数据中心规模超过 110 万标准机架，总投资超过 4000 亿元。各地方政府相继出台相应政策，部署落实国家"东数西算"的整体战略。

二是我国智能计算中心加快布局。截至 2023 年 3 月，国内有超过 30 个城市正在建设或提出建设智能计算中心。各地方依托智能计算中心，为企业提供普惠算力，支撑当地科研创新和人才培养。同时，各地加快人工智能应用创新，聚合培育人工智能产业生态。例如，2022 年 8 月阿里云在河北张北、内蒙古乌兰察布启用了两座智能计算中心，为企业提供智能计算服务。2023 年 5 月，百度在山西阳泉、江苏盐城、湖北宜昌建立智能计算中心，用于自动驾驶训练并服务区域政府"数字大脑"、制造企业智能化。

三是算力网络应用领域持续拓展。我国算力网络应用正从互联网、电子政务等领域，逐步向电信、金融、制造、教育等传统行业扩张。政府行业对数字政府、平安城市等领域的投入力度不断加大。随着工业互联网发展的不断成熟，制造业复杂的应用场景对于算力网络的性能要求持续提升。由通用计算、智能计算、高性能计算和边缘计算等构成的多元算力支撑了跨领域行业应用。

2023 年 10 月，工业和信息化部、中央网信办、教育部、国家卫生健康委、中国人民银行、国务院国资委六部门联合印发《算力基础设施高质量发展行动计划》，在该项政策文件中提出到 2025 年，算力在计算力、运载力、存储力、应用赋能等层面将有巨大突破，能够充分推动数字经济发展，助力中国数字产业转型升级。同时，为进一步深化算力赋能行业应用，《行动计划》围绕"算力 + 工业""算力 + 教育""算力 + 金融""算力 + 交通"等方面明确系列具体部署，并提出在工业、金融等领域算力渗透率显著提升，医疗、交通等领域应用实现规模化复制推广，能源、教育等领域应用范围进一步扩大。

三、制约国内算力网络发展的主要因素

近年来，我国算力网络规模发展迅速，然而仍然面临技术标准体系不完善、市场竞争格局亟待优化、软件生态不成熟等多方面制约，主要表现在以下几个方面：一是我国算力网络结构和标准亟待优化。我国算力布局仍存在结构性失衡问题。例如，我国已经建立的国家超级计算中心商业化

应用门槛较高^①，而大量中小型数据中心在运算能力、算法工具、软件支持等方面无法完全满足企业需求。在"东数西算"建设过程中，算法架构、软硬件与接口标准缺乏，目前不同厂商建设的数据中心包含不同类型指令集、不同体系架构的异构硬件，算力网络支持多样化算力需要适配不同厂商的基础设施硬件架构，导致算力网络对于数据与计算资源的协同与统筹能力不足。

二是我国算力市场低价竞争不利于可持续的科技创新投入。我国算力市场阿里云、华为云、腾讯云、百度云、天翼云、移动云、联通云等主体竞争激烈。国内相关厂商为争夺市场份额，不断降低价格及收益，致使在竞争中出现企业利润水平普遍较低，甚至出现亏损的情况。全球算力网络尚处于技术研发与产业布局初期，盈利不足可能进一步影响企业对研发投入的能力和意愿。而在一些算力市场，主体相对集中的国家则在市场竞争中形成了规模效应，最大程度降低了算力成本。

三是我国算力网络生态亟待培育。以基础软件为例，"微软＋英特尔"联盟在我国算力网络操作系统市场上占据主导优势。Linux 具备开源、稳定性高、安全自由等特点，在我国服务器操作系统市场份额达 79.2%。在科研算力方面，由于不同学科、不同应用场景的计算需求存在较大差异，相关软件相对缺乏。很多专用领域的软件还依靠科研人员自主开发，亟待推进开源的社区建设，建立算法、软件的开发与共享生态。

四、算力设施体系建设的重点举措

为有效应对我国算力网络建设面临的挑战，我国亟须进一步加强顶层设计，推动算力网络建设运营主体形成合力，建立我国算力网络发展优势。

---

① 韩志明、刘华云：《计算、算法和算力：基于信息的国家计算逻辑》，《探索与争鸣》，2021 年第 3 期。

一是构建我国算力网络软硬件标准与安全体系。构建自主开放的算力网络国际化技术与互联标准体系。推动全国算力网络一体化标准建立，形成包括算力网络架构[①]、节点互联标准、应用接口标准、人工智能数据集接口标准等在内的标准体系，兼容多样化算力和开发框架等软硬件平台。系统识别算力产业新兴核心技术环节，确定重点核心标准突破口，联合政府、行业协会和企业力量，构建开放完善的计算技术、架构类标准体系。发展高性能计算软件，加强开源社区建设，加强高性能计算应用中间件和算法库的开发。以需求为导向，以芯片与架构为牵引，以数据库、操作系统、基础软件、中间件等生态系统关键环节为支撑，以技术创新、模式创新和体制机制创新为动力，破解产业发展瓶颈，推动算力产业体系重点突破和整体提升，实现跨越发展。

二是建立算力体系良性竞争格局。加快推动国家牵头制定和发布算力产业发展国家战略规划，实现对算力产业发展战略的顶层设计和重大研究项目的统筹布局。建立健全算力网络产业主体的竞争机制和规则，鼓励企业加大对研发和创新的投入，推动企业之间形成良性竞争格局。持续优化政策环境，加强对算力网络的政策支持和投入，引导企业加强创新合作，形成我国算力体系发展合力。

三是有序推进国家算力网络生态培育。建立"算力网络操作系统"，构建多级的算力调度体系以实现全网算力与网络的调度、匹配。有序推动各地人工智能计算中心融入现有算力网络体系，探索推动算力跨网络结算机制，降低算力网络的使用费用。例如，在京津冀、长三角、长江经济带、粤港澳大湾区、成渝地区双城经济圈等创新资源聚集、产业联系紧密的重点区域，探索算力网络建设运营新模式，实现资源互换和共享。

[①] 吕廷杰、刘峰：《数字经济背景下的算力网络研究》，《北京交通大学学报（社会科学版）》，2021年第1期。

　　总而言之，算力基础设施作为算力的主要载体，是支撑数字经济发展的重要基础，对于实现企业数字化转型、培育未来新兴产业，以及形成经济发展新动力等方面具有关键作用。《算力基础设施高质量发展行动计划》为中国算力基础设施高质量建设提供了政策的引导和支持，该项政策能够进一步引领中国算力基础设施建设走向标准化和体系化。该项政策不仅顺应了中国数字经济发展的客观需求，同时也具备体系发展、加强应用和绿色低碳的政策特点，在未来有望在发展规模、高端发展和科学规划等多个层面有利好影响。

第三章　以技提质：优化平台系统结构功能精细化

随着互联网尤其是移动互联网的深入普及和技术应用拓展，互联网平台正在影响和改变社会的基础构架，并成为现代政府治理的重要基础、领域和工具。近年来，大数据、云计算、5G、区块链、人工智能、物联网等技术与互联网的深度融合，在政务服务领域不断开发新型平台系统应用场景，催动传统政府治理结构和治理形态发生向好转变，有效提升了政务服务的效率和质量。

第一节　制定匹配用户的个性化办事指南

办事指南是政务服务中根据政策文件变化要求而不断修改完善的一项基础材料。梳理办事指南成为政务服务改革的重要环节，更成为保障政务服务运行、提升政务服务效率的有效抓手。[①] 近年来，随着政务服务平台系统结构功能的不断优化，具有个性化特征的办事指南开始出现，这是对标准化改革和服务型政府建设价值理念的有效回应。

[①] 李德国、郑烨：《服务设计如何推动公共部门的价值创造：一项针对办事指南的混合研究》，《中国行政管理》，2021 年第 4 期。

一、办事指南基本要素

经过多年改革实践，全国各地政务服务办事指南大致分为完整版和简版两个类型。完整版办事指南一般置于地方政务服务网站的显著位置，供企业和群众查阅、下载，并可支持手机 APP、二维码等方式查阅；简版办事指南宜印制纸质活页、宣传折页，按要求定位摆放在地方政务服务中心（便民服务中心），方便企业和群众查阅、索取。

完整版办事指南基本要素包括：事项名称及编码、联办事项及编码、牵头部门、联办部门、服务对象、设定依据、行使层级、受理条件、申请材料（包含材料名称、材料依据、材料类型及格式要求、材料来源、受理标准、纸质材料份数及规格、容缺受理情况、书面承诺告知情况、针对申报材料的补充说明或情形说明等）、中介服务、办理方式（包括受理方式办理地址和时间）、办理流程（含特别环节，下同）、办理结果（包括结果名称和样本）、承诺办结时限、收费情况（包含收费标准和依据）、领取方式、行政救济途径与方式、咨询方式监督投诉渠道、办理进程和结果查询（注明查询方式和途径）、特殊注意事项（包含是否须预约办理；是否须本人亲自办理；是否须所涉所有当事人亲自到场；需要准备照片或现场拍照的，对当事人仪容的提醒等）、申请表（样本）及示范文本、承诺告知书（样本）及示范文本（适用于实行容缺受理、告知承诺制的事项）、事项办理流程图、常见错误示例、常见问题解答等。

二、政务平台办事指南的功能

（一）基本功能

就各地开发的政务平台来看，办事指南已基本具备办事主题分类一览功能、主题的服务事项一览功能、主题事项的服务指南功能等，为企业和群众办事提供便利。一是办事主题分类一览功能。现有政务平台多以列表的形式显示系统所有的办事主题分类，具体包括：兵役、就业、纳税、社保、婚姻、医疗、出入境、社会救助、住房、司法公正、死亡殡葬、职业资格、消费维权、交通、文化体育、知识产权、民族宗教、金融保险、公用事业、证件办理以及其他等多项办事主题。二是主题的服务事项一览功能。现有政务平台多将具体办事主题，细化至具体区域办事层级，方便企业和群众就近迅速查找。当选择某一个具体的办事主题，如"社保"，系统会详细列出该主题下的所有具体服务事项，服务事项具体细化到所有街道或村、社区或居委会。三是主题事项的服务指南功能。在主题的服务事项一览表中选择任意一具体的服务事项，系统将显示该事项的服务指南，包括服务事项的服务主题、主管部门、受理机构、办理对象、办理条件、窗口办理流程、网上办理流程、办理时限、办公时间、收费标准、收费依据、办理依据等功能。

此外，服务指南还包括：①我要预约功能。包括要预约的具体事项、服务机构、服务单位等。②乘车地图功能。系统启动腾讯的地图导航服务接口，以该服务地点为目的地，显示乘车地图导航地图。③进度查询功能。输入申报人名称、申办流水号、验证码等，系统进行相应办理事项的进度查询。（图3-1）

（二）个性化功能

就各地开发的政务平台来看，办事指南的设置也在为特殊群体提供个性化服务功能[①]，这些群体多为老年人、残疾人、孕妇、学生等，并积极与"我为群众办实事"活动紧密结合，牢固树立为民服务宗旨，坚持以群众需求为导向，积极推行老、弱、病、残、孕等特殊群体"优先办、预约办、帮代办"等服务，制作通俗易懂的宣传读本、办事指南、资料清单，坚持以

---

① 张廷君：《城市公共服务政务平台公众参与行为及效果——基于福州市便民呼叫中心案例的研究》，《公共管理学报》，2015年第2期。

图3-1　政务平台办事指南的基本功能

暖心、尽心、热心的"三心"服务切实提升群众的幸福感、获得感和满意度。

三、制定匹配用户的个性化办事指南典型案例

（一）邵阳市涉老服务指南

邵阳市在线下政务服务大厅设专区，提供帮办、代办服务。设立老弱病残孕服务专区，为这类办事群众提供社保、医保、残联、公安、交警大队五个部门20个事项快办、帮办、代办的优先服务，在群众自愿的前提下免费为其提供领办、帮办服务。开辟了老年人、残疾人和退伍军人优先办理窗口，当这部分特殊群体前来办事时无须排队等候，可享受优先服务。在政务服务大厅内实行"一取消两免费"服务，即取消复印件，提供免费照相、免费复印服务，办事群众如有复印需求，可到免费服务区复印。政务大厅内还配备了免费服务老年人用品，包括轮椅、老花镜、医药箱等。缴费业务可采取微信、现金、银行卡等多种支付方式，避免出现老年人不会电子支付无法缴费情况，提升老年人办事体验。

为了进一步提升审批效率，在 24 小时便民服务大厅投放智慧城市自助终端智能自助机，免去了以往办事群众"多跑路"、材料多、长时间取号排队的烦恼。线上开辟老年人便利服务专区，让老年人更加方便地体验数字政务，梳理整合了城乡居民医疗保险、异地就医备案、低保信息查询等热门应用和办事服务，实现相关业务指南在线查询、办理，有效归集老年人经常办理的服务事项、应用查询等内容，优化适老化服务，实现智慧助老。专区充分考虑了老年人群体的特点，围绕老年人办事需求和便捷度两方面进行建设，采用了大字体页面显示、语音朗读等模式，降低了老年人的阅读困难，方便了老年人办事。（表 3-1）

表3-1 邵阳市"我要办理基本养老服务补贴"办事指南

序号	流程	内容
1	事项名称	我要办理基本养老服务补贴
2	涉及事项	基本养老服务补贴
3	设定依据	邵阳市人民政府办公室关于印发《邵阳市推进养老服务高质量发展若干措施》的通知（邵市政办发〔2021〕11号）
4	受理条件	本地户籍且在当地实际居住的低保当中65周岁及以上完全失能或部分失能老年人（同时符合重度残疾人护理补贴、基本养老服务补贴条件的老年人，按照就高不就低的原则享受其中一种补贴）
5	涉及办理部门	民政部门
6	窗口办理地址	各乡镇（街道）、村（社区）便民服务中心（站）
7	网上办理地址	无
8	办理时间	法定工作日，9:00—12:00，15:00—17:00
9	咨询方式	邵阳市：0739-5358072；邵东市：0739-2667725；新邵县：0739-3601909；隆回县：0739-8249385；洞口县：0739-7221070；绥宁县：0739-7601574；城步县：0739-7361981；武冈市：0739-4226783；新宁县：0739-4823918；邵阳县：0739-6834159；大祥：0739-5500128；双清区：0739-5220928；北塔区：0739-5080908

序号	流程	内容						
10	监督方式	0739-12345						
11	承诺办结时限	10个工作日						
12	申报材料	通用情形提交材料清单						
		材料名称	材料形式及要求（原件/复印件）	份数	是否可容缺受理	容缺受理时限	容缺受理材料提交方式	说明
		基本养老服务补贴申请审批表	原件	1	否			需村（社区）加盖公章
		身体状况鉴定表	原件	1	否			需县级及以上医院出具的鉴定
		身份证或户口本	复印件	1	否			
		1寸彩色照片	原件	1	否			
		低保证	复印件	1	否			
		特殊情形提交材料清单						
		材料名称	材料形式及要求（原件/复印件）	份数	是否可容缺受理	容缺受理时限	容缺受理材料提交方式	说明
		手持当月报纸（杂志）5寸彩照	原件	1	否			非本人办理
13	特别程序	行动不便或有特殊困难的老人可通过电话或委托代理人向村（社区）申请，村（社区）工作人员上门收集资料并录入系统						
14	收费情况	不收费						
15	结果名称	老年人福利补贴发放						
16	领取方式	采取政府购买服务形式，通过第三方服务机构开展上门服务						

序号	流程	内容
17	特殊注意事项	无
18	办理流程	由本人或代理人到村（社区）申请，乡镇（街道）审批，县级民政部门复审后实施

（二）"i西安"APP"公民个人办事一册通"

"i西安"APP作为西安市政务服务统一线上平台，是全市"一网通办"线上综合服务官方总入口，是为响应国家、省、市相关要求，以"高效、便捷、利企、便民"为理念，提升市民对智慧城市体验感为核心，涵盖政务服务指尖办理、民生服务在线开启、日常服务网上送递的智慧城市服务总入口，市民只需一次实名认证，就能"一号通行"，畅享所有平台服务。（图3-2）

图3-2 西安"公民个人办事一册通"样图

功能包括：（1）办事服务：西安市 100 余项行政办事服务。（2）个人服务：提供社保账户信息、就医健康档案、不动产登记信息、身份证、驾驶证、行驶证等电子证照等个人数据查询。（3）公共服务：提供路况查询、交警服务网点查询、汽修企业网点、驾校服务点等周边公共服务设施数据。（4）智能提醒：主动推送气象预警、政策解读等信息。

西安政务服务办事指南通过政务服务微信公众号、"i 西安"APP、政务大厅二维码智能引导系统等途径对外展示，供企业群众浏览查询和下载，实行同源管理、同源发布。可线下印制个性化办事指南、印制"公民个人办事一册通"、主要展示事项办理所需材料、办理时间、咨询方式等关键要素，为企业群众办事提供明确清晰的办事指引。

第二节　设计信息查询高效搜索引擎工具

随着政务公开、"互联网 +"政务服务等工作的深入推进，各级政府网站及政务 APP 信息内容的快速增加与用户个性化需求之间的矛盾日益凸显，单纯依靠简化优化网站框架来降低信息查找难度的做法难以为继，需要根据公众的使用习惯辅以搜索引擎来查找资源，并且有向公民提供防止危险发生或扩大的注意义务。[1]

一、设计信息查询高效搜索引擎工具的阶段特征

政务搜索由于各种原因，其发展和应用水平远滞后于商业类搜索。从

---

[1] 杨显滨：《搜索引擎服务提供者的注意义务》，《法商研究》2022 年第 3 期。

实际使用来看，无论是传统政务搜索，还是智能政务搜索，基本流程都是一致的，主要包括"前台输入—后台处理—结果返回"三个阶段。[①]

（一）"前台输入"阶段

输入关键词是用户使用搜索引擎的第一个环节，相对于搜索结果，搜索引擎在输入环节的智能化辅助功能没有那么重要，但也可改善用户体验。与传统搜索相比，智能化搜索在"前台输入"环节的智能化特征主要表现为推荐引导、拼音转化、自动纠错、灵活设置等方面。

一是推荐引导。现有政务搜索引擎多具备推荐引导功能。一方面，用户可根据历史检索信息，在对输入的关键词、结果点击等进行大数据分析后，得到最近一段时期内搜索的热点，结合近期政务中心工作和社会热点，主动推荐给用户，用户点击即可，无须输入。另一方面，可在用户输入的过程中，根据用户已输入关键词自动推荐相关词句，如用户输入"机动车"三字时，可在搜索下拉框中主动推荐"机动车限号""机动车摇号""机动车违章查询""机动车过户"等智能化联想构建的长尾关键词，引导用户需求。

二是拼音转化。现有政务搜索引擎多具备拼音转化功能。当前，较多用户使用拼音输入法，在搜索引擎中输入时很容易没有切换输入法，而直接输入一串拼音。智能搜索可支持拼音搜索，采用词语智能拼音匹配模式，并结合关键词提醒联想等，实现拼音搜索和中文搜索的无缝衔接。例如，用户在前端输入"yaohao""jidongche"等拼音时，系统可自动理解为"摇号"和"机动车"，并返回相关结果。

三是自动纠错。现有政务搜索引擎多具备自动纠错功能。对于一些容易输入错误的词语，智能搜索引擎可提供自动纠错功能，提示按正确词语作为关键词进行搜索，减少重复输入操作。如，用户在前端输入"暂住证"

[①] 孟庆国、王友奎、田红红：《政务服务中的智能化搜索：特征、应用场景和运行机理》，《电子政务》，2020 年第 2 期。

时，系统可自动纠正为"居住证"，并返回相关结果。

四是灵活设置。现有政务搜索引擎多具备灵活设置功能。公众可根据搜索需要，灵活设置各种检索条件，如搜索信息类别、搜索内容范围、搜索文档范围、搜索内容的时间范围、搜索关键词出现位置、搜索结果显示数量、排列顺序等多种条件，智能搜索引擎支持这些复杂的多条件混合搜索，实现更加精确的信息搜索功能，满足用户对检索的更高要求。

（二）"结果返回"阶段

从使用角度来看，公众往往对搜索引擎后台如何处理并不关心，而更关注"结果返回"是否智能便捷和贴近需求。政府网站智能搜索在结果返回中不仅要优先呈现与用户输入和潜在需求关联度高的信息，提供多维展现和排序等基础性功能，还应在充分理解用户需求的基础上，实现"搜索即服务"。"搜索即服务"在商业领域中已广泛应用，完全具备在政府网站搜索中实现的可行性。

一是政策内容可视化。政策文件往往具有原则性强、专业性强等特点，且多以大段文字展现，公众难以理解或不愿花时间理解。智能搜索可将政策文件中的关键信息抽取出来，通过数字、图表、插件等结构化方式呈现，无疑会大大改善用户体验。

二是政务数据可视化。当前，各级政府都会发布年度《国民经济和社会发展统计公报》及行业发展等大量统计数据。在传统模式下，一些公众关注度高的数据被隐藏在大量的信息和数据中，查找难度很大。在智能搜索中，不仅可以将各种关注度高的数据抽取出来，还可以按照时间、地区等维度进行组合展现，搜索体验大大改善。

三是政务服务逻辑化。政务服务平台提供的很多事项具有高度关联性和逻辑性。在传统搜索模式下，只是采取列表方式（假设搜索引擎能够检索到，实践中还有很多检索不到）展现，用户体验不佳。在智能政务搜索中，可以围绕用户需求和业务逻辑，将一组关联度高、逻辑性强的事项整合起来，提供集成式、场景式、导航式的一体化服务，而无须"东奔西走"。

四是系统数据聚合化。当前，我国政府网站多数是按照信息类别组织资源，如信息公开、在线办事、互动交流等，这样导致围绕特定需求的资源分散在不同的栏目中，并且彼此之间比较分散。在传统的搜索引擎中，也往往采取大列表方式，这样就导致与关键词相关的各种信息混杂在一起，用户体验较差。在智能搜索引擎中，基于资源画像，对信息资源体系进行优化和重构，实现基于关键词的"信息聚合"，搜索结果将相关信息聚合到一起，并且分门别类，形成动态的"专题专栏"。特别是当用户输入的是办事服务相关需求时，智能搜索可汇聚相关动态通知、办事指南、政策文件、政策解读、业务系统及常见问题等信息，构建基于搜索关键词的"专题专栏"式集成服务。在智能政务搜索中，还可以与电子政务应用系统无缝衔接，实现系统数据的实时呈现。例如，将政务搜索与其他系统对接后，可直接在搜索结果中查询其他系统的数据情况。

（三）"后台处理"阶段

要实现前台输入和结果返回的智能化，关键是智能搜索引擎的后台支撑。概括来说，主要有三个方面：一是用户需求的精准理解，这就需要对用户输入的语句或关键词进行精准分词，通过自然语言处理技术和用户画像，能够准确理解用户输入的通俗语言。二是信息资源的彼此关联，这就需要基于用户需求和职能业务，对信息公开、办事服务、互动交流等信息资源进行重构[1]，建立知识图谱。三是需求和资源的无缝匹配，在充分理解需求的基础上，匹配最佳资源，并返回搜索结果。以"百姓体"理解为例，行政用语和公众日常用语不同，具有高度概括性、专业性等特点。而

---

[1] 杨慧、易兰丽、孟庆国：《"互联网＋政务服务"发展的测度与提升路径研究》，《中国行政管理》，2018年第11期。

多数公众在使用搜索引擎时并不了解行政用语，而是按照日常口头语输入。智能搜索基于资源画像、用户画像和自然语言处理等能力，准确识别并理解用户输入的通俗语言。

二、设计信息查询高效搜索引擎工具的典型场景

（一）北京市人民政府

北京市一体化智能搜索平台汇聚北京所有市级部门网站海量权威信息资源，聚类展现集办事指南、办事入口、法规文件、政策解读、智能问答、办事地图等信息于一体的搜索结果，在全国政府网站中率先推出场景化主题搜索服务，实现"即搜即用、一键获取"。而且能够结合搜索热点提供热搜词推荐、搜索词下拉提示等，相当人性化。平台还构建了"百姓体"词库，通过语义分析技术实现市民通俗语言与政府文件语言的转换识别，强化搜索过程中的语义理解能力和智能感知能力，读懂猜对群众需求，实现"所搜即所想、所得即所需"。（图3-3）

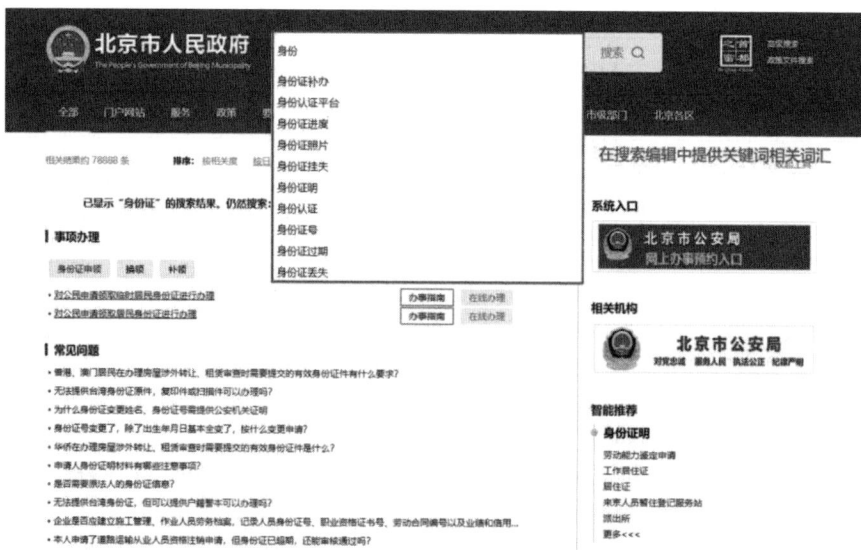

图3-3　北京市人民政府网站搜索引擎效果页面

（二）上海"一网通办"

上海市人民政府站内搜索提供模糊检索、搜索词拼音转化、错别字自动纠正等功能，智能推荐热搜资源，在搜索编辑中提供关键字相关词汇，聚类整合展现下辖各区的办事指南、办事入口等，为网民带来更便捷的搜索体验。（图3-4）

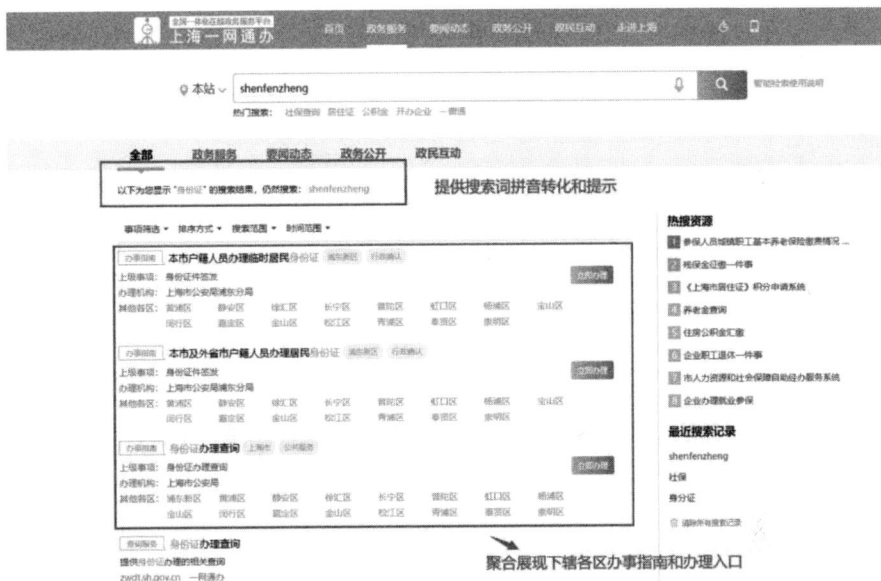

图3-4 上海"一网通办"搜索引擎效果页面

（三）浙江省

浙江全省政府网站信息统一搜索平台汇集全省海量信息资源，智能推荐搜索热词，支持关键词模糊搜索和时间段选择，提供错别字自动纠正、关键词推荐、拼音转化搜索和通俗语言搜索等功能，位置可指定全文、标题、附件等，方便查询；可根据用户需求调整搜索结果排序，提供多维度分类展现，聚合相关信息和服务，让群众查询了解政务信息不再如大海捞针，让搜索一击即中。（图3-5）

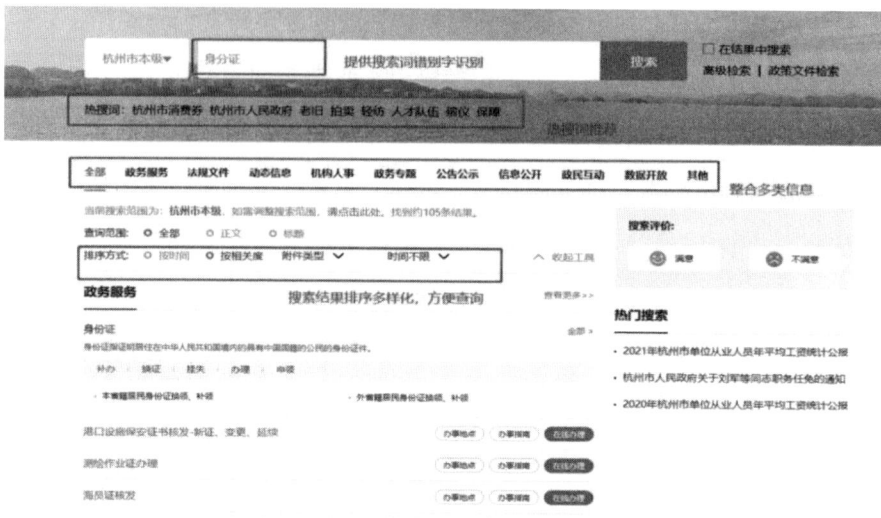

图3-5 浙江省政府网站搜索引擎效果页面

第三节 细化区分在线服务平台系统功能

2016 年 4 月，国家发展改革委等部门制定的《推进"互联网＋政务服务"开展信息惠民试点实施方案》提出"2017 年基本建成数据共享交换平台、政务服务信息系统和线上线下一体化服务体系"的目标。2018 年 7 月，国务院发布了《国务院关于加快推进全国一体化在线政务服务平台建设的指导意见》（国发〔2018〕27 号），提出"加快建设全国一体化在线政务服务平台，整合资源，优化流程，强化协同，着力解决企业和群众关心的热点难点问题"。

一、在线服务平台系统的基本标准

为更好指导全国各级政务服务平台建设，强化全国一体化在线政务服务平台功能，提升用户服务体验[①]，全国行政审批标准化工作组制定了国家标准 GB/T 39047-2020《政务服务平台基本功能规范》。

一是明确了政务服务平台的定义及服务范围。全国一体化在线政务服务平台是指由国家政务服务平台、国务院有关部门政务服务平台和各地区政务服务平台组成，实现全国范围内政务服务事项标准统一、整体联动、业务协同的政务服务平台。平台的业务应用包括：行政权力事项、公共服务事项、政务服务事项等。这对各地政务服务平台建设过程中的术语体系、服务范围和服务内容的规范和统一有着重要意义。二是提出了政务服务平台的基本功能框架。依据政务服务平台的功能定位，通过基本功能框架对政务服务平台整体能力提出要求，对平台功能涉及范围进行列举，包括服务门户、业务应用、公共支撑三个主要部分，用户可通过 PC 电脑、移动终端、实体大厅、自助服务终端、呼叫热线等多种渠道访问服务门户，实现业务办理及应用。三是提出了政务服务平台的基本功能要求。针对基本功能框架中的服务门户、业务应用、公共支撑提出具体功能要求，并对每项功能实现的范围和可达目标进行了详细说明。

服务门户要求应具备用户注册、登录认证、事项发布、搜索服务、办件查询、咨询投诉建议、政务服务绩效评价、用户中心等功能。业务应用要求应具备政务服务事项管理、政务服务事项办理、用户访问监测、电子监察、政务服务能力评估、大数据分析等功能。公共支撑要求应具备统一身份认证、统一电子印章、电子证照共享服务、政务服务数据共享治理、

[①] 赵映、张鹏：《政务服务改革的价值取向：演进、型塑及实现路径》，《上海行政学院学报》，2023 年第 4 期。

基础支撑等功能。

二、标准化背景下细化区分在线服务平台系统功能的意义

推进 GB/T 39047-2020 的实施，对于深化行政体制改革、提升政府治理能力现代化水平具有重要意义。标准化这个整体性治理手段，将在一定程度上解决各地区、各部门在建设政务服务平台时的碎片化问题，形成系统化的线上整合型政府。

一是填补了我国在政务服务平台领域国家标准空白。本次同时发布实施的《政务服务平台基本功能规范》（GB/T 39047-2020）《政务服务平台基础数据规范》（GB/T 39046-2020）《政务服务平台接入规范》（GB/T 39044-2020）三项标准，是首次以国家标准形式在政务服务平台建设的功能、数据、接入等基础内容上做出规定。它充分吸纳国家、地方各政务实施部门建设政务服务平台的工作经验结晶，对政务服务平台建设具有重要里程碑意义。

二是提升我国政务服务平台建设标准化意识。在推进平台建设进程上，标准起着基础性、纲领性、指引性的作用。为适应新形势新要求，制定和发布的《政务服务平台基本功能规范》，是将政务服务平台建设标准化的理念、原则、方法、经验引入到各级政务服务管理部门，是提升国家政务服务平台标准化水平的重要举措。同时，政务服务平台标准化建设也为提高行政效能、降低行政成本开辟了新路径。

三是为全国政务服务平台一体化建设提供保障。GB/T 39047-2020 是推动全国各级政务服务平台标准化建设的关键基础标准之一，是实现线上线下融合政务服务平台体系建设的基础。通过标准应用实践，将大幅推进"互联网＋政务服务"，支持跨地区、跨部门政务服务数据共享和业务协同，为实现更深层次、更大范围的"一网通办"提供有力支撑。

三、统合型在线服务平台的各系统功能

现阶段，先进在线政务平台已实现政务服务统一申请、统一受理、集中办理、统一反馈和全流程监督等功能，主要由政务服务门户、政务服务管理平台、政务服务业务运行平台、政务服务支撑系统、政务信息资源共享平台和智能化政务服务实体大厅六部分构成。

政务服务门户。整合一级行政区原有门户网站，对互联网政务服务门户进行升级优化，结合省、市文件要求政务服务门户网站升级内容有：政务服务门户网站、政务服务移动微门户（政务服务移动 APP 和政务服务微信平台）和智能化政务服务实体大厅。遵循利旧原则，由一级行政区统筹进行升级改造，并与省级做好相关对应对接工作。

政务服务管理平台。是承担政务服务管理职能的机构（以下简称政务服务管理机构）进行政务服务事项管理、监督考核等工作的平台，是政务服务门户信息的来源，是业务办理系统接入的通道。主要包括：政务服务事项管理系统、综合窗口统一受理系统、基层公共服务一体化系统、中介服务管理系统和电子监察系统。遵循利旧原则，由一级行政区统筹建设，并与省级做好相关对应对接工作。

政务服务业务运行平台。是政务服务实施机构进行内部审批的专业系统，分为国务院部门业务办理系统、省级政府统建业务办理系统及其部门业务办理系统、下一级行政区统建业务办理系统及其部门业务办理系统。根据一级行政区实际情况，遵循利旧原则，由一级行政区统筹建设，并与省级做好相关对应对接工作。

政务服务支撑系统。应用支撑系统为"互联网＋政务服务"平台之上的所有应用系统提供统一的基础技术支撑，为应用系统建设提供通用应用服务和集成服务，为资源整合和信息共享提供运行平台。保障业务扩展和

流程的统一性。遵循利旧原则，由省级统筹建设、下一级行政区分建，与省级支撑平台做对接准备。

政务信息资源共享平台。是支撑互联网政务服务门户、政务服务管理平台、业务办理系统运行的基础数据平台，包括集中汇聚的政务服务事项库、办件信息库、社会信用等业务信息库和共享利用的人口、法人单位、自然资源和空间地理，以及政务服务数据共享交换的支撑系统。[①] 本次项目新建政务信息资源共享平台（即一级行政区数据中心），主要由政务信息资源目录、基础信息资源库、数据共享门户、数据共享系统和数据交换系统组成。

智能化政务服务实体大厅。是提升政务服务水平的核心载体，通过智能化程度的不断提升，全面提升大厅的总体服务水平。智能化服务实体大厅主要实现总台登记、总台登记取号、自助政务一体机、信息公开、材料电子化及共享、排队叫号、短信互动、多渠道评议、触摸引导、大屏幕显示、视频监控、移动 APP 应用和数字考勤等服务。

第四节　加强平台的整体规划和统一管理

近年来，随着政务服务改革的大力推进，我国政务信息化迅猛发展，服务渠道不断拓展，服务内容不断丰富，服务形式不断创新，政策环境、社会环境、技术环境也随之不断演变，政务平台的整体规划和统一管理进入新时期。

[①] 李重照、黄璜：《中国地方政府数据共享的影响因素研究》，《中国行政管理》，2019 年第 8 期。

一、准确把握政务信息系统建设统分尺度

我国政务信息化起步之初，由于缺乏统一规划，缺乏顶层设计，缺乏建设资金，缺乏技术人才，也缺乏完整有效的需求调研，政务信息系统项目建设往往各自为政，规模小、层次低，标准不统一，信息不共享。近年来，各级政府对政务信息整合和共享高度重视，努力消除信息孤岛，实施互联互通，推进集约化建设成为政务信息化的主旋律。国务院办公厅《进一步深化"互联网＋政务服务"推进政务服务"一网、一门、一次"改革实施方案》（国办发〔2018〕45号）要求"整合各级政府部门分散的政务服务资源和网上服务入口，加快推动各级政府部门业务信息系统接入本级或上级政务服务平台"。国务院办公厅《业务信息系统整合共享实施方案》（国办发〔2017〕39号）要求"推动分散隔离的业务信息系统加快进行整合。整合后按要求分别接入国家政务信息化内网或国家政务信息化外网的数据共享交换平台"。从国家的顶层设计可以看到两方面要求，一是要加强政府部门内部信息系统的重建整合，二是要搭建统一的政务服务平台和共享交换平台，统一对接各部门业务信息系统，并没有要求取消建设部门业务信息系统和政务服务系统。

准确把握国家原则要求，结合各地工作实际，合理确定业务信息系统建设的统分尺度，既要着眼尽可能的统一建设、信息共享，又要保留一定程度上的分散建设，也就是统分结合。政务信息系统建设规划的首要任务就是合理确定统分的尺度，做到应统则统，应分则分。

一是统一实施基础设施建设运维。包括省市两级计算、存储、网络、安全数据中心基础云平台，数据库、中间件等基础软件，以及相关的机房环境等，需要开展应用系统运行部署的部门，向省市数据中心提出资源需求申请即可。二是统一搭建核心骨干网络。统一建设政务外网、政务内网，

纵向上联通省市县乡各级节点，横向上发散到各级职能部门，各部门只负责自身内部局域网建设，对外（包括条线系统内）不再建设独立的业务专网。三是统一建设通用性应用系统。政府网站、电子邮箱、OA、视频会议这类需求规范、流程统一的应用系统统一建设，各部门只作为终端用户直接应用。四是分散建设部门业务信息系统。对于最为复杂的业务应用软件，由各部门分别建设维护，省、市级数据资源管理部门建设省市政务服务平台和数据共享交换平台，汇聚各部门业务信息系统中面向社会公众的服务事项，在省市平台形成统一的政务服务"一张网"，实现一次登录，全网通办。五是实施部门内部系统整合。大力推进部门内部分散系统的清理、规范、整合，按照业务耦合程度、服务对象类型、网络运行环境等因素，整合形成为数不多的若干个核心业务信息系统。建设统一的基础数据库和数据交换平台，实现业务信息系统之间的数据一致性。同时，建设统一的部门政务服务系统，对内连通各业务信息系统，对外实现和省市政务服务平台之间的统一对接，承接所有第三方渠道访问需求。六是推进垂直条线数据向上集中。"数据向上集中、服务向下延伸"[1]，大力实施垂直条线系统整合，先实现省级集中建设，提高系统管理层级，再过渡到全国统一建设。由于政策业务相近，经办流程一致，垂直集中比横向整合更加具有可行性，更加有利于集中系统的推广和运维。

二、合理规划政务服务系统体系架构

政务服务系统的主要功能是依托内网业务信息系统，向企事业单位、社会公众，通过门户网站、微信、支付宝、移动 APP 等不同的服务渠道，提供网上信息查询和网上业务办理。传统模式下，政务服务系统和业务信

---

[1] 中国行政管理学会课题组、鲍静、贾凌民等：《我国政府数据开放顶层设计研究》，《中国行政管理》，2016 年第 11 期。

息系统紧密耦合，甚至是合二为一，形成不同的 IP 地址、不同的用户体系、不同的服务风格。新时期政务服务系统体系架构发生了重大变化。以下从系统整合、网络拓扑、用户体系、应用支撑、服务渠道、服务事项、用户体验、技术实现八个维度阐述如何合理规划政务服务系统体系结构。

从系统整合角度，国务院办公厅《业务信息系统整合共享实施方案》要求"各部门原则上将分散的、独立的信息系统整合为一个互联互通、业务协同、信息共享的'大系统'"。建设统一的政务服务系统是贯彻落实国家要求的最佳切入点。政务服务整合统一后，社会公众面对的是一个统一门户、统一风格、统一界面、统一认证的办事平台，可以不理会这个统一门户之下不同的业务信息系统。同时，部门业务信息系统同省市政务服务平台的对接，也由部门政务服务系统统一进行，政务服务系统成为联系两者的唯一桥梁，从而减轻了各业务信息系统的接口改造和维护工作量。

从网络拓扑角度，部门政务服务系统部署在政务外网，通过防火墙等设备同互联网逻辑隔离，通过网闸等设备同内网业务信息系统物理隔离。部门政务服务系统和省政务服务平台之间通过政务外网互联，对于用户认证、事项受理、事项办结和互动反馈等功能通过两个系统实时对接方式实现；对于申请表、附件材料、受理信息的抓取，以及过程信息、审批结果、电子证照的发送通过数据交换共享平台实现。该网络布局降低了传统模式下不同部门系统多头联通互联的风险，阻断了互联网对内网的潜在攻击，保障了内部网络、内部主机和业务数据库的安全。

从用户体系角度，传统模式下，不同业务系统需建立各自的用户数据库，开展用户注册、登录、注销、业务权限等管理，加密算法也不尽相同。在统一用户认证体系下，省政务服务平台统一承担自然人和法人用户注册、登录认证、等级核验等功能，各市政务服务平台和各部门政务服务系统，以及各部门业务系统不再建立自己的注册用户数据库，用户注册、用户登录等均跳转省政务服务平台，通过令牌检验机制一次登录，全网通行。

从应用支撑角度，除了用户管理之外，电子证照、电子印章、CA 认证、网上支付、短信平台、物流管理等等，都是公共服务不可或缺的基础性应用支撑能力，由省政务服务平台统一建设，部门政务服务系统通过统一接口直接调用，可以大大简化各自的软件开发和维护，也大大减轻同微信、支付宝、银联、快递公司、电信运营商、电子认证中心等众多第三方服务机构的招标采购、协调联系、统计对账、费用结算等工作量。

从服务渠道角度，要彻底改变传统上完全依托互联网网站的唯一服务渠道模式，适应互联网时代"移动优先"发展理念，同电信、银行、水电等公共机构，以及电商企业服务模式看齐，将网站、移动 APP、微信公众号、支付宝小程序、银行移动客服端、短信平台、电话咨询以及基层服务大厅的自助服务终端纳入统筹考虑，形成实时联动、数据一致、多位一体的政务服务体系。其中网站、APP、微信公众号等既可能来自于省市政务服务平台，也可能来自于部门自身，以及垂直条线内的上级部门。部门政务服务系统本质上就是一个统一的政务服务支撑平台，这些不同层级、不同渠道的访问均由这个支撑平台统一应答，统一对接部门内网业务系统，并将结果返回各服务渠道。

从服务事项角度，政务服务一体化前提是各部门都按照统一的事项管理规则，梳理本部门行政许可、公共服务事项。依据统一标准规范，编制政务服务事项清单，在省市政务服务平台上建立标准的服务事项目录导航。对列入清单的政务服务事项，按统一标准自上而下予以规范，同一政务服务事项在纵向不同层级、横向不同区域间，保持政务服务事项名称、类型、依据、编码、流程等要素的统一。同时，按照各自职能和权限对具体事项的要素内容进行动态维护，共同维护统一的事项数据库，加强对政务服务事项的共同管理和运用，实现数据统一、同步更新。

从用户体验角度，用户登录省市政务服务平台，对不同部门进行信息查询，或办理不同部门的政务服务事项，均全程在省市政务服务平台实现，业务办理进度也可在省市政务服务平台查询，完全实现了跨越不同部门的政务服务"一张网"。但是，从技术实现环节来看，省市平台只是提供业务受理和反馈"一头一尾"两个界面，中间的信息传递、业务流程均在部门政务服务系统和业务信息系统中实现，并按约定将办理进度、办理结果通过数据共享平台反馈给省市政务服务平台。

从技术实现角度，充分利用云计算、大数据、人工智能等新技术，改变传统的"浏览器＋中间件＋关系数据库"B/S/S架构，以适应当前政务服务的新特点和新要求。整合存储、计算、网络、安全和负载均衡等硬件资源，根据工作负载大小实现云资源的动态分配和弹性伸缩；引入"大中台、小前台"设计理念，合理划分包括用户管理在内的业务中台、数据中台、技术中台板块，实现共享复用，提高开发效率，减少重复建设；依托大数据技术，深度挖掘业务状态和用户行为轨迹数据，形成以服务对象为中心的标签数据，实时感知用户服务需求，提供主动性、精准化政务服务；借助AI技术，构建知识图谱、智能问答系统，通过文字、语音等方式为用户提供智能在线政策问答和业务信息查询，降低人工成本，提升政务服务的质量和效率。[1]

三、统一设计全网通行用户认证对接机制

统一用户认证体系是政务服务系统整合的核心内容，只有实现了统一认证，用户才能在不同层级、不同部门无感切换漫游，实现"一次登录、全网通行"。关键点是合理设计省市政务服务平台和部门政务服务系统的

---

[1] 朱春奎、李文娟：《电子政务服务质量与满意度研究进展与展望》，《湘潭大学学报（哲学社会科学版）》，2019年第1期。

对接调用机制。

用户注册数据库统一建立在省政务服务平台，用户注册统一由省政务服务平台提供，各市、各部门政务服务页面不再提供用户注册功能。同样，用户登录界面也由省政务服务平台统一提供，各市、各部门只提供相应的跳转链接。不同市、部门政务服务页面之间的互认互通通过令牌检验技术实现，令牌检验的请求、传递、路由及互认互通的过程瞬间达成，对终端用户完全透明。以一个用户跨系统认证传递为例：一个终端用户，在A部门政务服务系统网站访问并登录，实际上是完成了在省政务服务平台用户登录模块的验证，当他转移到B部门政务服务系统，会自动携带用户认证令牌，B部门用户认证模块获取应用请求后，解析出其中的用户认证令牌，向省平台发起令牌校验，省平台路由令牌检验请求到A部门地址，将校验结果返回给B部门，如果检验成功，用户就可以在B部门系统登录成功。A部门和B部门的系统获得的用户信息同样来自省平台，两部门的系统之间没有发生点对点对接，都是通过和省平台之间的相互调用来实现。用户在提交注销申请后，用户在其他系统的认证session也同步注销，实现统一登出的效果。

各部门政务服务系统虽然不提供用户注册和登录检验功能，但是必须建立一个统一用户认证对接管理模块，统一处理和省政务服务平台用户认证子系统之间的相互调用。同时，在实际工作中，以人社系统为例，在对接省政务服务平台之外，还需要对接全国统一的社会保险公共服务平台，要从纵向上实现垂直条线用户体系的互认互通，并通过国家社会保险公共服务平台实现跨省异地社会保险相关服务事项的信息查询和业务办理。

统一用户认证对接管理是一个典型的"中台服务"案例，统一封装、统一管理省政务服务平台和上级部门政务服务平台中涉及用户认证的相关管理功能，统一受理和反馈微信、支付宝、银联第三方渠道的政府服务访问需求，同时记录所有用户访问本部门的日志信息，按照来访时间、渠道、事项类别等，统计分析本部门事项办理和用户访问情况。统一用户认证对接管理模块采用微服务架构或 ESB 企业服务总线，部署在部门政务服务系统，将用户注册、认证、对接、日志、统计分析等各种用户管理功能统计进行统一封装，对外连接省平台等不同渠道，对内连接各个不同业务系统，在部门内形成统一的用户认证和管理功能调用规范，供各内网业务信息系统统一调用。

在"互联网＋政务服务"的全力推动下，在"放管服""互联网＋监管"等一系列改革举措的强力倒逼下，政务服务系统建设也必将迎来难得的、宝贵的发展机遇。面对新时期、新形势、新要求，只有准确地把握信息系统统分尺度，合理规划政务服务系统架构，科学设计统一用户认证机制，充分保障用户信息安全需求，才能兼顾好国家顶层设计要求和部门政务信息建设工作实际，积极稳妥、有序有力推进"互联网＋政务服务"的长远发展。

第四章　以数为擎：推动数据全面开放共享规范化

数字营商环境是在信息技术时代下数字要素和营商环境建设相融合的产物，预示着数字经济背景下政府治理理念和方法的适应性转变，良好的政府数字营商环境建设是进一步激发全社会发展活力和创造力的重要着力点。而数字营商环境并非数字技术和营商环境的简单相加，需要理清数字营商环境治理的治理重点，适应数字经济和数字社会的发展。

2022年，国务院办公厅印发《全国一体化政务大数据体系建设指南》，强调要充分释放政务数据资源价值，数字技术时代数字营商环境建设的关键是要充分发挥数据赋能效用。所谓"赋能"并不是指简单地授予行动主体权力或资源，而是指为行动主体实现目标提供一种新的思路、方法和路径，以增强行动主体自我效能的过程。在数字技术时代，通过数据赋能将数字技术与营商环境有机结合，形成数据赋能的数字营商环境理念，能够助推营商环境优化升级。数字营商环境建设的关键在于打破政府、市场、社会之间的数据壁垒，实现三者之间数据资源的流通、整合和共享。

第一节　加强政务数据资源管理

随着数字化浪潮的不断推进，数据资源将成为各个组织的重要战略资产。尤其对于政府来说，政务数据的科学管理将会为城市精细化治理提供及时、全面、准确的信息依据，最终极大地促进"一网通办、一网统管"的建设进程。受困于技术因素及过往机制，当前政务信息孤岛已成为制约简政放权、放管结合、优化服务改革的重要因素。所谓政务信息孤岛，是指政务信息数据被分割存储在不同部门的信息系统中，无法实现互联互通、互相分享、整合利用，难以为居民、企业和社会组织等提供完整、高效、便捷的公共服务。而大数据时代的到来，无疑为打通政务信息孤岛、建立完备统一的政务信息数据平台打下了良好的技术基础。[1]虽然决策机构已经认知到政务数据的巨大价值，但因其数据量多，覆盖范围广，标准规范严格，使得政务数据的"科学管理"异常艰难，如何破局是亟须思考应对的问题。

一、政务数据资源管理体系

政务数据资源管理体系是指政府机构基于政府数据的全生命周期管理，从政务处理与业务协同、信息系统建设、政务数据资源建设与管理、数据管理制度建设等诸多方面所开展的系统性、体系化的政府数据管理活动。从定义可以看出，政府数据资源管理体系应该包括以下五个方面的内容。

第一，政务与政务处理。政府数据首先来自政务处理过程和结果，但政务与政务处理本身具有有别于数据管理的规律，其基本要求是依法行政。因此，政务规划和政务处理都应该基于相应的法律法规规定，并基于信息化和电子政府建设需要进行顶层设计。在进行政务规划时，需要合理地处理好不同层级政府与职能部门之间的职责分工与业务条线的相互关系；制定政务处理流程及其标准规范，特别是各级政务大厅的政务处理流程与规

---

[1] 詹国辉：《"码上商量"：大数据赋能全过程人民民主的地方性实践——基于盐城经验的案例阐释》，《甘肃行政学院学报》，2023 年第 1 期。

范；在建设电子政府时，还需将那些各部门共性、通用的业务项目加以优化整合。

第二，政府数据与政府数据资源。政府数据既来自政务处理过程，又是政务处理的基础和结果，但政府数据资源管理具有自身的特殊规律，这些特殊规律既来自政务处理，又来自数据资源管理科学的基本要求，以及新一代信息技术发展对政府数据中心建设的新影响。政府数据容量日益增加，如何存储、管理这些海量数据资源并发掘、应用其价值，是一个重大的问题。这其中的内容有：建立完善电子政府基础数据库（国家主数据库）、主题数据库及其各自的运营、维护、更新机制（即各自的元数据和主数据管理机制）；建立基础数据库（国家主数据库）、主题数据库与各级政府业务部门的协作共享体系；建立绿色高效的政府数据资源（云）中心等。

第三，政府数据治理。所谓政府数据治理，是指在政府数据的全生命周期中，为确保数据质量、保障数据安全、促进数据公共价值等而对政府数据建设管理所进行的组织与制度安排。建立一整套科学合理的政府数据治理体系，是建设"数据驱动型电子政府"的基本要求，也是充分释放政府数据资源价值的必要条件。

第四，公共服务与政府数据资产。政府数据资源建设的公共服务价值主要包含如下方面：全面响应国家各级政府、各部门的电子政务业务协同与数据共享需要；公开政府信息；向相关行业提供公共基础数据共享服务；向社会开放政府数据等。① 政府数据资源的价值主要是提供公共服务，但是在向行业、企业提供数据共享服务、开放政府数据时，仍然需要构建完善的政府数据资源管理体系。

---

① 郭明军、于施洋、安小米等：《政务数据与社会数据对接利用："三螺旋"运行机制的内涵、模型及验证》，《中国软科学》，2021 年第 9 期。

　　第五，支撑环境与制度保障。政府数据生命周期的每个环节都涉及相应的法律法规，例如，每个政府机构在进行政务处理时需要获得法定授权，但是与前述的政府数据治理着眼于政府内部的业务协同和数据共享不同，这里的支撑环境与制度建设着眼于面向全社会的有关政府数据管理的重大原则及其制度安排。具体来说，包括如下内容：明确政府数据资源管理体系发展愿景、目标及其路径等，为政府数据管理体系建设提供战略方向；细化政府信息公开政策；明确个人信息（隐私）、企业信息（商业秘密）采集、使用和保护策略；明确相关的政府数据出境管理制度；明确政府数据安全策略；制定政府大数据中心建设规划；实施政府数据资产化政策等。

　　从上述分析来看，政府数据资源管理体系建设具有如下三方面的特征：第一，政务处理与政府数据相分离。政府数据虽然来自政务处理过程，但日益具有相对独立的科学属性及其管理需求，实现了与政务处理过程的分离。第二，以数据为中心。政府数据资源管理日益成为一项独立的政府职能和专门、专业的业务。以政府数据为核心，政府数据管理体系将政府职能与政务处理、政府数据共享、政府数据开放、数据治理、数据中心建设、隐私保护等诸多问题统筹到一起，成为国家和政府的一个更加专业、更加复杂的庞大体系。第三，政府数据资源建设由部门分散走向集中统一。长期以来，我国电子政务建设采取的大都是硬件、业务系统和数据资源一体化建设模式，各部门都建设有自己的全套业务系统；在数据驱动的电子政府时代，各政府部门的政府数据资源将被纳入统一的政府数据资源管理体系，由专门机构进行采集、存储、维护和分发。

二、政务数据要素市场化改革

　　数据要素是现代产业体系的核心要素之一，是数字经济新引擎的原动力，也是全球数字竞争的角力前沿。2020年3月，中共中央、国务院印发的《关于构建更加完善的要素市场化配置体制机制的意见》，明确数据成为与土地、劳动力、资本、技术并列的第五大生产要素，要求深化要素市场化配置改革，加快培育数据要素市场。推进数据要素市场化配置改革，为培育壮大经济发展新动能、提高数字经济发展质量提供重要支撑。

（一）健全数据要素市场化配置制度体系

细化落实数据资源持有权、数据加工使用权、数据产品经营权分置的产权运行机制，探索以业务合法性为依据，形成公共数据、企业数据、个人数据等不同数据资源分类认证机制。探索数据产品权属认证机制，研究衍生数据产品、创生数据产品等数据价值增量认证机制，激励为数据价值释放与创新投入的劳动与资本。一是探索数据流通和交易制度。建立完善数据交易管理制度，创新数据交易规则、技术实现路径和商业模式，规范数据交易行为。① 探索建立数据要素会计核算机制，细化落实资产评估规则体系，推动数据资产评估和资产入表。二是探索数据要素收益分配制度。建立分级分类的数据产品定价机制，针对公共产品、公益属性产品、市场化产品等不同数据产品类型，建立完善免费定价、政府指导定价、成本核算的市场化定价等多元定价机制，扩大数据要素市场化配置范围和按价值贡献参与分配渠道。三是探索数据共享机制。建立完善人口、法人、信用、电子证照、自然资源和空间地理等基础数据库，加强共同富裕、基层治理、港航物流等领域专题库建设。探索社会数据政府"统采共享"机制，统筹制定采购计划，完善采购数据目录，分类制定社会数据采购标准，定期发布数据采购需求清单。

（二）构建数据要素市场化配置市场流通体系

加强数据资源统一共享归集，推动公共数据"按需归集，应归尽归"，

---

① 欧阳日辉：《我国多层次数据要素交易市场体系建设机制与路径》，《江西社会科学》，2022 年第 3 期。

以应用场景为驱动，形成差异化细分数据产品，培育形成一批全国性专业化数据交易市场。一是培育扩大数据要素市场主体。探索完善"数商"资格准入标准，培育壮大数据应用综合运营商和专业运营商，建立覆盖数据收集、加工、校验、储存、交易、传输、销毁等全链条全环节产业服务体系和法律咨询、价值评估、尽职调查、登记结算等领域的"数商"功能体系。二是丰富数据产品多样性。构建数据产品分类标准，制定数据产品目录和数据产品说明书，推进数据产品分级分类管理。探索建立数据产品超市，按照使用方实际需求，通过下载、接口调用、数据沙箱等方式提供咨询服务报告、应用系统、解决方案、查询校核、算法模型、分析工具等多种类型的数据产品和数据服务。三是打造数据要素产业生态。打造数据要素产品交易与服务创新集聚区，通过税费减免、政策倾斜等手段，吸引入驻一批数据开发利用公司和数商服务组织，推动资金、技术、资源进一步整合，建设数据开发加工中心、联合实验室、研究院等覆盖数据治理、挖掘分析、模型研发、场景应用、安全溯源等全产业链的"数商"生态体系。[①]

第二节　全面归集政务数据资源

传统的行政体系在信息与数据方面具有较高程度的封闭性，如何打破部门之间的数据壁垒、做到政务信息与数据的整合是提高行政效率的必然选择。部门间的信息壁垒就是一大阻碍，而这势必需要国家顶层设计，由国家层面自上而下地推动，充分运用大数据、区块链等现代信息技术，打

---

① 梁继、苑春荟：《数据生产要素的市场化配置研究》，《情报杂志》，2022 年第 4 期。

破部门壁垒、信息壁垒，实现横向纵向信息的互通共享，以形成并完善"网上办理为主，自助办理为辅，大厅兜底服务"的政务服务模式。[①]时任国务院总理李克强曾明确指出："各部门隶属同一个政府，就应该一个窗口对办事群众和企业。能够政府内部互相证明的事项，政府就该自己担起核查的责任来。"不同的政府部门应该破除"一亩三分地"的"衙门"观念，树立"整体政府"观，做好部门间信息和数据的互联互通工作。

一、数字基础设施建设

数字基础设施是全面提升区域创新体系效能、激发数字经济活力进而推动区域创新发展和畅通国内大循环的重要引擎，能够显著提升数字经济发展的深度与广度，加强区域参与数字经济竞争的优势。

（一）加强新型基础设施建设

多数经济欠发达省市的数字创新条件相对较弱，但从我国的重大数字基础设施分布情况来看，如贵州省、甘肃省、内蒙古自治区等是5G、数据中心、云计算、人工智能等新基建集中的地方，成为"东数西算"项目的重要根据地。这与西部电力水利等自然资源的富足紧密相关。经济欠发达省市可以将资源蓄能转化为数字基础设施高地的势能，为地区社会经济发展以及数字营商环境建设赋能。政府应结合地方实际和未来发展需要，布局建设支撑地方产业数字化、数字产业化的数字基础设施。但这并不意味着在经济发达省市数字基础设施建设不重要，相反，对其不重视将会削弱自身在数字金融、数字创新应用等方面的优势，不利于实现高绩效的数字营商环境建设。另外，光纤高速网络、信息通信技术等基础设施的布局与国计民生息息相关，促进数字基础设施体系化发展和规模化部署，加快建

---

① 艾琳、王刚、张卫清：《由集中审批到集成服务——行政审批制度改革的路径选择与政务服务中心的发展趋势》，《中国行政管理》，2013年第4期。

设高速泛在、云网融合、智能敏捷、绿色低碳、安全可控的智能化综合性数字信息基础设施。[①]推进产业数字化转型，大力推进5G、千兆光网等新一代信息通信技术在垂直行业、信息消费、社会民生等领域的融合应用，形成重点领域创新应用示范标杆。加快推进数字经济与实体经济深度融合，协同推进数字产业化和产业数字化，使数字经济更好赋能实体、服务社会、造福百姓。

（二）营造良好的网络安全生态

在国家《国民经济和社会发展第十四个五年规划和2035年远景目标纲要》中，明确提出要将加强网络安全保护列为营造良好数字经济生态的重要一环。网络安全事关经济安全，应兼顾安全与发展，在保障网络安全的基础上促进经济发展。增强网络安全防护能力，建立健全关键基础设施、重要系统和网站、漏洞管理、人员安全等制度规范，增强网络安全态势感知、威胁发现、协同处置和攻击溯源能力。提升数据安全防护水平，规范数据采集、传输、存储、处理、共享、销毁全生命周期管理，加强敏感信息和个人信息保护。强化新技术、新应用的安全研究，积极开发网络安全保护技术，推广产品研发应用。国家网信办深入推进"清朗·优化营商网络环境　保护企业合法权益"专项行动，部署指导地方网信办积极受理处置涉企业、企业家的不法信息，督促微信、微博、抖音等网站平台快速核查处置涉企投诉举报。聚焦坚决查处恶意集纳炒作企业负面信息、谋求非法利益问题，严厉打击散布涉企虚假不实信息问题，集中查处假冒仿冒他人企业名称等问题，全面整治虚构企业家私生活话题、炒作企业家个人隐私问题，集中处置传播带有地域歧视、人群歧视等标签式、污名化信息的问题，以及其他破坏网络营商环境的各类问题，进一步加强涉企信息举报受

[①] 张鹏：《数字经济的本质及其发展逻辑》，《经济学家》，2019年第2期。

理，督促网站平台拓宽举报受理渠道，强化问题网站平台和账号管理，为企业聚精会神干事业、心无旁骛谋发展营造良好的网络营商环境。

二、数据开放共享

政务数据共享开放包含两个维度：其一，跨地区跨部门跨层级的信息共享。就"互联网＋政务服务"而言，信息共享主要介于政府部门（含法律法规授权具有行政职能的事业单位和社会组织）内部和不同部门之间。国务院印发的《政务信息资源共享管理暂行办法》明确以共享为原则，不共享为例外的基本原则，为政府部门间的信息共享提供了基本遵循。其二，数据开放。网上政务大数据蕴含着巨大的价值，为"互联网＋政务服务"提速增效提供更多可能，也为政府信息资源的增值利用指引方向。建立和完善数据开放机制，将原本沉睡在政府机关抽屉里的数据，比如身份户籍、婚育、社保、纳税等与百姓生老病死、衣食住行攸关的基础信息，以及企业登记、资质、信用信息通过开放，供访问下载、深度开发和增值利用。政务数据共享呈现以下特点：一是各层级政务基层单位在履职过程中生成的各类政务数据；二是各级数据按照行政职能又呈现出本层级局部集中状态；三是共享场景下政务数据呈现服务化特点，数据"可用不可见"是数据交换的主要形态；四是共享场景下政务数据呈现可塑性，在整个资源的注册、申请、使用等环节，均严格执行相关审批流程。根据以上特点，政务数据共享面临合规性风险、分散性风险、新业态风险等风险挑战。数据开放共享需要聚焦于以下两个方面：

（一）树立安全与发展并重的数据共享理念

通过健全数据开放共享法规政策和制度体系，完善各种利益协调机制，推动政府行政体制改革，加强个人信息保护和数据安全保障，明确政府、企业、公众在数字营商环境建设中数据开放共享的角色定位和行为边界，健全多元主体数据开放共享的协同机制，有效发挥各主体在数字营商环境建设中的功能与优势，构建数字营商环境完整的数据生态链。在数据开放的广度、质量方面，政府掌握的数据无疑是最全面、系统，也是最权威的，政府承担主体责任。比如，社会保障数据、国家经济数据、人口相关数据、气象数据等数据。政府持有的公共数据的开放，为社会提供了基础的数据集。提供公共资源和服务，是政府的重要职责。传统公共服务主要指的是城市道路、医院、学校、高铁等实体基础设施。在数字经济时代，开放公共数据，将成为政府提供的一项重要公共服务。各个行业协会、联盟等行业组织，是数据开放必不可少的重要桥梁。互联网、电信、金融、交通、物流、制造等行业要构建本行业的开放共享数据集，制定本行业的数据开放标准，保护本行业数据安全。同时，推动本行业数据在内部的共享应用，以及跨行业数据之间的开放、共享、应用。政府只能提供一些基础数据，要更加专业的行业数据，则需要该行业的共同努力才行。欧美国家在构建行业数据开放共享平台方面走在全球前列，有大量头部公司牵头构建行业数据共享平台。[①] 例如，励讯集团旗下律商风险在全球范围内建立 17 个行业规模保险行业数据共享平台。在美国市场，律商风险的车险理赔数据共享平台 C.L.U.E 已经有 25 年的历史，覆盖 99% 以上的车险行业理赔案件的准确细节信息，广为各家车险公司信任和使用。

（二）完善数据开放共享的规则体系

数据只在政府内部的各个部门或单一主体内流通，并没有作为一项公共资源对外输出。数字营商环境治理需要增强数据在政府和市场之间的双向流动。政府不仅从市场收集数据，还向市场提供数据，取之于民用之于民。围绕数据开放标准、使用权限、规则体系和管理体制，完善贯穿数据全生

---

① 范如国：《平台技术赋能、公共博弈与复杂适应性治理》，《中国社会科学》，2021 年第 12 期。

命周期的开放共享规则体系提高数据开放共享水平。通过制定统一透明的数据开放标准，依法分级确定数据使用权限，建立整体性的数据管理运营体制，实现政府、企业、公众之间数据的有效融合。政府、行业开放共享出来的数据，需要人工智能、大数据等企业来构建相应的智能应用，进一步释放数据价值。例如，医疗影像 AI 是医疗创新的一个重要方向，借助人工智能技术，可以让 AI 系统"阅度"CT 影像、核磁影像等，自动识别出病灶。中国一直受困于医疗资源的匮乏，对各种疾病的早期筛查做得不够。医疗影像 AI 可以辅助医生进行各种疾病的诊断，尤其是各种癌症的早期筛查，大大提升医疗资源的供给。然而，高质量的医疗数据并不多，并且不同医院之间的数据并不能很好的共享。由于不同医院的医疗设备供应商、设备型号多种多样，造成医疗影像的数据标准并不统一。这会带来一个严重的问题，用 A 医院数据训练出来的 AI 模型能够达到99%的准确率，但将该 AI 系统用到 B 医院之后准确率就大打折扣。而在数据开放共享应用层面，政府要充分发挥主导作用，制定数据开放共享战略规划，完善数据使用规则体系，加强数据安全保障。同时政府要加强同企业、公众之间的互动，充分吸纳企业和公众的建议，以"顾客需求"为导向，为企业和公众提供个性化的数据服务，引导企业和公众参与数字营商环境建设。

第三节　探索创新政务数据应用

为加快推进"放管服"改革与优化营商环境，地方立足本地实际积极探索政务服务事项的办事流程，形成具有鲜明特色的治理模式，满足政府治理能力的现实需要的同时，更好地建设服务型政府，推动政府治理能力现代化进程。

一、政务服务平台建设

政务在线服务平台是数字营商环境的重要载体，承担着对内实现高效协同办公和对外提供优质服务的功能，在很大程度上决定着数字营商环境的数字化和智能化水平。政府在线服务平台建成投入运行并非一劳永逸，要围绕用户需求不断完善功能和加强管理，发挥政务在线服务平台在数字营商活动中的价值功用。[①]

（一）政府数字化平台建设的目标与要求

在平台规划与建设过程中应以平台化、能力化、共享化的建设目标为引领，纵向构建平台化能力架构，重塑数字政府所需的业务、协同、数据、互动能力体系；横向打通部门和层级合作壁垒，实现资源整合、协同发展。一是实现政府治理能力现代化的战略目标。政府治理体系需要随着社会发展进步而不断进行改革调整，治理能力要根据日益复杂的社会、经济发展状况不断优化提升。在新时期，政府部门需围绕决策科学化、执行高效化、监督立体化三个层面，建设数字化平台并构建数字能力体系，促进政府治理能力现代化。二是实现政府组织的数字化转型的组织目标。提升政府业务能力、协同能力、数据能力、互动能力，构筑自身治理能力体系，推动政府组织数字化转型。三是实现高效、便捷、安全的政务服务的业务目标。通过快速的系统开发能力、强大的数字基础设施、可靠的安全保障能力，支撑政府从快速变化的社会、经济环境和社会公众需求出发，灵活整合政府服务能力和资源，实现业务服务持续迭代、敏捷创新。

政府数字化平台能力建设需要具备以下四个方面的能力：一是数字服

[①] 郑磊、高丰：《中国开放政府数据平台研究：框架、现状与建议》，《电子政务》，2015年第7期。

务平台化交互能力。提升政务服务平台，面向公众用户和企业用户，通过移动端的服务入口为目标用户提供"一站式"政府服务平台，以实现重塑政府业务服务流程、构建集中化管理机制的目标。二是业务管理平台化协同能力。优化办公协同平台，面向政府内部用户，提供线上协同的内部办公平台，满足日常政务工作需要；同时实现对政务服务从决策、执行到监督的全过程管理，通过跨组织、跨区域的沟通与办公合作协同，打破组织和信息壁垒，推动实现组织内部沟通扁平化、部门联动一体化的目标。三是政务处理平台化执行能力。强化政府处理平台，提炼政务服务和协同办公平台中各个业务系统的共同功能需求，打造成组件化的能力模块，通过对接其他平台开发能力接口，实现业务、资源、基础设施的复用，提升数字政府业务管理集约化效益。四是数据资源平台化整合能力。构建数据处理平台，对办公协同平台、政府处理平台、政务服务平台及其他外部集成平台进行数据沉淀集成和数据交换支撑，通过数据组件对数据资源进行再利用和价值创造，实现数据资源化和价值化。

（二）政务服务平台建设优化重点

数字政务一体化平台建设是推动政府数字化转型的重要引擎，需要实现两方面的统一：政务服务标准化建设与政务服务平台一体化建设。第一，推动政务服务与行政许可标准化工作，对于巩固简政放权成果、规范审批行为、提升企业与群众获得感有积极意义。[①] 而做到政务服务标准化首先需要严格梳理事项清单，统一标准与格式，坚持部门主责，并推动行政权责依法公开接受监督；其次，规范编制事项标准，按照地方标准的具体要求编制办事指南与业务手册，并通过合规、合法的审查，经过部门确认后最终赋码发布，确保整体标准编制的质量。第二，推动政务服务平台一体

---

① 唐明良：《标准化与行政审批制度改革：意义、问题与对策》，《中国行政管理》，2013年第5期。

化建设，首先需要政府的有力推动，"互联网＋政务服务"标准化的顶层设计是全面推进一体化建设的关键。其次，分步骤进行"互联网＋政务服务"基础设施标准、"互联网＋政务服务"数据库标准、互联网政务服务管理和业务办理标准、政务服务门户标准等子体系的建设，同时也要落实标准的培训与实施，让所有执行者能够准确理解并应用标准。[①] 再次，对于标准的评价与改进是完成整个标准化建设闭环的最后环节，要根据实践过程中归纳的不足与问题，进行动态调整与补充，建立持续改进机制，从根本上解决政务服务提供过程中遇到的各类问题。

"一体化"建设实际应是"异质的一体化"，不能一概而论，需要分类别、分阶段地持续推进，既具备刚性原则，也保有弹性空间。十九届四中全会提出，要"注重普惠性、基础性、兜底性的民生建设，创新公共服务提供方式，满足人民多层次多样化需求"。在一体化建设过程中，尤其需注意乡镇（街道）便民服务中心应办理的事项种类以及所具备的硬件支持。乡镇（街道）便民服务中心具有职能与权限不断调整、直接面对群众最基本的生活需求等特点，因此标准化建设也应首先考虑到如何更加方便提供惠民便民服务并提高群众的满足感。此外，建设"一体化"是一个牵涉各个环节的重要项目，既无法做到一蹴而就、也不能做到一劳永逸，需要制定渐进规划，在理顺各类主体与关系的基础上，结合不断调整的服务要求，动态调整目标与战略。

政务服务平台通过整合信息资源、优化工作流程和提供智能化的服务和决策支持，平台能够提升政府效能、优化公共服务，实现政府治理的现代化转型。其建设重点要聚焦以下方面：其一，完善政府政务在线服务平

---

① 朱光磊等主编：《构建行政审批局（相对集中行政许可权改革的探索）》，北京：中国社会科学出版社，2017 年。

台动态管理机制，围绕全省统一的政务服务目录清单、实施清单[①]，规范所有政务服务事项（包括所有行政权力事项和公共服务事项）清理、发布、运行管理，建立健全政务服务事项设立、调整、废止等全省联动的动态管理机制，确保省、市、县三级政务服务事项一库汇聚、应上尽上，乡、村两级政务服务事项能上尽上，实现政务服务事项数据同源、同步更新。及时更新平台信息，让企业和公众通过该平台能够及时知晓营商活动的相关政策法规。

其二，以用户需求为导向，制定匹配用户的个性化办事指南并设计信息查询效率高的搜索引擎工具。实现线上线下"一套服务标准、一个办理平台"。依托一体化政务服务平台，统一线上线下办事编码，归集、关联与企业和群众相关的电子证照、申请材料、事项办理等政务服务信息并形成相应目录清单，持续提高办事材料线上线下共享复用水平，实现办理流程和评价标准统一。办事指南要针对所有在线政务服务项目，明确各类事项办理的条件、所需材料和办理过程等详细信息，考虑不同用户文化程度和理解能力差异，采用图文并茂的信息表达方式，不仅易于获得，而且要通俗易懂。搜索引擎不仅要具备关键词的搜索功能，而且要具备模糊搜索功能。用户不必局限于官方的统一表述，而是根据自己对营商活动或行政审批的理解，使用意思相近的关键词也能查到所需信息。

其三，细化区分政务在线服务平台系统功能，设立针对不同区域、不同行业、不同主体、不同事项的办事专区，使各类主体依据自身定位和需求能够获取精准服务，增强平台系统功能的多样化和服务供给的个性化。加强平台建设的整体规划和统一管理，促进各类平台融合贯通，破解平台相互割裂和服务碎片化问题，推动跨地区、跨层级、跨部门平台协同运作，

---

① 范合君、吴婷、何思锦：《"互联网＋政务服务"平台如何优化城市营商环境？——基于互动治理的视角》，《管理世界》，2022年第10期。

提升政府优质政务服务供给能力。要建立健全各自的"互联网＋政务服务"管理协调机制[①]，整合运营资源，加强技术支撑和运营管理队伍建设，加强对一体化政务服务平台和实体大厅运行管理的组织协调和评估考核。要充分发挥各级政府办公厅（室）优势，统筹协调各方面力量，推动各项工作任务落实。

二、构建线上线下相融合体系

党的十九大报告对我国社会主要矛盾做出新的论断，即已经转化为人民日益增长的美好生活需要和不平衡不充分的发展之间的矛盾。当下我国社会主要矛盾在政府职能转变和"放管服"改革过程中的具体体现，就需要根据客观实际情况因地制宜，为加快推动政府治理现代化进程提供支撑和保障。

一方面，提升"互联网＋政务服务"的供给能力。增强人民群众日益增长的网上政务服务需要和不平衡不充分的发展之间的矛盾是"互联网＋政务服务"目前面临的基本矛盾。有效满足人民群众的网上办事需求，切实增强获得感，就有必要重新审视其水平和能力提升的着力点。一是扩展网上服务的覆盖面。凡与企业注册登记等9类密切相关的服务事项，以及与居民教育医疗等5类密切相关的服务事项，都要推行网上受理、网上办理、网上反馈，做到政务服务事项"应上尽上、全程在线"。由此，有必要细化网上政务服务事项清单，建立健全此类事项办事指南，明确任务书、路线图和时间表。二是逐步拓展网上服务的深度。从实践来看，网上服务深度可分为信息公开、表格下载、网上预约和在线办理4个发展阶段。应在制度设计上明确不同地区发展的差异性，如西部偏远地区由于信息化

[①] 王谦、刘大玉、陈放：《智能技术视阈下"互联网＋政务服务"研究》，《中国行政管理》，2020年第6期。

基础设施落后，要完全同步实现"不见面审批""最多跑一次"等改革愿
景①，可能比东部发达地区难度更大。三是要标准先行。有必要建立和完
善"互联网＋政务服务"标准规范，包括管理机制、服务流程、技术应用、
安全体系等。

另一方面，打通"互联网＋政务服务"数据流。传统的政府机构封闭
式运行机制带来了行政组织结构碎片化、数据资源碎片化、公共服务供给
碎片化。"互联网＋"使政府组织机构从金字塔形转型成为扁平化与多元
化的新格局，同时将诱发新的组织模式和数据共享开放新形态。一号申请、
一窗受理、一网通办，通过政务部门间互联互通、数据共享、协同联动，
实现跨部门数据流动，提升公共服务的整体效能，让居民和企业少跑腿。

第四节　强化政务数据安全保障

以数字政府建设赋能政府全面数字化发展，要深化数据管理思维，创
新数据管理机制，强化政务数据要素供给能力，深化数据质量管理，推进
数据安全治理，才能不断提升数字化发展能力，加快构建数据驱动的现代
政府治理新范式。

一、数据规范

（一）深化数据管理思维

近年来，大数据技术和手段在政务服务和社会治理应用中持续深入，

---

① 何圣东、杨大鹏：《数字政府建设的内涵及路径——基于浙江"最多跑一次"改革的经验分
析》，《浙江学刊》，2018 年第 5 期。

《关于加强数字政府建设的指导意见》的出台更彰显了数据化管理手段在政府治理能力和治理体系现代化建设中的基础性地位。首先，要深化数据管理服务理念。坚持系统思维、需求导向、整体协同，不断提升数字化应用服务能力。提高"数据可用性"，真实、客观、准确是首要标准。用数据说话、用数据管理、用数据决策，基于真实世界的海量数据，客观、准确评估各项公共政策的实际效果，并据此改善政策设计的决策方式，实现政府决策科学化、社会治理精准化、公共服务高效化、企业发展智能化。其次，提高数据治理的参与意识。建设数字政府，要坚持系统观念和集成思维，系统性、整体性推进数字政府标准化工作。数据治理是一种"管理＋技术"的行为，是业务"理"与技术"治"的有机结合。坚决打通数据共享"大动脉"，联通"数据孤岛"，畅通"数据瓶颈"，建立跨层级、跨地域、跨系统、跨部门、跨业务协同合作的工作机制，构建数据合作格局。关于"理"，要统筹规划，紧扣部门业务，充分发挥技术平台优势，理清目录、流程、系统、关系和标准，在业务与技术之间形成自上而下和自下而上的管理闭环，保障数据的权威性和可扩展性。最后，涵养数据治理"以用促治"意识。做好数据治理，关键在"用"。政府要积极探索数据要素市场化，深度发掘数据价值。国内部分省、市相继成立数据集团，在构建数据要素市场、激发数据要素潜能、保障数据安全上迈出了重要一步。强化执行，做好数据汇聚、清洗、加工、共享、开放等环节的质量把控，保障数据的完整性、准确性、鲜活性。充分发挥数据倍增作用和融通价值，助力打造智慧泛在、便捷普惠的数字化服务体系，在"一网通办""一网统管""跨省通办"等政务服务和社会治理场景应用中检验数字治理质效。

（二）推进数据安全治理

党的二十大报告专门强调要提高公共安全治理水平，加强个人信息保护。全面强化数字政府安全管理责任，从管理、制度、技术等维度健全公共数据安全体系，全方位加强政务数据治理过程中的安全管理，持续筑牢数字政府安全屏障，强化一体化安全保障，持续提升数字政府安全保障水平，确保网络安全、数据安全。

首先，加强数据安全制度建设。建立健全数据安全管理制度和标准体系，制定数据采集、传输、使用等管理办法，规范数据汇聚融合、共享开放和开发利用，做好数据安全风险评估和预警工作。建立健全政务数据分类分级安全防护机制，科学划分数据类别和敏感级别，并进行合理性、有效性评估，当数据状态、服务范围等发生变化时及时调整分类分级状态，实现动态管理。其次，加强数据隐私保护。通过一体化数据管理平台实现统一账户、统一身份认证、统一电子证照、统一电子印章等功能；严格数据安全控制，建立健全数据合规体系，降低数据流通和使用安全，把控数据采集加工"红线"，严防内外部数据交互窃取和伪造[1]；严格执行输入验证、身份验证、授权管理、敏感数据管理、异常处理、数据审计、风险评估与预警等安全策略。再次，建立全生命周期数据安全技术体系。科学划分数据采集、存储、交换、销毁等生命周期，制订针对性数据治理方案，确保数据共享应用安全可控。如，采用加密等方式确保政务数据各环节安全，在数据使用过程中做好账号权限管理，对敏感度较高的数据采用可逆脱敏、场景绑定等形式进行共享。

二、数据监管

随着数据的商业价值和社会价值的快速提升以及信息技术的快速发展，有效解决数据安全、高效、可信、合规流动问题是满足数字时代企业和公众对政务服务需求方式变革的需要，也是数字营商环境建设的重

---

[1] 张晓君：《数据主权规则建设的模式与借鉴——兼论中国数据主权的规则构建》，《现代法学》，2020 年第 6 期。

要内容。

（一）健全数据监管的技术支撑体系

在数字政府建设中，运用数字技术优化政务服务流程和完善社会信用体系的建设，将公共数据与社会平台的数据进行安全、有序、有选择地融合，形成"线上调用、线下核验"的业务协同。比如，引入海量数据算力平台，构建以各领域创新应用为最终目标的大数据生态体系，对监管业务和科学管理决策进行仿真模拟，推动政府监管更加精准、高效和智能。[①]一方面，依托一体化智能化公共数据平台，建立专业化数据产品开发运营平台，提升安全存储、数据授权、数据存证、可信传输、数据验证、数据溯源、隐私计算、联合建模、算法核查、融合分析等能力，构建"原始数据不出域、数据可用不可见"的数据产品开发利用模式。积极利用国家、省统一的交易系统规则和技术体系，规范数据产品生产和交付。另一方面，构建数据流通技术监测体系。强化联合计算、隐私计算等数据安全技术应用，建立数据的存储、传输、加工、交易等环节全流程透明化、可记录、可审计、可追溯的安全监测体系。加强数据流全生命周期的日常安全检测，定期对公共数据使用和安全保护情况进行检查。鼓励行业组织、企业和高校院所等单位推动数据可视化、数据安全与隐私保护等核心技术攻关。

（二）完善数据全流程合规与监管规则体系

建立数据流通准入标准规则，强化市场主体数据全流程合规治理，确保流通数据来源合法、隐私保护到位、流通和交易规范。结合数据流通范围、影响程度、潜在风险，区分使用场景和用途用量，建立数据分类分级授权使用规范，探索开展数据质量标准化体系建设，加快推进数据采集和接口

---

① 江小涓、黄颖轩：《数字时代的市场秩序、市场监管与平台治理》，《经济研究》，2021年第12期。

标准化，促进数据整合互通和互操作。探索建立数据开发利用主体资格审查和场景安全审查机制，建立数据产品开发、上架、交易、交付等数据流通全生命周期的安全审查制度，确保开发形成的数据产品和数据服务安全可控，使数据开发利用来源可溯、去向可查、行为留痕、责任可究。支持数据处理者依法依规在场内和场外采取开放、共享、交换、交易等方式流通数据。鼓励探索数据流通安全保障技术、标准、方案。支持探索多样化、符合数据要素特性的定价模式和价格形成机制，推动用于数字化发展的公共数据按政府指导定价有偿使用，企业与个人信息数据市场自主定价。加强企业数据合规体系建设和监管，严厉打击黑市交易，取缔数据流通非法产业。建立实施数据安全管理认证制度，引导企业通过认证提升数据安全管理水平。统筹优化线上线下市场竞争生态，将行业规范与数字经济领域反垄断相结合，落实公平竞争审查机制，推动线上线下一体化监管，促进数字经济健康发展。凡是数字经济涉及的行业，其业务也应遵守该行业的基本规范。同时，提高大型平台兼容性，鼓励线下企业将业务拓展至线上市场。发挥核心企业的关键带动作用，携手中小企业融入数字化应用场景和产业生态，有效推动中小企业加快数字化转型，为中小企业创新发展创造基础条件。

（三）数据分类分级监管制度建设

分类分级是数据全流程动态保护的基本前提，需要建立《政务数据分类分级指南》，基于《政务数据分类分级指南》的要求，多视角开展数据定级工作，在政务共享平台以数据共享的视角开展定级，例如"公开、有条件申请、审批通过可看"等，同时基于安全防护的角度定级，不同级别的数据在存储、传输、共享等流程中需要采取加密、脱敏等措施。

根据分类分级的结果，不同级别的数据，采取不同的防护手段，通过全面了解数据安全威胁，建立数据安全解决方案，数据安全运营能力建设，

实现数据安全运营流程化、集中化。^①同时，数据安全治理需要数据安全
管理方建立管理能力和运营监管能力，数据安全运营方建立日常运营（监
测和管理）能力，数据作业方建立监测和防护能力，从而构建运营体系、
管理体系、技术体系相辅相成的行之有效的数据安全治理体系。在管理制
度建设层面，在考虑建设数据安全制度的同时，需要考虑客户已有的网络
安全制度，充分考虑与现有的网络安全管理制度的融合。在数据安全技
术管控层面，基于数据业务流程与具体应用场景对不同级别的数据进行针对
性技术防护。采取数据传输加密、存储加密、脱敏、水印、访问控制、审计、
API 接口鉴权及监控等技术措施，全面覆盖数据全生命周期过程。

在数据安全运营建设层面，建立数据安全运营"团队 + 机制 + 工具 +
服务"的数据安全运营体系，管理体系和技术体系是否能更好地落地依托
于运营体系的建设，通过数据安全运营实现持续化的运营落地，形成闭环
优化的机制。

---

① 鲍静、张勇进、董占广：《我国政府数据开放管理若干基本问题研究》，《行政论坛》，2017 年第
  1 期。

第五章　以智促效：切实推进在线政务服务高效化

智慧政务使传统的政府自上而下的政务工作结构变成同一层面点对点的网络架构，公众和政府的信息交互可以直接通过电子政务平台进行，政府也由管理型向服务管理型转化。高效化在线政务服务成为人民群众和政府之间沟通的桥梁，政府政策信息发布以及人民群众意见建议反馈等都可以通过数字化平台进行。

第一节　事项梳理精准化

近年来，各地积极推进政务服务事项标准化建设，推行网上办事。按照"应认领、尽认领"的原则，扎实做好政务服务事项梳理认领工作，并同步在政务服务网逐项做好优化更新，确保政务服务事项"应上尽上"，线上线下同源、一致、准确、可用。同时，积极引导办事群众通过网上查询、咨询和申报，尽量减少办事群众到实体大厅办事，让信息多跑路，让群众少跑腿，提升为民办事的质量和效率。

一、政务服务事项梳理的基本原则

政务服务是政府部门及其所属机构面向公民、企业、社会组织以及其他政府部门和机构提供的行政性、支持性、公益性服务，关系到经济持续健康发展和社会全面进步。政务服务事项是政务服务的具体体现，是政府部门及其授权或委托的其他组织行使的行政权力和公共服务事项过程中提供的服务事项。

标准化是为了在既定范围内获得最佳秩序，促进共同效益，对现实问题或潜在问题确立共同使用和重复使用的条款以及编制、发布和应用文件的活动。政务服务事项标准化是规范、优化政务服务，实现审批法治化、便民化的基础性工作，是推动实现系统联通、数据共享、业务协同的重要前提。

第一，政务服务事项标准化是政府部门依法行政的重要依据。通过政务服务事项标准化有利于进一步厘清服务职责，科学明晰部门间、层级间政务服务职责，合理划分同一层级不同政务服务机构以及不同层级同类政务服务机构服务范围和内容，科学界定政务服务行为类别，有效解决政府越位、缺位和错位等问题，推进政务服务职责边界清晰、分工合理、权责一致，有利于进一步规范行政权力的运行、减少自由裁量权、优化政务服务的供给，促进政务服务运行规范、程序严密、过程透明、结果公开、监督有力，增强政务服务的主动性、精准性和便捷性，为政府部门依法行政提供强有力的支撑和保障。

第二，政务服务事项标准化是打造服务型政府的重要举措。开展政务服务事项标准化，切实解决了标准化要素填写标准不一、缺乏统一规范的问题，进一步规范自由裁量权，力求每一个事项面对不同办事群众、企业实现"无差别审批"，不断优化政务环境，方便群众办事，释放市场活力，行政效能也变得更为高效，有助于打破政府资源、公共服务、组织结构等方面"碎片化"困境，对于推进行政体制改革、推动政府管理创新、优化资源配置、提高服务效率具有重要意义。

第三，政务服务事项标准化是实现"一网通办"的基础保障。无论是市、区、街道（乡镇）、社区（村）四级政务服务体系互联互通，实现区域通办、跨区通办、全市通办，还是与国家平台对接，实现全国一张网、跨省通办，都需要对政务服务事项进行规范，实现标准化。以标准化支撑政务服务流程再造[①]，实现同一事项无差别受理、同标准办理，实现办理流程和评价标准统一，才能真正实现"一网通办"，让人民群众更深层次地感受到"互联网＋政务服务"建设带来的改革红利。

第四，政务服务事项标准化促进营商环境更优化。通过对政务服务事项的设定依据、时限、条件、流程等标准化，对每个政务服务事项"由谁做""怎么做""做到什么程度""达到什么效果"等做出明确、具体、可操作的标准性规定，不仅使政务服务的目标、过程和结果清晰明确，而且使工作责任可追踪、可追溯，进而压缩自由裁量权，有利于实施精准化和便捷化服务，有利于促进政务服务质量和水平的不断提高，带动政务服务创新，为企业群众办事、创业提供更加公平公正、高效便捷的政务服务环境，能有效助推营商环境进一步优化。

二、政务服务事项清单梳理的维度

（一）按照国家政策要求进行事项清单的梳理

根据《"互联网＋政务服务"技术体系建设指南》《关于深入推进服务便民化的指导意见》《国务院办公厅关于做好证明事项清理工作的通知》等国家政策文件要求实现事项清单标准化，大力推行减材料、减证明，保障事项梳理工作的合理化和规范化。

《建设指南》中明确提出了政务服务事项实施清单的36项要素，从

---

① 宋林霖、赵宏伟：《论"放管服"改革背景下地方政务服务中心的发展新趋势》，《中国行政管理》，2017年第5期。

供给侧的角度明确了事项清单标准化建设。近年来，有的地方政府已连续出台事项梳理标准化的通知，为政务服务事项标准化梳理提供了参考借鉴。例如，北京市发布《关于开展市、区级政务服务事项标准化梳理工作的通知》，文件就服务事项标准化工作做了部署，从方便企业和群众办事的角度出发，最大限度优化环节、精简材料。

中共中央办公厅、国务院办公厅印发了《关于深入推进审批服务便民化的指导意见》（以下简称《意见》）。《意见》要求以省为单位公布各层级政府"马上办、网上办、就近办、一次办"审批服务事项目录，这是从国家层面对事项梳理问题做了更为明确的规定。在梳理公布政府权责清单和公共服务事项清单基础上，以为企业和群众办好"一件事"为标准，进一步提升审批服务效能。合法合规的事项"马上办"，减少企业和群众现场办理等候时间。积极推行"网上办"，凡与企业生产经营、群众生产生活密切相关的审批服务事项"应上尽上、全程在线"，切实提高网上办理比例。面向个人的事项"就近办"，完善基层综合便民服务平台功能，将审批服务延伸到乡镇（街道）、城乡社区等，实现就近能办、多点可办、少跑快办。推动一般事项"不见面"①、复杂事项"一次办"，符合法定受理条件、申报材料齐全的原则上"一次办结"。

（二）按照办理情形进行事项清单的梳理

精细化是规范政务服务事项、推动事项标准化管理的前提。通过细化到最小颗粒度的梳理，提升事项梳理的精细化和科学化水平，有助于在为企业群众办事时提供情形引导，提供更便利、更人性化的服务。

目前，各地政务服务机构仅对事项清单进行了大项、子项的划分，在实际办理过程中还会存在一些问题。例如，在法人申请事项的行政服务中，

---

① 李军鹏：《基于"互联网＋"的放管服改革研究——以江苏省"不见面审批（服务）"与江苏政务服务网建设为例》，《电子政务》，2018 年第 6 期。

有些规定还是比较"含糊"、有些表格栏中的表述比较"笼统"。如，"变更申请提交材料目录"中有一长串变更项目，有"企业名称变更""经营范围变更""股东变更"等。有些文书需要企业法定代表人来签名、盖章，但有些文书则是需要"股东"或是"负责人"签名、盖章，笼统地表述为"签名、盖章"，企业办事人员往往很可能在填写或办理过程中"碰壁"。

在实际办理过程中每一个办理事项存在多个办理情形，例如，"各类企业及其分支机构营业的许可"是一个事项的大项，它包括"内资有限责任公司登记""内资合伙企业登记"等子项，其中"内资有限责任公司登记"又分为"股东为企业""股东为事业单位法人""股东为社团法人""股东为民办非企业单位""股东为自然人"和"其他股东"等不同的办理情形，每种办理情形所需提交的材料各不相同。事项按情形梳理后，申请人就可以在办理过程中选择与自身情况相符的办理情形，并按相应要求上传所需申请材料，在办事过程中十分便利，同时对于窗口工作人员来说服务起来也更方便，更高效。

总的来说，政务服务事项清单的梳理应该综合考虑国家政策的要求和服务的最小颗粒度这两个重要因素。一方面，要按照国家政策文件的要求对事项做规范化、标准化的梳理，另一方面，要结合实际办理情况，从办理情形的角度进行事项清单的梳理，为办事人提供更优质的服务。

三、智慧化政务服务事项管理实践

（一）陕西"秦务员"平台事项管理

为进一步规范全省政务服务事项管理，健全事项调整机制，更好地便利企业和群众办事，2023 年 10 月，陕西省人民政府办公厅发布关于加强全省政务服务事项规范管理的通知。其中，基本目录调整应根据法律法规规章立改废释、机构改革和部门职能调整、国务院和省政府决定或国家政务服务事项清单变化等情况及时更新。省级行业主管部门要会同司法行政部门提出调整意见，经政务服务管理部门审查后 10 个工作日内完成更新工作，同步上传调整依据。基本目录通过"秦务员"平台事项库完成调整后，应在陕西政务服务网及时向社会公布，不得在基本目录之外另行设立政务服务事项。实施清单调整应在基本目录更新、政务服务事项颗粒化拆分、清单要素发生变化时及时进行调整。基本要素调整由省级行业主管部门汇总审核后，按程序 10 个工作日内完成全省统一更新工作；个性要素调整由本级行业主管部门 5 个工作日内完成调整工作。

"秦务员"APP 及小程序、"好差评"系统、统一身份认证系统、大数据中心、政策橱窗为代表的 26 个政务服务系统平台，构建起立体化服务体系：一是"移动端 指尖办"，目前实现了 4106 项服务事项可查可办，其中移动端"掌上好办"事项 477 项，涵盖社保医保、户籍户口、住房公积金、婚姻登记、便利缴费、资质认证、准营办税等多个领域，试运行期间，移动端累计办理各类事项 49 万件，办结率 96.58%；二是"PC端 网上办"，重构网上办事统一身份认证体系，开设网上企业登记、不动产、工程建设项目、公共资源交易、跨省通办、利企便民政策等特色专区和主题服务。试运行仅五个月，个人和法人用户已分别达到 1051 万和 105 万；三是"大厅端 全省办"，依托全省统一的预约受理审批通办系统，实现 100 项省级事项在市级和县区受理，增强了跨区域、跨层级、跨部门协同服务能力；四是"自助端 就近办"，实施政务服务进网点行动，覆盖分行 429 个网点、1580 台智慧柜员机，目前已上线政务服务 103 项，营业网点正在成为百姓身边的政务大厅；五是"12345"热线，全天候人工服务，一个号码汇聚办理多渠道留言，接受群众检视，试运行期间受理各类诉求 2.85 万件，办结率 98.9%，满意率 97.4%；六是"好差评"系统，让企业和群众评判政务服务绩效，系统已拓展到陕西省各市县区和 45 个省级部门，初步实现政务服务事项全覆盖、评价对象全覆盖、服务渠道全覆盖。试运行期间累计收到评价数据 1879.54 万条，155 条差评均已整改到位。（图 5-1）

图5-1 陕西"秦务员"平台事项管理

（二）江苏省政务服务事项管理系统平台

江苏设立全省统一的权力清单库系统。对省市县三级 5300 多个政府机构的 66 万多行政权力事项和公共服务事项统一管理、动态更新、集中发布。对每个事项实行集中编码管理，规范事项名称、条件、材料、流程、时限等，做到"同一事项、同一标准、同一编码"。同时，落实国务院提出的高频政务服务事项"跨省通办"要求，提升政务服务便利度和企业群众获得感，江苏省政府办公厅印发《关于加快推进政务服务"省内通办""跨省通办"的实施方案》，明确 12 项重点任务。包括完善一体化政务服务平台、加强政务服务大厅能力建设、建设一体化政务服务平台客服体系、提升数据共享应用能力、加强事中事后监管等。

根据用户需求，悉心挑选热门服务／热门事项，一键直达失业登记、学历证书查询等热门服务。设立专栏通过梳理高频"跨省通办"事项清单，可直接选择高频、热门办理事项，点击进行办理。（图 5-2）

图5-2　江苏省政务服务事项管理

第二节　业务流程标准化

政务服务改革从形态上可分为事权改变型改革和流程优化型改革。相对集中许可权改革，证照分离改革中的取消审批、审批改备案和告知承诺制属于改变事权的改革，前者改变了事项的实施主体，后者直接对审批权进行了限制；一窗受理、一业一证以及一件事改革，皆属于流程优化型改革。

一、数字技术赋能政务流程再造的逻辑

第一，数字交互性弥合思想观念缝隙。数字交互性是指数字信息能在

不同主体间实现流动，且不同主体之间可以直接进行互动参与和交流，打破传统政务治理模式中信息传播的单向性特征。[①] 提高公民参与的整体水平、落实以民为本的服务理念是保证政府管理与服务先进性的必要保障。互联网是数字技术发展的基础，"用户至上"同样是互联网发展自始至终遵循的原则。随着互联网的普及与信息手段的广泛应用，数字技术的交互性能够实现人与人之间的实时交流与互动，能够跨越时间、距离的障碍，为人民提供便捷、开放、自由的表达渠道与平台，实现政府与人民之间便捷高效的互动与沟通，破解人民需求表达与政府信息获取的闭锁症结，同时也为公众积极发挥监督作用、对政务服务人员的服务态度与效率做出客观评价提供有效途径，倒逼政府官员"以人民为中心"价值理念的塑造。

第二，数字整合性弥合供需匹配缝隙。数字整合性是指数字技术能够实现资源要素的跨域聚集和整合。数字技术能够跨越边界、连接万物、联动主体创造价值，即通过聚集和整合不同领域的资源要素，与各方主体的异质性需求进行对接，实现公共价值的创造。随着数字技术的广泛应用与迭代升级，大数据成为处理好有为政府与有效市场之间关系的重要手段。利用数字整合性，能够在政府、市场和社会之间建立起互联互通的桥梁，使数据、人员、信息、资金等要素得以整合连接，为建立以资源配置和数据整合为基础的政府与市场新格局奠定了重要基础。数字整合性与政务服务相结合，通过聚集政府性、市场性和社会性各类资源，成为政府与市场有效分工合作的推动力，将政府有限的资源与精力集中在民生保障最为关键紧迫的领域，为政府职能转变提供资源保障，推动政府、市场和社会力量开展一站式协同行动，为人民提供更具匹配性和对接性的政务服务内容，从而弥合实际政务服务与人民现实需求之间的差距。

[①] 熊光清、刘高林：《互联网时代行政审批的流程再造——以广东省佛山市禅城区"一门式"政务服务改革为例》，《江苏行政学院学报》，2020年第1期。

第三，数字便捷性弥合业务办理缝隙。数字便捷性是指数字技术能够快速即时地对信息进行获取、传递和接收。数字信息从发起端到接收端，中间经历的传递时间极为短暂，具有"发出即接收"的快速、灵敏、即时等特点，且数字信息的传递过程无须经历中介主体的中转，能够直接实现两两主体之间的互动和往返。流程再造以业务流程为改造对象，以群众需求和满意度为最终目标，是政府流程再造中的关键环节，然而传统状况下的政务流程主要根据政府职能设置，较少顾及公共服务的效率和公众的需求，仍然存在职能划分并不明确、职能界限不清晰、事权范围交叉重叠等问题，严重影响了政务服务办理的效率与质量，降低了人民满意度与获得感。数字技术的便捷性能够有效降低信息获取、传递、接收过程的时间，从而使业务受理、办理更加快速。借助数字化手段，通过搭建在线平台，多项政务服务已经实现全流程线上办理，为人民提供了方便、快捷、全方位的信息化办事服务和沟通渠道，实现各政府部门的行政审批事项整合，提供统一的申办入口，简化个人、企业及相关组织机构的办事流程，并通过与各部门行政审批系统进行无缝对接，形成了从申请、受理、审批、结案的全流程在线处理方案，实现了业务服务流程的精简高效。

第四，数字共享性弥合协同联动缝隙。数字共享性是指数字信息可以在一定时空范围内被多个主体同时接收、分享和利用。数字作为一种虚拟、有形的"符号"，可以不受时间和空间的限制，同时被不同主体占有利用和复制传播。组织部门协同联动是提高政务服务效率与质量的重要保障。数字共享性加快推动了数据资源汇聚共享、互联互通，以"一窗通办"为例，在线政务平台打破了传统各自为政、消息闭塞的政府组织形式，推进跨层级、跨部门政务服务的对接与融合，各部门充分利用技术资源与平台，强化技术手段应用，实现部门系统与省政务服务平台的信息数据对接与资料共享，促进了同一窗口下不同部门的业务整合的实现。

二、办事通用标准化流程

（一）咨询辅导

申请人根据本人需求和意愿，可在政务服务中心（便民服务中心）咨询辅导区域和各级一体化政务服务平台智能问答模块提出业务咨询和申报辅导请求。牵头部门应当组织联办部门梳理政府服务事项咨询辅导知识，确定咨询辅导人员负责提供事项申报辅导、材料预审或政策、流程咨询等服务。办事场景较为单一、业务简单的，可委托政务服务中心（便民服务中心）服务人员实施。咨询辅导人员服务时，应当根据申请人需求一次告知其办理事项所需材料、办理流程、办理时限、注意事项等或申报材料所需补充、完善的所有内容。

（二）收件

申请人可通过各级政务服务中心（便民服务中心）综合受理窗口和省一体化政务服务平台专栏等申报端口提交申请。

（1）线下提交。综合受理窗口工作人员按照业务手册确定的统一的申请材料清单和审查要点，通过数据共享、在线核验等方式获取可免提交的电子证照、电子材料，现场收取、核验其他纸质材料原件，判断申请材料是否齐全、是否符合法定形式。材料不齐全或不符合法定形式的，当场一次告知申请人需补正的全部内容，能够当场补正的，指导申请人当场补齐补正；材料齐全且符合法定形式的，当场收件并出具收件回执。事项实行容缺受理、告知承诺的，窗口工作人员收件时应当明确告知申请人容缺受理、告知承诺需承担的不利后果，并指导申请人签署相关承诺书。窗口工作人员收件后，将收取的纸质材料转化为电子材料，连同在线获取的电子证照、电子材料，通过一体化政务服务平台同步推送至各联办部门，同时将纸质材料递送事项牵头部门。

（2）线上提交。申请人通过线上提交申请的，由综合受理窗口工作人员对申请材料（含在线获取的电子证照、电子材料）是否齐全、是否符合法定形式进行审查，通过一体化政务服务平台出具一次告知通知书或电子收件回执。申请材料齐全且符合法定形式的，应当即时将申请材料同步推送至各联办部门。相关业务办理系统尚未按规定与一体化政务服务平台对接的，窗口工作人员在申请材料推送后，即时通知牵头部门组织联办部门从一体化政务服务平台获取申报信息。

（三）受理

各联办部门收到申请材料后，依法作出受理或不予受理决定，实时推送至一体化政务服务平台。予以受理的，出具受理通知书并短信告知申请人受理相关信息，办件计时开始。不予受理的，制作不予受理决定书，列明不予受理的具体理由，交由本地政务服务中心（便民服务中心）发证窗口送达申请人并发送短信告知。

（四）审批

推行"限时并行审批、审批结果互通"。各联办部门受理业务申请后，对单事项之间不存在前后置关系的，并联审批、按时办结。单事项之间存在前后置关系的，后置事项联办部门在规定时间内进行容缺预审，先行审查前置事项审批结果以外的材料，收到一体化政务服务平台推送的前置事项联办部门办理结果后，即时作出审批决定。各联办部门须将办理结果在承诺办结时限内线下反馈至本地政务服务中心（便民服务中心）发证窗口，线上实时推送至省一体化政务服务平台，并同步依托电子证照制发系统生成电子证照。需要进行联合评审、联合勘验、联合验收的，由牵头部门组织相关联办部门实施。企业和群众在事项审批决定作出前撤回申请的，相关联办部门应当及时终止审批；需要退还申报材料的，由综合受理窗口工作人员统一退还。

（五）送达

申请人可在全流程办结后统一领取办理结果，也可在各单事项办结后分别领取办理结果。政务服务中心（便民服务中心）发证窗口收到各联办部门反馈的办理结果和实体证照后（对于跨层级的事项，申请人选择统一领取的，各级联办部门应当在完成审批后一次将相关结果和证照送至或寄递至该事项具体实施层级的发证窗口），应当于当天按照申请人确定的领取方式送达，并及时将送达凭证移交给事项各联办部门。申请人需要查看或使用电子证照的，可通过一体化政务服务平台及其移动端"个人中心"模块进行查看或下载。

（六）归档

申请人提交的申请材料原件由具体实施层级的牵头部门统一留存，各联办部门不再保存申请材料原件，直接使用从一体化政务服务平台获取的电子材料进行审批归档，确需纸质材料留档的，将电子材料打印留存。相关部门在对联办事项档案、卷宗进行检查、考核时，不得要求联办部门提供原件。

最多跑一次——潜江全力推进政务服务流程优化[①]

近年来，潜江市立足企业和群众视角，纵深推进"放管服"改革，围绕"高效办成一件事"推动审批服务提速增效，通过政务服务流程优化再造，深化"四办"——全程网办、一窗通办、一事联办、跨省通办，推动"四减"——减时限、减材料、减环节、减次数，让办事人"少跑腿、快办事、不添堵"，以政务信息化建设推动"最多跑一次"落地见效。截至目前，全市37个部门公开发布1418个政务服务事项，减材料比例达20.39%；政

[①]https://baijiahao.baidu.com/s?id=1732332239686783437&wfr=spider&for=pc.

务服务办理承诺时限较法定时限压减 79%，即办件占比 48%；超过 95% 政务服务事项最多跑一次或一次都不用跑。

■ "群众跑"变"数据跑"

"一网通办"更便捷。潜江市推进市级自建业务系统与一体化政务服务平台对接连通，建立"一体流转、一库共享"的技术保障体系，利用共享交换平台推进网上办事系统互联互通和业务协同，促进各层级、各部门政务信息资源深度融合、开放共享。优化完善市级电子证照平台，强化电子证照归集，目前电子证照库已归集 49 家单位 325 个目录 199 种证照类型 38 万多条数据，对外提供接口服务 30 余万次。

■ "企业跑"变"代办跑"

"帮办代办"提效率。全面优化提升项目建设全程帮办代办服务机制，以企业投资项目审批集成式改革为重心，进一步优化完善企业投资项目的审批集成服务代办体系和运行机制，对重点项目实行"台账管理、挂图作战、清单推进"，协助帮办代办审批项目 20 余个，为企业投资项目全流程、多层级、多部门"一次办好"提供有力支撑。

■ "行业窗"变"全科窗"

"一窗通办"更高效。推动市、镇、村三级政务服务事项"一门集中"，除对场地有特殊要求的政务服务事项外，实现全量进驻各级政务服务大厅，事项进驻率高达 97.64%，真正实现办事"只进一扇门"。市级政务服务中心优化完善"工程建设项目审批综合服务窗口"功能，归并工程建设类事项全面进驻综合窗口，建立从发改备案到施工许可告知承诺制办理再到联合竣工验收"一窗受理""一站办结"的服务机制，全面推行"前台综合受理、后台分类审批、统一窗口出件"的服务模式，有效避免企业"来回跑、多头跑"等问题。

■"多头跑"变"一次跑"

"一事联办"省工夫。通过制度创新、流程再造，将一个行业经营涉及的多项审批事项，整合为一张载明相关行政审批信息的综合许可证，实现 19 个行业"一窗受理、一同核查、一次审批、一证准营"，办证时限平均减少 86%，办理环节平均减少 68%，申请材料平均减少 42%，跑动次数平均减少 84%，"四减"率平均达 70%，办证效率平均提升 2.3 倍。截至目前，全市共发出 328 张"一业一证"行业综合许可证，市场主体获得感普遍提升。

三、精简高效流程再造的基本保障

政务服务的最终目标是提升人民群众的获得感与幸福感，而人民群众的获得感与幸福感来源于其利益诉求得到满足的质量与时限，因此，让群众少奔波、让流程最简化始终是政府改革的关键举措。

一是深化政务流程数字化改革。围绕精简事项、优化流程的原则，对各部门政务事项和具体办事流程进行数字化改革，健全完善在线政务办理平台，实现电脑端、移动端应用全覆盖。集中整合需要多部门协同合作处理的相关事项，通过在线政务平台进行全面的流程优化重塑，做到流程再造常态化、长效化，实现政务服务办理一号登录、一个界面、一网融合、一表通办、一键流转，努力做到办事跑一次是底线、跑零次是常态、跑多次是例外。

二是完善线上监测保障机制。针对精简优化后的线上政务办理流程，提高业务办理系统监测水平，保证业务数据实时回推，使政务办理流程有迹可循，对各部门业务办理时限、质量进行实时监测，对外公开业务办理进度、强化公众监督。同时，建立临期预警提醒机制，第一时间针对逾期未解决的事项进行整改，给出确切的解决期限并纳入该部门绩效考核，切实提升线上政务流程办理质量与效率，提高企业和群众的满意度和获得感。

三是强化线上政务办理数据安全支撑。政务服务的开展离不开安全、可靠的数据保护机制，然而在目前的政务服务办理过程中，隐私泄露问题却时有发生，直接影响到公众对于政务服务的信任感和依赖度。运用数字化手段强化数据安全保护，一方面要合理界定用户信息收集便捷与使用范围，进行线上政务办理时，应使用户知悉信息及使用的范围与规则，并提供用户咨询和反馈渠道，保证政务信息收集以实现特定目的为界限，不得越界。另一方面，利用数字技术的快速识别筛选特性，过滤无关信息，信息收集与使用需征得用户同意，不得以默认、捆绑等方式间接获得用户授权，不得违反法律规章和信息收集使用规则。

第三节　政务服务透明化

公开透明是法治政府的基本特征。政务公开，坚持以公开为常态、不公开为例外，推进行政决策公开、执行公开、管理公开、服务公开和结果公开，对推动简政放权、放管结合、优化服务改革，激发市场活力和社会创造力，打造法治政府、创新政府、廉洁政府和服务型政府，意义重大。

一、以改革创新精神深化政务服务透明化

一是创新政务公开方式方法。坚持方便群众知情、便于群众监督的原则，拓宽工作领域，深化公开内容，丰富公开形式，促进政府自身建设和管理创新。坚持区别情况、分类指导，提高政务公开的针对性和有效性。

坚持创新载体、完善制度，实现政务公开的规范化、标准化。[1]坚持问政于民、问需于民、问计于民，依靠群众积极支持和广泛参与，畅通政府和群众互动渠道，切实提高政务公开的社会效益。

二是推行行政决策公开。坚持依法科学民主决策，建立健全体现以人为本、执政为民要求的决策机制，逐步扩大行政决策公开的领域和范围，推进行政决策过程和结果公开。凡涉及群众切身利益的重要改革方案、重大政策措施、重点工程项目，在决策前要广泛征求群众意见，并以适当方式反馈或者公布意见采纳情况。完善重大行政决策程序规则，把公众参与、专家论证、风险评估、合法性审查和集体讨论决定作为必经程序加以规范，增强公共政策制定透明度和公众参与度。

三是推进行政权力公开透明运行。坚持依法行使权力，积极推进行政权力运行程序化和公开透明，确保行政机关和公务员严格依照法律规定的权限履职尽责。按照职权法定、程序合法的要求，依法梳理审核行政职权，编制行政职权目录，明确行使权力的主体、依据、运行程序和监督措施等，并向社会公布。严格规范行政裁量权行使，细化、量化裁量基准，公开裁量范围、种类和幅度。重点公开行政机关在实施行政许可、行政处罚、行政收费、行政征收等执法活动中履行职责情况，积极探索执法投诉和执法结果公开制度。

四是加大行政审批公开力度。公布本地区本部门不涉及国家秘密、商业秘密和个人隐私的行政审批项目目录，继续清理、调整和减少行政审批事项。进一步减少审批事项，优化工作流程，公开办理程序，强化过程监控，建立行政审批事项的动态管理制度。逐步依法将审批职能和审批事项集中到服务中心公开办理，建立健全决策、执行、监督相互协调又相互制约的

---

[1] 马亮：《电子政务使用如何影响公民信任：政府透明与回应的中介效应》，《公共行政评论》，2016 年第 6 期。

运行机制。

二、推进政务服务透明化典型应用

（一）威海强化政务管理公开"透明化"

构建起以制作发放惠企便民政策包为核心，以电子显示屏、政策刊板、微信公众号、山东政务服务网等网络办事平台为辅的政务服务公开网络。（图5-3、图5-4）

一是线下礼包"公开发"。向办事群众公开《致市民朋友的一封信》，梳理再造高频办理事项审批流程，整理汇总主题情景式审批服务事项、国家各行各业营商环境最新优惠政策、一业一证综合许可指南二维码矩阵，群众只需轻轻一扫，即可查看办理业务所需最新申请材料、办理程序、收费标准、承诺时限、咨询电话和办理地点等内容。设立惠企便民政策包免费领取台，方便办事群众把政策礼包"带回家"、把办事大厅"搬回家"，

图5-3 威海市政务服务公开管理

图5-4　威海市网上政务服务公开管理

做到让群众"看得到、听得懂、易获取"。

二是线上政策"公开放"。通过电子显示屏滚动播放、政策刊板张贴公示、微信公众平台发文等方式，宣传公示各办事部门最新政策信息。推广使用威海经开区政务服务中心公众号线上预约平台、山东政务服务网、人力资源和社会保障局服务大厅等线上办事平台，推动完善"互联网＋"政务服务模式，方便群众"随手查、随时办"，足不出户就可以办理申请营业执照、社保医保等高频办理事项。

三是群众评价"公开听"。畅通线下窗口电子评价系统、"吐槽找茬"柜台、满意度评价簿、线上微信公众号评价、短信评价等多种评价方式。强化核实与整改反馈，对每个"差评"件生成公开、透明的《差评反映问题承办单》，及时向群众反映整改进度、解决措施，确保"差评"件有整改、有反馈。定期向各窗口部门发布《政务服务"好差评"周运行情况报告》《政务服务中心运行情况月报告》，将"好差评"落实情况、群众意见和评价率等纳入管理考核，初步建成评价、反馈、整改、监督全流程闭环评价服务体系。

四是群众监督"公开受"。选聘社会监督员，对窗口服务情况进行明察暗访，深入基层一线了解社情民意，提出改进意见。定期汇总监督员反馈情况、意见建议，召开监督员座谈会及时回顾复盘、整改反馈。加强作风改进，安排专人在电子监察室全天值守，实时在各楼层电子显示屏曝光违反工作纪律行为，公开接受群众监督，让政务服务在"阳光"下运行。

（二）青岛西海岸新区打造"三级政务公开体验区"

青岛西海岸新区结合区域特点及群众需求等因素，选取区政务服务大厅、胶南街道、辛安街道作为政务公开工作试点先行先试，积极打造市级政务公开的先行示范点。在区政务服务大厅，设置区级"政务公开会客厅"，创新推出包括政府信息依申请公开在内的2846个申办"新手"模板，创办"小微知道"帮办服务品牌，全域范围内布设70台"百姓驿站"自助服务终端，打通了政务公开服务"最后一公里"，大大方便了企业及群众。

辛安街道创新性打造新区首个基层政务公开体验区，创新推出"易+e+1"服务品牌，开发网上"e+"智慧便民平台，实现了政策查询、在线预约、网上办理、智能问答等功能，大大提高了群众获取信息的便利度。胶南街道将群众关注度比较高的惠民惠企、村居改造、社会救助等政策文件在体验区实行了分类管理，创新开发"村村通数字广播系统""人口精细化管理服务平台"等，精准公开体现为民温度。

各镇街体验区除具备政策查阅、视频宣传、依申请公开受理和自助服务等基本功能外，着重突出自身特色，灵活传递政务信息，初步构建起企业群众看得到、听得懂、易获取、好参与的政务公开生态。如大村镇突出服务企业的功能定位，在体验区设置小型项目融资、推介平台，主动公开新区的双招双引、就业创业等"涉企惠企"政策；灵山岛省级自然保护区擦亮"智游灵山岛"旅游品牌，推出海岛版"政务公开＋民生政策"；滨海街道、长江路街道、隐珠街道等创新开发线上"政务公开智能服务一体化平台"；比较有特点的张家楼街道、宝山镇、海青镇重点突出油画、蓝莓、茶叶等产业政策公开和办事服务，助力民生保障和乡村振兴。

在巩固区、镇街两级政务公开成果的基础上，西海岸新区积极推动基层政务公开标准化向社区、村居延伸。新区指导镇街编制完成社区、村居两个政务公开标准化目录，选取 7 个镇街的 8 个社区、村居打造基层政务公开专区。多渠道开展政策宣传，向社区企业和群众及时精准推送涉企涉民政策信息；多角度延伸服务触角，通过自助服务终端实现线上便民事项办理、交流互动等，为辖区居民开启政务公开的"社区之窗"。

2023 年以来，西海岸新区通过三级政务公开体验平台，实现各领域政策的精准公开公示，发放政府公报及各类政策文件 6000 余册（份）。创新开展"透明政府""透明社区"双向互动模式，开门决策，邀请社会各界群众参与优化营商环境、城市管理、政务服务、食品安全等各类议事日、开放日、网络直播等 120 余次，推动民意真正转化为政府的科学决策。

第四节　政务服务场景化

近年来，各地从群众办事的切身体验着手，统筹"线上加线下"模式，把数字化、信息化作为系统动力贯穿始终，充分利用政务数据，搭建开发应用场景[1]，将各类便民服务推到群众"掌上"，为企业和办事群众提供

---

[1] 王福、康丽琴、刘宇霞：《基于频繁时序挖掘的移动政务场景化服务策略研究》，《现代情报》，2020 年第 8 期。

更加便捷、细致、形象、贴心的政务服务，将服务送到群众手上。

一、政务服务的"服务性"与应用场景

服务性是政务服务事项的基本特性之一，至少表现在以下两个方面：第一，从事项的办理对象来看，政务服务事项面向特定或不定的公众或企业。政府职能履行的过程涉及大量与公众相关的咨询、互动、投诉处理问题。如何解决政府的有效回应问题是从服务角度出发首先要解决的问题。人工智能技术的引入有利于这一问题的解决。从应用场景来看，网站和政务大厅的智能信息导航、政务服务热线、微信或 QQ 群组、政策服务信息宣传推广是实践中应用较多的具体场景。在网站和政务大厅的智能信息导航场景中，智能导办、智能搜索、智能咨询以及关联事项推荐等应用功能获得较多的实践者认同。典型案例如贵州省网上政务大厅的"贵博士"。它是一个集智能咨询、检索和推荐等功能为一体的智能系统，可以为用户提供全天候的无人智能服务。在政务服务热线场景中，人工智能在自动工单填写、知识推荐、服务需求挖掘等领域应用较多。通过知识库的建设提高话务人员应答能力和服务水平，同时结合服务诉求信息的整合挖掘，提前预测和订制信息服务方案，提高服务的效率和公众满意度。在微信或 QQ 群组的服务场景中，南京市栖霞区创新性地将人工智能技术与社区居民服务有机结合，通过将微信群组中社区居民反映的各种服务需求自动化转变为工作任务单，从而减少工作人员的工作负担，提高服务效能。

第二，从服务的内容来看，部分政务服务事项本身就属于公共服务的范畴，如公民的医疗保险、失业保险、住房补贴等。即使对于带有管制性质的政务服务事项，如医疗机构设置审批、医疗器械经营许可，其办理过程中也涉及审批材料告知等大量与服务相关的程序和服务。运用人工智能技术可以将用户的个体信息与服务需求有机结合，运用基于大数据的"用

户画像"的方式向公众提供订制化、自动化和精准化的服务。目前，除智能化的服务信息推送以外，在四川、江苏等部分高校中，已经开始尝试基于学生消费数据画像实现智能化补贴。这种补贴发放方法颠覆了传统的用户申请、有权部门审查、服务提供的传统服务供给模式，开创了包括服务对象的自动识别推荐、人工调查确认、公共服务提供等流程在内的新智能化服务供给方式。

二、政务服务的"管理性"与应用场景

管理性也是政务服务的基本特性之一。

第一，在政务服务事项的相对人为特定的情形下，相对人需要满足特定的资格和条件。政务服务的提供过程势必涉及对提交申请的当事人是否具备资格条件进行审查核准。最简单的如申报过程中身份、年龄的识别，申请材料的真实性、合规性审查等。在一些复杂情形中（如有数量限制的行政许可），审批人不仅要对申请人提供材料的真实性进行核查还需要对申请人的能力、资质和信用情况进行广泛的评估。

第二，政务服务事项涉及公共权力的运行和资源运用，政府必须要对整个服务提供过程进行有效的监督，保证权力运用的合法性。如公共资源招投标、行政审批过程中对工作人员服务态度的监督、对滥用职权情况的核查监督等。

第三，作为公共服务的有机构成部分，政务服务的执行和供给还面临绩效考核和效能督查的问题。与此相关，实践中基于智能技术的政务服务管理性应用广泛分布于申报核查、服务过程控制、服务效果监督等三类主要场景之中。其中，在申报核查类场景中，基于智能技术的身份验证和申报材料形式审查应用较为广泛，如项目申报中的申报人身份确认、养老金领取的生存性验证等。智能化的过程控制则涉及对公共服务的提供者进行

实时的监督和检查。目前主要的智能应用系统有基于计算机视觉的智能视频监管系统，可通过机器视觉自动地识别判断审批工作人员的工作态度、缺勤离岗等。最后，在服务效果监督类场景中，人工智能可以通过智能外呼、智能语音检查以及基于大数据服务核查和风险预警等方式提高管理效能。

三、政务服务的"赋权性"与应用场景

政务服务还意味着相对人特定权利的获得。[①] 相对于服务性和管理性的智能化应用，目前完全基于人工智能的赋权性应用还相对较少。不过与赋权决策相关，人工智能技术已经开始部分影响相对人的权利获取，主要表现在基于预测性评估的决策辅助和极少数领域出现的自动化决策两类场景中。预测性评估是以大数据为基础对申请人的信息进行智能分析，并以此为基础为审批决策提供辅助和支撑。预测性评估可以应用于"承诺制审批""绿色通道"审批等差异化审批的适用范围确定、适合申请人筛查以及有数量限制的行政许可授予等具体应用领域。自动化决策目前在我国工商登记领域、备案管理、津贴发放、智能纳税等领域已开始有初步的应用和尝试。典型代表如深圳市的"秒批"、广州市工商登记领域部分事项的"智能全电"登记、天津市企业登记的"零见面"智能审批等。

四、现代信息技术在政务服务引导过程中的典型场景

（一）12345智能化应用

从传统政务热线业务场景入手，和人工智能技术深度融合，形成智能语音客服、智能座席助手等智能化应用。通过这些智能化应用，不仅能够快速解答群众疑惑，更能借助大数据技术分析话务数据，发现隐藏在数据

---

① 宋锴业：《中国平台组织发展与政府组织转型——基于政务平台运作的分析》，《管理世界》，
2020 年第 11 期。

背后的社会焦点，为社会治理助一臂之力。

一是热线打得通。通过智能语音机器人搭建智能IVR，取代传统的IVR按键导航菜单。市民直接语音讲述业务需求，通过智能IVR进行语音识别和自然语言处理，能够高效快速理解市民需求。利用智能语音机器人替代人工客服，可实现7×24小时服务，确保市民呼入即应，接通率达到100%。

二是热线用得好。依托智能座席助手，人工服务时间缩短，人工服务效率提高。智能记录，对来电对话进行实时语音转文本，通过阅览文本进行帮助理解来电意图，缩减多轮问答时长，通过智能文本对来电诉求一键转载入工单内容中进行编辑，节约记录时长；定位打点，提供实时地图详情，可实时搜索、定位、查询附近区域街道社区乡镇等，节省反复询问，缩短通话时长；智能捕捉，智能座席辅助系统可记录来电人信息，存入大数据客体知识结构中，当市民再次来电，可弹窗前期事件，话务人员可在界面看到用户画像，这些画像会以标签形式进行展现，如"性别""来电次数""区域"等，为接线人员提供参考信息，便于理解市民诉求意图等。

三是数据看得见。运用大数据分析系统构建12345政务服务热线数据可视化大屏，通过对业务数据进行大数据分析，将非结构化的语音文字转化为所需的电子数据，大屏数据的信息展示来源于底层大数据能力，提供实时动态的业务运行状况，在大屏上通过报表等方式进行全面展示12345政务服务热线的关键指标，帮助工作人员全面掌握运营情况。

四是提升服务质效。设立24小时在线智能客服，可提供自动应答服务，市民拨打12345热线，可以直接向智能客服咨询相关问题。在智能语音中，运用机器学习，不断对语音话术和相关知识库的识别准确度进行优化，真正实现"千人千面"，提升智能化服务质量。通过语音语料标识，建立方言及方言普通话语音包的优化模型，有效保证方言识别效果。在12345热线语音导航中增加"静默、友好问候、咨询"等开启服务场景，新增"公积金冲还贷、防疫政策、疫苗接种"等时下热门服务场景。

五是夯实服务基石。构建全业务范围的知识库，服务范围辐射话务座席和全体民众，提供更加快速、准确、权威的咨询服务。在归集各承办单位原有知识库的基础上，与"政策直通车""市政府规范性文件库"等建立知识互联互通，动态跟踪时政热点补充完善知识信息，建成了"权威准确、标准统一、实时更新、共建共享"的热线智能知识库，提高一次性解答率、减少工单交办量、提高诉求解决效率。特设"疫情""运营商专席"专栏，精准服务指定对象。知识库系统充分发挥智能作用，全部知识成为智能语音导航的素材源。

六是提高服务质量。人工智能技术系统应用全面赋能政务热线基于行业内顶尖的语音识别、语音合成、自然语言理解等技术，实现人们直接与智能客服机器人用语言进行无障碍沟通。智能语音分析，通过文本解析、热词聚类等技术，结构化处理录音文件，能实现对座席服务态度、服务质量的全方位把关，确保来电群众满意。智能回访能够及时准确发现呼叫服务中存在的各种问题及在工单流转全流程中存在的不足之处，为后续提高服务质量指明方向，这种方式不仅大大提高了回访效率，减少了人工压力，而且还能自动记录回访内容，对回访结果进行数据分析，将回访调查情况图形化展示，将群众不满意或有意见建议的部分从大量的回访结果中筛选出来，为政务服务管理部门提供有效建议。

（二）"AI+政务服务场景"

随着"AI一窗"应用模式的实践和发展，"互联网+政务服务+AI"2.0应运而生——打造"AI+服务场景"新模式，即将"AI一窗"从聚焦政务工作的窗口服务应用场景，向国家治理的横、纵向维度的应用场景赋能。具体而言，横向层面，从综合治理、协同治理角度出发，"AI一窗"

延伸应用到党的建设、海事服务、司法服务、银行金融等专项的、行业的且与政务服务相关的服务场景中来。技术赋能协同治理能力，助力国家治理效能发挥。纵向层面，围绕省市县乡村五级治理要求和服务事项的不同，差异化布局"AI一窗"，构建各层级的24小时自助服务网点体系，推动行政服务范围的深度和广度，提高行政效能水平，增强企业群众办事体验度和获得感。

"AI+服务场景"主要从扩展政务服务覆盖广度和深度、提升政务服务效能水平、推动政府治理现代化以及激发协同治理效能四个方面赋能国家治理能力现代化发展。（图5-5）

图5-5　AI+政务服务场景运行逻辑

一是扩展政务服务覆盖广度和深度。应用"AI+服务场景"打破了人工提供政务服务在空间和时间上的限制，将政务服务的网络延伸到了街道、社区，将政务服务的时间延长到24小时。如上海市徐汇区"24小时自助服务大厅"，让办事人可以周末、下班来办事。积极推动政务服务入口向基层延伸，力争让企业和群众办事"少跑腿"，如南京"宁满意"中的"一机通"工程，通过市、区、街道三级部署，进一步提高基层响应群众诉求和为民服务的能力，切实做到"让数据多跑路，让群众少跑腿"。

二是提升政务服务效能水平。"AI+服务场景"最重要的在于通过技术应用，倒逼业务流程精简和标准，以实现业务办理的程序化和高效化，这是"放管服"改革的重要方式。同时在应用中，可以实现智能咨询、智能预审、语音交互等功能，智能化快速响应，提升服务效率和服务温度，如"AI赋能党建"，提供党费查询、党章党规介绍、递交入党申请书等党群服务事项，强化为民服务效能。此外，政府行政工作的数据量化、信息化流程也有利于对政务服务进行有效评估和奖惩，推动行政工作的监管和绩效考核。

三是推动政府治理现代化。借助人工智能技术压缩运行环节，"AI一窗"在各应用场景中的应用，倒逼政务事项的梳理，促进更多的服务事项下沉，有助于各层级明确各自职责边界，提高政府治理效率；"AI+服务场景"的应用，促使各政务服务机构更加注重应用场景中服务的质量和水平，有利于政务服务标准建设，推动更好的生活环境、营商环境的建设，增强企业群众的获得感。

四是激发协同治理效能。推进国家治理体系和治理能力现代化，"治理"强调"协同治理"。"AI+服务场景"模式，在聚焦政务服务基础上，延伸到党群服务、司法服务、海事服务、银行服务等应用场景，并推动各治理主体之间的场景融合、数据融合，促进不同管理环节的业务协同，如"AI赋能政银合作"，让办事人在银行就可以办理相关的证明，减少跑腿次数，这样极大地提高工作效率，激发政府治理、基层治理的协同治理效能。

第六章 以评促改：构建数字化营商环境评价体系

传统意义上考察企业全生命周期的营商环境评价正在被数字化方式有效地打破时空阻隔，营商环境评价必须要覆盖到新的数字业态，其评估方法也须进行革命，更需要重视政府数字化改革和数据采集技术对营商环境评价的影响。[①] 在数字经济浪潮之下，中国应结合自身实际，以数字营商环境国际评价指标中的合理元素为参照，加快数字基础设施与制度机制建设，以更高水平推动营商环境的数字化转型，打造独具中国特色的、高于国际水准的法治化数字营商环境，服务数字经济高质量发展，助力中国式现代化建设。

第一节　营商环境评价体系

一、专项评估指标

国际上最主流的营商环境评价研究是世界银行的《营商环境报告（Doing Business）》，其他营商专项报告还有：经济学人智库《营商环境排行榜（BER）》、福布斯《Best Countries for Business》、粤港澳大湾区

[①] 潘恩蔚、徐越倩：《数字营商环境及其评价》，《浙江社会科学》，2022 年第 11 期。

研究院《世界城市营商环境报告》、上海市人民政府发展研究中心和上海发展战略研究所的《全球城市营商环境评估研究》等。（表6-1）

表6-1　营商环境专项评估指标

序号	报告名称	样本范围	主要评估指标
1	世界银行（The World Bank）《营商环境报告（Doing Business）》、《宜商环境（Business Enabling Environment）》	对全球190个经济体的营商环境评分，2003—2020年，至今已发布17期	10个一级指标（开办企业、办理施工许可证、获得电力、登记财产、保护中小投资者、纳税、跨境贸易、执行合同和办理破产），41项二级指标
2	经济学人智库（EIU）《营商环境排行榜（Business Environment Ranking）》	对全球82个经济体营商环境吸引力进行排名，每五年发布一次报告，最新一期发布于2014年，是对2014—2018年的预测	涵盖政治环境、宏观经济环境、市场机会、自由竞争政策、外商投资政策、国际贸易及外汇管制、纳税、金融、劳动力市场、基础设施等领域91项指标
3	福布斯（Forbes）《Best Countries for Business》	对全球161个经济体营商环境排名，最新一期发布于2019年	贸易自由、货币自由、产权、创新、技术、程序烦琐程度、投资者保护、腐败、个人自由、税负
4	粤港澳大湾区研究院《世界城市营商环境报告》	世界人均GDP及总量排名靠前和经济总量排名靠前国家的25个城市，另加上香港、北京、上海、广州、深圳，共30个城市，最新一期发布于2017年	软环境、生态环境、市场环境、商务成本环境、社会环境、基础设施环境
5	粤港澳大湾区研究院《中国城市营商环境评价报告》	选取中国直辖市、副省级城市、省会城市等，最新一期是发布于2020年的《2020年中国296个地级及以上城市营商环境报告》	软环境、基础设施、社会服务、市场总量、商务成本、生态环境，三级指标50多个

续表

序号	报告名称	样本范围	主要评估指标
6	中国经济改革研究基金会国民经济研究所《中国分省企业经营环境指数》	中国30个省、自治区、直辖市，已发布2007、2009、2011、2013、2017、2020共6期	政府政策和行政管理状况、法治环境、税费负担、融资条件、人力资本供应、基础设施条件以及企业经营的市场环境等
7	第一财经研究院《全国经济总量前100城市营商环境指数排名》	对中国经济总量前100城市营商环境指数排名、软环境指数TOP10排名、硬环境指数TOP10排名。最新一期发布于2020年	硬环境指数（自然环境和基础设施环境）、软环境（技术创新环境、人才环境、金融环境、文化环境和生活环境）

二、综合性指标涵盖营商环境

第二类是综合性城市排名体系中的营商环境指标，主要是国际组织对城市竞争力、综合实力的评价排名中，将营商环境作为一个重要因素加以评估打分。例如：普华永道《机遇之都》，日本森纪念财团《全球城市实力指数排名（GPCI）》，科尔尼《全球城市指数（GCI）》，中国社会科学院城市与竞争力研究中心《全球城市竞争力报告（GUCP）》等。这些排名或报告从更宽泛的角度评估了全球主要国家（地区）或城市的营商环境，但由于各个机构所采用的指标体系有所差异，因此，全球主要城市的排名也略有差异。（表6-2）

表6-2 综合性城市评价指标涵盖营商环境评估指标

序号	报告名称	样本范围	主要评估指标
1	普华永道《机遇之都》（cities of Opportunity）	全球30座主要城市，包括上海和北京。最新一期发布于2021年	开办企业、办理破产、免签证国际数量、外国使馆和领事馆数量、保护中小投资者、气候风险应对、劳动力管理风险和税收效率

续表

序号	报告名称	样本范围	主要评估指标
2	日本森纪念财团都市战略研究所《全球城市实力指数排名（GPCI）》	全球44座城市，包括香港、北京和上海，最新一期发布于2021年	工资水平、人力资源保障、办公空间、公司税率和政治、经济商业风险
3	科尔尼《全球城市指数（GCI）》	首次在2008年，评估出了156座上榜城市，其中包括31座中国城市。最新一期发布于2021年	商业活动、人力资本、信息交流、文化体验和政治参与
4	世界经济论坛《全球竞争力指数（GCI）》	旨在衡量一国在中长期取得经济持续增长的能力。首次在2004年，最新一期发布于2019年	制度、基础设施、宏观经济稳定性、健康与初等教育、高等教育与培训、商品市场效率、劳动市场效率、金融市场成熟性、技术设备、市场规模、商务成熟性、创新
5	IESE《城市动态指数》（Cities in Motion Index）	西班牙纳瓦拉大学全球化中心对全球165个城市的"智慧"程度进行排名。最新一期发布于2020年	人力资本、社会凝聚力、经济、环境、治理、城市规划、国际推广、技术、机动性和交通

三、营商环境细化性指标

第三类是聚焦营商环境部分领域的评估报告，针对营商环境某些环节进行专业评估分析的报告。如澳大利亚咨询机构2thinknow《全球创新城市指数》聚焦于科技、智能、初创企业及创新者的环境，世界银行《全球治理指数》针对法治和政府治理水平，美国商会全球知识产权中心（GIPC）《国际知识产权指数》聚焦专利、商标等知识产权保护，零点有数经开区产业营商环境评价指标等等。不同的评估报告专门针对营商环境某个（些）特定领域的指标，更具专业性、各有侧重。（表6-3）

表6-3　营商环境单领域评估指标

序号	报告名称	样本范围	所属领域
1	美国商会全球知识产权中心（GIPC）《国际知识产权指数》	从专利及相关权利、版权及相关权利、商标及相关权利、商业秘密与市场准入、知识产权资产商业化、执法、系统效率、加入和批准的国际条约等 8 个方面，分为40 个指标对 50 个经济体的知识产权保护进行评估。最新一期发布于2022年	法律保护
2	世界银行《全球治理指数（WGI）》	包含话语权和问责、政治稳定性与非暴乱、政府有效性、管制质量、法治程度、腐败控制，对200个国家或经济体进行评估。最新一期发布于2020年	法治政府、政务效率
3	世界正义工程（WJP）《法治指数》	从政府权力大小、反复、政府公开、基本权利、监管执法、民事和刑事正义等方面，对126个经济体评分。最新一期发布于2021年	法治政府
4	OECD《外商直接投资限制指数（FDI Restrictiveness Index）》	从外国股权投资限制、审批、关键人员现实、其他对企限制等方面对不同行业FDI限制进行测评。最新一期发布于2018年	市场开放
5	2thinknow《全球创新城市指数（Innovation Cities Index）》	对全球500个基准城市科技、职能、初创企业及创新者的环境分类和排名，最新一期发布于2021年	科技创新
6	联合国《在线政府调研（E-Government Survey）》	从电信基础设施、人力资源和在线服务等方面，构成在线政府法治指数，最新一期发布于2020年	信息化
7	瑞士洛桑国际管理发展学院（IMD）《世界人才报告（Talent Ranking）》	通过投入与发展、吸引力和就绪度三个方面描述人才格局，最新一期发布于2021年	人力资源

四、本土化营商环境指标

在理论层面，国内营商环境研究是从企业家的角度出发，颇为关注法治环境、政策环境、技术环境、金融环境与人才环境。国内存在国企、私企和外企以及中外合资企业，通过制定和监测国内营商环境评价指标方能客观评估企业发展所需要的困难，辅助企业组织改善营商环境，促进企业发展以及区域经济发展。

从营商环境评估的发起机构来看，发起机构涵盖科研院所、中央媒体、国内外民间智库等，类型多样，且以第三方评估为主；从研究对象来看，评估对象涵盖大中型城市、县域城市、市辖区级，且多为大中型城市营商环境评价，较少涉及县域、区间营商环境评估；从研究范围来看，国内营商环境评估正经历从全要素评估，到制度要素评估，再到法制要素评估的发展历程；从具体评价指标来看，经历了从宏观"硬"环境评估，到宏观"软"环境评估，再到微观"软"环境的变化。特别是尝试将市场主体主观感知引入营商环境评价指标体系中，集中体现"以人为本"的重要原则。（表6-4）

表6-4 本土化营商环境评价指标

发起机构	评价对象	指标体系	评估范围
包红霏、沈雪	辽宁省营商环境	开办企业、办理施工许可证、获得电力、登记财产、获得信贷、保护少数投资者、缴纳税款、跨境贸易、执行合同、办理破产	省级营商环境
魏淑艳、孙峰	东北地区投资营商环境	自然条件、社会状况、政府环境、经济因素、基础设施	区域城市营商环境
娄成武、张国勇	营商环境建设	整体感知、政务环境感知、要素环境感知	营商环境全要素
中央广播电视总台	中国城市营商环境	基础设施、人力资源、金融服务、政务环境、法制环境、创新环境、社会环境	营商环境全要素
袁立明	县域市场营商环境评估	产品市场发育程度、传统要素市场发育程度、高端要素市场发育程度、产业聚集程度、政务政策环境、空间及生态环境、人文社会环境	县域营商环境
赛迪顾问	中国县域营商环境	公开透明、企业活力、要素吸引、设施领先和生态友好	县域营商环境
联合国工发组织	上海市闵行区营商环境	包容可持续发展、投资开放成熟度、创新和创业环境、政府服务效率	区级营商环境

续表

发起机构	评价对象	指标体系	评估范围
张景华、刘畅	税务营商环境	缴纳税款、税收优惠、税收法治、涉税服务	税务营商环境
孙萍、陈诗怡	辽宁省14市营商政务环境	公共政策供给、制度性交易成本、市场监管行为和基础设施	营商政务环境

第二节　数字营商环境国际评价体系

进入数字化时代，世界银行开创性地将"数字技术指数"设置为《宜商环境报告》跨领域评价指标，将数字立法融入各一级指标测评，这些动向表明：经济体营商环境的数字化、法治化水平已成为营商环境国际评价体系的重点评价环节。尽管中国数字营商环境法治化建设成果丰硕，但在对标以宜商环境数字指数、数字营商指数等为代表的数字营商环境国际评价体系指标上仍有不足，仍需提升数据治理法治化、平台治理法治化、数字市场监管法治化与立法数字化能力。

一、数字营商环境主要国际评价体系

近年来，不少国际组织陆续将与数字经济相关的评价指标纳入国别营商环境评价体系之中，当前在国际上影响力较大的评价指标主要有八种，分别为世界银行（以下简称"世行"）发布的三个指数：DB中所含的数字评价要素（以下简称"DB指数"）、BEE中以数字技术指标为代表的数字评价要素（以下简称"BEE指数"）以及数字营商指数（Digital Business Indicators，以下简称"DBI指数"）；联合国国际电信联盟发布的信息通信技术发展指数（ICT Development Index）；联合国贸易和发展会议发布的企业对消费者电子商务指数（Business-to-Consumer Ecommerce Index）；联合国经济和社会事务部发布的电子政务发展指数（E Government Development Index）；世界知识产权组织发布的全球创新指数（Global Innovation Index）；世界经济论坛发布的全球竞争力指数（Global Competitiveness Index）。理论界将该八种指数按其各自特征分为：对数字营商环境水平的试评价（DBI 指数），对数字经济具体领域的专题评价（信息通信技术发展指数、企业对消费者电子商务指数、电子政务发展指数），对数字经济指标要素的综合评价（BEE 指数、DB 指数、全球创新指数、全球竞争力指数）三类。

均由世行发布的 BEE 指数、DB 指数、DBI 指数可作为国际数字营商环境评价的代表性指标。DB 曾是中国"营造国际一流营商环境"建设过程中最重要的国际对标体系，是对中国国家治理改革和法治建设影响最大的国际项目之一。虽然世行于 2021 年 9 月 17 日宣布中止 DB 的后续发布①，并将用 BEE 项目替代，但目前公布的 BEE 项目仍然是个未完成体，仅简单披露其评价指标及相关原则而尚未公布完整的评价细则与计算方法。根据计划，BEE 项目将于 2023 年 1 月正式实施，至 2023 年最后三个月内发布第一版。从现有内容看，BEE 项目评估体系既有对 DB 相当程度的继承与延续，也有很大程度的创新、发展和提升。因此，在 BEE 完整公布之前，DB 的评价方法仍具有较大借鉴意义。DBI 指数则是世行聚焦全球数字经济发展的新产物，是世行在数字经济背景下对经济体数字营商环境的专门评估，是国际社会对数字营商环境指标化、标准化评估的创新结果，同时也是当前国际上独有的较为全面的数字营商环境评价体系，基于 DBI

---

① 罗培新：《世界银行新旧营商环境评估规则及方法比较——兼论优化营商环境的道与术》，《东方法学》，2023 年第 4 期。

指数的研发专家、机构与 DB 指数、BEE 指数具有共通性，该指数的评价方法亦有很大可能被 BEE 指数所参考引用，因此有必要对其进行系统分析。

（一）BEE指数

BEE 项目由世行副行长、首席经济学家卡门·莱因哈特（Carmen M. Reinhart）教授负责。同 DB 项目相比，BEE 项目具有以下新特点：一是追求数据收集和报告过程的高标准。BEE 项目将对数据收集流程、数据采集协议、数据存储保护、数据透明度、公开可用性和结果可复制性等环节进行革新，建立一套新的营商环境国际评价数据采集与应用标准，并平衡专家咨询数据和直接来自公司层面的调查数据的应用比例，重点保障"精细数据"的可推广复制性。二是重塑 BEE 项目的工作目标和价值自信。世行将在 BEE 项目中推介其新的指标评价理念，具体涵盖推动经济改革降低制度交易成本、畅通政企多主体对话渠道、打造成全球公益产品、促进世行 2030 目标实现等。三是改进评价方法。BEE 项目将以"平衡"为核心，追求更为科学的评价方法。例如，BEE 项目将既从单个公司开展业务便利性的角度对营商环境进行评价，也从整个行业（部门）发展的角度进行，并针对不同角度设计不同方案且对评价结果量化平衡。又如，BEE 项目贯彻"全流程"评价模式：既关注政府监管，也关注公共服务水平；既收集法律法规等规则信息，也收集反映实际执行情况的事实信息和测量结果。

从指标比较上看，BEE 项目不仅将 DB 项目的观察指标"劳动力市场监察"和"政府采购"吸纳到了一级指标之中，还开创性地加增了两项跨领域指标："数字技术"与"环境可持续"。跨领域指标内容将融入每项一级指标中进行评价，进而构成了 BEE 项目对数字营商环境与环保营商环境的新的指标评价模式。虽然世行尚未列明 BEE 指数的数字化要素的内涵与外延，但跨领域的指征使几乎所有一级指标都要在各自领域内满足数字技术应用与保障要求。例如，公用服务接入指标考量电子政务平台的建设水平；国际贸易指标考量单一关税窗口的使用便捷度；争端解决指标考量智慧法院、线上争议解决的建设与应用程度等。

（二）DB指数

自 2001 年起，世行每年发布 DB 报告，报告内容是对全球约 190 个国家或地区的营商环境的评估，包含 10 个一级指标以及 43 个二级指标。[1]DB 报告对数字经济的关注度在不断增加。在 2020 年 DB 报告的前言部分，世界银行行长马尔帕斯（David R. Malpass）开宗明义地指出："一般来说，得分最高的经济体具有几个特点，包括广泛使用电子系统和在线平台……"与 BEE 指数、DBI 指数详列数字评价指标不同，世行在 DB 报告评价指标体系中并未明确区分或增设新的"数字评价指标"，而是通过在原有指标中增加数字化要素比重的方式，对经济体的数字营商环境水平进行间接评价，这也构成了 BEE 跨领域评价模式的制度来源。从 2020 年 DB 报告中可以看出，数字化程度高低已直接影响经济体的得分，高分经济体具有以下特点：第一，数字政务平台系统普及。2020 年排名前 20 的经济体均已设立电子政务系统（如一站式政务服务平台）、电子税务申报与支付平台、在线产权转让平台等。第二，监管数字化程度高。世行肯定数字监管的运用对防止商业贿赂、保护少数投资者、防止脱逃税款、简化信贷程序、提高监管效率等方面的积极作用，认可数字赋能市场监管有益于规范市场秩序，促进市场竞争。第三，数字信用平台（体系）建设水平较高。世行十分鼓励经济体构建数字信用平台（体系）并认为此举对经济体简化信贷程序、解决破产重整难题、提高争议解决效率等具有积极作用。第四，在线

---

① 宋林霖、何成祥：《优化营商环境视阈下放管服改革的逻辑与推进路径——基于世界银行营商环境指标体系的分析》，《中国行政管理》，2018 年第 4 期。

产权变更方式普及。产权变更包括动产及不动产的登记、转让以及注销等事宜，世行认为产权变更的平台化、电子化有利于降低行政费用、提高产权保护水平、便利产权快速流动。

（三）DBI指数

DBI 指数是独立于 BEE 指数、DB 指数的新兴指标评价项目。DBI 项目于 2017 年起开始实施，是专门针对经济体数字营商环境水平的试评价。DBI 指数包含网络连通性、数据隐私与安全性、物流 、支付以及数字市场监管 5 个一级指标，下设 13 个二级指标。DBI 指数主要以问卷形式采集数据，通过向一国企业或政府发放问卷并对收集的信息进行统计、分析的方式得出评价结果。（表 6-5）

表6-5　DBI指数的指标体系

一级指标	网络连通性	数据隐私与安全性	物流	支付	数字市场监管
二级指标	通用访问权限	个人权利	物流服务	支付服务提供商的许可	消费者保护
	频谱管理	跨境数据流动		付款的授权及处理	中介责任
	域名的获取和保护	数据安全与执行		安全	电子签名

二、数字营商环境国际评价体系的蕴涵

BEE 指数、DB 指数与 DBI 指数的指标评价内容均体现浓厚的法治化理念，对经济体数字领域法治水平评价构成各指数的主要评价要素，具有以下共通特点。

（一）强调数据治理法治化

数据是数字经济的关键生产要素，是驱动数字经济创新发展的核心动

能。[1] 数据在数字经济中的核心地位在三个指数评价中得到充分体现，数据法治水平的高低成为经济体数字营商环境评分高低的关键。各指数明确数据治理依赖完善的制度规则，并对经济体的数据治理水平采取直接与间接相结合的评价模式——数据治理本身不仅作为直接评价要素被纳入得分依据，还通过其他环节进行间接评价。例如，DBI指数将"数据隐私与安全性"作为一级指标进行直接评价，该指标项下的"个人（数据保护）权利"与"跨境数据流动"指标考量经济体对网络数据保护（个人隐私保护）水平、未成年网络用户的数据权益保护、平台数据使用责任、跨境数据流动等方面的法治水平。此外，DBI指数还在网络连通性、数字市场监管等指标中，将数据的合理使用、隐私保护、分类保护、跨境流动等评价环节融入指标事项中，如网络连通性指标中有关于"成员国是否对网络连通环节中的数据跨境传输进行立法"的调查，进而实现对经济体数据治理问题的间接评价。

　　BEE指数同样重视数据治理问题，不论是前述项目数据采集、使用上的严格合规要求，还是对各指标数字技术水平的遍布式评价，数据法治考量贯穿BEE项目自身运作及项目评价之中。以"企业准入"指标为例，BEE项目的"企业准入"指标包含三个二级指标：（1）企业准入法律制度质量；（2）数字公共服务和初创企业信息透明度水平；（3）企业准入效率。BEE项目明确第（2）项包含BEF指数内容的评价，具体包括三个细化指标（三级指标）：①有否提供用于企业注册和运营的在线服务。即企业注册运营过程中数字公共服务的提供情况，如有否提供电子平台、在线窗口、数字审批支持等；②企业注册和运营过程中使用的在线服务之间的协同性（相互操作性）；③企业信息的在线可用性和透明度问题。世行

---

[1] 荆文君、孙宝文：《数字经济促进经济高质量发展：一个理论分析框架》，《经济学家》，2019年第2期。

特别指出，对此类含数字技术评价的三级指标的数据收集，将既通过专家渠道又通过公开访问数据渠道进行交叉验证，以保证数据的准确性。从这些指标事项中也可以看出，要满足 BEE 项目企业准入数字评价要素的要求，就需要制备完善的数据制度规则，以保证数据的收集、存储、分析、应用、积累、标准、质量、权属、交流、公开、保护等环节的运作效率和治理水平。BEE 项目的数字法治评价已不仅局限于关注速度效率、制度负担等传统评价要素，还关注数字化运行背后的制度机制、规则架构、立法精度、执法水平的高低，是对公共数据流动、数据监管规制、数据开放共享等新问题的深度考察。

（二）关注数字平台法治水平

"平台"是各指数指标内容的"高频词汇"。各指数不仅关注经济体电子政务平台、电子税务平台、信用平台、产权交易平台等与企业经营紧密相关的行政平台的建设水平，还关注电子商务平台、第三方支付平台、物流平台乃至互联网网站、频谱等与公民数字生活密切联系的数字平台的建设治理问题。平台的法治化程度是经济体平台建设水平高低的重要指征。例如，DBI 指数在"数字市场监管"指标中对经济体有否对电子商务平台的消费者保护与中介责任进行立法提出了要求；在"支付"指标项下的"对支付服务提供商的许可""付款的授权及处理"与"（支付）安全性"二级指标对经济体在线支付业务的立法规制水平提出了细节要求，包括有否对支付服务提供商风险承担水平进行立法规制（如有否要求银行独立开户、有否要求账户余额为正、是否需持牌、外包业务有无专门规定等）；对支付使用用户的权益保障（如有否对支付服务提供商的信息披露提出法律要求、有否付款结算周期要求、有否强制退款规定等）。DB 指数则在评价经济体数字信用平台建设水平过程中，对征信立法的情况进行了考察。BEE 指数是平台治理指标的"集大成者"，既吸收了 DBI 指数对支付、电子商务、物流等平台的法治要求，也吸收了 DB 指数对税务、贸易、审批、产权等平台的评价要素，并以跨领域评价模式鼓励经济体对企业全生命周期各环节搭建、运用与规制平台。例如，公用服务接入、劳工、金融服务、国际贸易、纳税等指标均包含有各自的平台建设、使用情况及治理水平评价。值得注意的是，与 DB 项目类似，BEE 指数也十分倡导"单一平台"建设目标，鼓励经济体将各环节平台纳入单一的政务平台或综合平台进行运作与管理，并针对大平台、关键平台进行专门治理、分类治理，增加经营效率降低制度壁垒，总体而言对经济体平台综合治理能力提出了更高要求。

（三）重视数字市场公平竞争

三指数均重点关注经济体数字市场准入便利性与公平竞争水平高低，鼓励经济体进行监管数字化转型。例如，对数字服务准入门槛、行政审批效能、数字平台服务以及互联网服务规范程度等方面的关注，体现出对经济体市场准入便利性的考量。对经济体网络平台治理、恶意软件监管、数字知识产权保护、数字用户权益保护等问题的关切，则体现出对数字市场公平竞争问题的考察。实际上，经济体数字市场准入便利性与公平竞争水平高低是各指数在评价经济体数字市场"健康程度"的主要依据，两个要素常常同时出现。DBI 指数在网络连通性下的"通用访问权限"指标中，既关注经济体网络市场对于境外主体的开放问题，也关注经济体是否对境内外网络运营主体的财产权给予平等保护，在此基础上，有否外商投资保护立法、有否设置负面投资清单制度、有否数字反垄断与反不正当竞争立法、数字市场监管法治水平等因素成为重要的得分要素。BEE 项目则将对市场竞争问题的关注上升到新高度。不仅将"市场竞争"新设为一级指标，并使用三个二级指标尽可能全面衡量经济体市场竞争总体水平，包括对（1）市场竞争相关立法规范质量；（2）市场竞争相关公共服务是否充分；

（3）市场竞争相关关键服务的效率的评估。其中，第（1）项作为"法治评价"条款主要包含两个方面：一是对竞争立法质量的考察，例如反垄断法规的制定与实施情况、消费者保护状况、市场监管执法质量等。二是对公共合同、招投标法规质量的考察，例如政府采购法规的制定与实施情况、政府采购的透明度状况、企业信用体系建设水平等。这些评价要素同样需在跨领域的 BEE 指数中得到反映——即对经济体数字市场公平竞争法治水平进行全方位考察，包括对数字市场竞争立法水平、市场监管水平、政府采购平台等数字平台的治理水平的考察等。此外，上述评价要素同时也反映出各指数对经济体监管数字化转型的理念倡导，提倡远程监管、在线监管、电子签名、远程授权等数字监管技术在各主体市场行为中的普及运用。

（四）强化数字用户个人权益保护

近年来，国际社会对数字用户个人权益保护的呼声渐高，数字权益被视为"人权"的组成部分基本达成共识。三指数同样顺应时趋，在指标中引入了对网络数据安全、个人信息保护、平台责任、消费者保护等方面的立法考量，将"数字用户个人权益保护"作为经济体数字营商环境法治水平的评价成分。DBI 指数创新性地引入了区分保护的理念，对未成年数字用户提出了更高的立法保护要求。例如，在评价电子商务平台的法治化程度时，将未成年人个人信息、电子签名、在线支付、合同权利是否与成年数字用户区分保护作为一个判断标准，立法上若有对未成年人进行适当倾斜保护的规定，则可能得到更优的评价。BEE 指数虽暂未列明保护标准，但其将"劳工"新设为一级指标，以及对数据保护、公平竞争、在线交易、信息透明度、平台治理等事项提出法治要求等做法，实则系对个人与法人数字权益保护的种种具化表现。

第三节 中国场域数字营商环境评价

优化数字营商环境，应当了解国际评价指标，从具有代表性的评价指标体系中了解自身数字营商环境的优势与劣势。但从评价内容重点、数据采集以及评价方法来看，世界银行提出的评价指标体系不适用于中国这样人口众多、市场环境复杂的经济体，这也是其没有选择中国作为试点国家的重要原因。为了衡量我国数字营商环境的建设情况，国内已有多个组织构建了更加适用于我国国情的数字营商环境评价指标体系。

一、数字营商环境评价的中国实践

国家工业信息安全发展研究中心 2021 年 12 月提出的全球数字营商环境评价指标体系，更能反映我国数字营商环境的实际建设情况。该评价体系包含 5 个一级指标：数字支撑体系，包含普遍接入、智慧物流设施、电子支付设施；数据开发利用与安全，包含公共数据开放、数据安全；数字市场准入，包含数字经济业态市场准入、政务服务便利度；数字市场规则，包含平台企业责任、商户权利与责任、数字消费者保护；数字创新环境，包含数字创新生态、数字素养与技能、知识产权保护。根据以上指标，G20 经济体数字营商环境排名前十的经济体分别为：美国、英国、加拿大、韩国、日本、德国、澳大利亚、法国、中国、欧盟。排名第一的美国主要是在数据开发利用与安全以及数字市场准入方面具有明显优势，这得益于其将数据定位为战略资产，加强数据融合共享所采取的一系列措施以及严格的市场准入制度。我国位列第九，是前十名中唯一的发展中国家。

全球数字营商环境评价指标体系在指标设定上也更能反映出我国在数字营商环境建设方面的进步与不足。例如，在数字市场准入方面，我国在 G20 经济体中排名第二，得益于明确推出"加强制度供给""互联网＋政务服务"等措施；在数字创新环境方面，我国在 G20 经济体中排名第十一，反映了我国在数字创新环境方面的不足。同时，全球数字营商环境评价指标体系选取 G20 经济体，能够为我国针对 G20 经济体合作提出相应政策提供参考，更适用于我国未来的经济发展方向。例如，在数字市场规则方面，我国在 G20 经济体中排名第十，可以借鉴排名第一的英国通过"市场调查"创新数字市场竞争规则的做法，完善我国数字市场规则；在数据开发利用与安全方面，我国排名第十六，可借鉴排名靠前的美国、英国等在政府数据开放、获取公民同意等方面的良好实践。因此，我国优化数字营商环境应将评价指标作为引导，以国际公认的评价指标体系为参考，以中国特色的评价指标体系为指导采取相应措施。

二、中国数字营商环境的评价特征

第一，数字营商环境的特征表现在数字技术的广泛应用大大提升了政府的行政效率，也表现为采集评价数据的及时性和监测性。数字技术日益成为数字时代生产力中最活跃、最具革命性的因素，不仅推动了生产力发生新的质的飞跃，也引发了生产关系、上层建筑等领域的变革与重塑，这会对营商环境产生影响，并且能够对政府和市场之间的互联互通产生积极效应。同时，数字技术发展对营商环境的测量方法产生了深刻的影响，市场主体和数字技术为营商环境评价提供了基础性支撑作用。

第二，数字营商环境的特征表现在催生了市场新业态，扩大了营商环境评价的范围。数字经济的发展不仅有助于营商环境的优化，也是地方营商环境好坏的重要标志。我国数字经济的发展规模迅速扩张，尤其是在电子商务、移动支付等领域已处于全球领先水平，各地既有的数字经济产业基础一定程度上体现了各地在数字时代新赛道上的站位。中国信息通信研究院发布的《中国数字经济发展报告（2022）》显示，2021 年我国数字经济规模达到 45.5 万亿元，占 GDP 比重达到 39.8%。数字经济为营商环境和经济社会持续健康发展提供了强大动力。所以，市场新业态的兴起与发展是营商环境评价必须要覆盖的对象。

第三，数字营商环境的特征从效率优先转向了以完善高标准市场体系为导向的制度建设优先。数字经济新业态、数字基础设施、数字治理平台等，为营商环境指标体系增加了数字时代的新测量维度。作为转型中的经济体，我国尚未建立完善的市场经济体系，这就意味着企业在投资、生产和经营的相关决策中不仅关心地方政府的行政效率，更关心当地的市场准入制度是否开放平等、数字经济业态的体量是否稳定，以及数字技术是否对营商环境提供了有效的支持。换言之，平等开放的市场准入、优良的数字经济生态以及全面的数字技术运用是影响数字营商环境评价的关键点。

三、中国数字营商环境的评价目标

构建适应数字时代的营商环境评价框架，需要结合社会主义市场经济体制的总体要求，植根新经济土壤，运用新技术工具，不断进行体制机制的创新，这是一个治理体系和治理能力现代化的过程。①

一方面，数字营商环境优化目标应该超越以往营商环境评价侧重关注便利化等效率指标的局面，更应该关心当地的市场准入是否开放平等、地方政府是否诚实守信，以及公共政策是否稳定有序。突出以市场化、

---

① 鲍静、贾开：《数字治理体系和治理能力现代化研究：原则、框架与要素》，《政治学研究》，2019 年第 3 期。

法治化为改革导向，健全更加开放透明、规范高效的市场准入及退出机制、创新人才、技术、资金、数据等资源要素配置方式和管理机制，完善维护公平竞争的制度体系，进一步降低制度性交易成本，同时需要建立企业合法权益补偿救助机制，健全涉企矛盾纠纷多元化解渠道，加快优化营商环境立法，构建法规体系。换言之，平等开放的市场准入、稳定的政策预期以及优良的市场环境是构建适应中国的营商环境治理体系的关键点。

另一方面，数字营商环境优化目标应能体现新的市场环境和产业发展的变化，涵盖数字基础设施和治理规则，适时调整资源配置新方式和市场交易模式。营商环境建设是政府将有限的资源配置给企业最需要领域的治理过程，将全要素、全领域的指标纳入其中，可以丰富和创新政府资源优化资源配置的方式，更好平衡资源的有限性与市场需求无限性之间的矛盾。建立"用数据说话、用数据决策、用数据管理、用数据创新"的营商环境治理机制，为政府数字化转型、新兴市场主体和数字经济发展提供精准需求预测，进一步重塑政府、社会和市场主体之间的关系。

四、数字营商环境评价指标构建的原则

在数字经济的大背景下，优化营商环境的具体内容更加丰富，指标体系的设置更应突出考核评价的导向作用，做到以评促改、以评促建、以评促优。评价指标的设定既要能够客观完整地反映数字营商环境的高低优劣，同时又能够准确获得。评价指标需要充分借鉴国际上公认的评价指标体系，不能偏离了营商环境的内涵。

（1）科学性原则。指标的选择应符合各地区数字营商环境建设实际，减少主观性及人为判断。在进行指标分析时，以各省份人民政府颁布的营商环境政策为基准，通过政策文本内容的归纳分析，找寻政府进行数字营

商环境建设与优化的着力点和突破点。

（2）客观性原则。指标评价体系不仅围绕政府上层设计，更要注重政策实施过程中企业和群众的满意度。在评价指标的构建过程中，研究团队采用二手资料分析法、问卷调查法、实地访谈法等获取大量数据，客观评价数字营商环境的实施进展，确保指标体系构建的客观性与真实性。

（3）可实施性原则。指标体系构建目的为测量数字营商环境整体的建设进展，指标的设定能够反映数字技术与营商环境的融合，若指标数据难以搜集，则指标失去研究价值。因此要遵循一定的普适性与可操作性，能够反映和覆盖地区营商环境建设实际。

五、构建数字营商环境的评价指标维度

当前我国营商环境治理体系可以包括政府改革、市场业态、数字技术等评价维度。[①] 政府改革重在衡量政府对不同类型企业的政策异质性程度，也涉及行政效率相关的数据，反映的是政府行政审批流程和审批行为、市场准入制度以及政府规则体系、公平公正的制度环境对营商环境产生的影响，政府应当为各类所有制主体创造平等、公平的市场环境，在提升行政效率的同时完成政府职能转变，保障市场主体的经营面临一个良好的制度环境、政策环境，最大限度降低制度交易成本。市场业态重在衡量新经济业态的体量、规模和数据要素市场的流通频次等对于营商环境水平及治理绩效的影响，在一定程度上，新经济社会发展的体量和速度决定着市场的发育和发展，体现了各区域在数字时代新赛道上的站位，影响着当地数字经济的后续发展，提供了构建数字营商环境的市场基础条件。数字技术重在衡量数字化、智能化在经济发展、政府治理模式和新经济业态中的渗透

[①] 徐浩、祝志勇、张皓成等：《中国数字营商环境评价的理论逻辑、比较分析及政策建议》，《经济学家》，2022 年第 12 期。

程度，通过数字技术与实体经济深度融合，实现数字产业化和产业数字化，提高生产效率和供需匹配效率，从而有效提升政务服务效能、促进供需两端精准对接，为改善营商环境提供有力支撑。

构建良好的数字营商环境是一个全球性的问题，需要一个全面的、具体的、有代表性的评价标准。数字营商环境的评价体系中所包含的政府改革、市场业态和数字技术三个关键要素，既体现出数字时代背景下营商环境评价对象的扩展，也体现出从效率导向到制度创新的内涵扩展，更是将无感监测的方法应用于评价的全过程。从政府改革的视角，分析营商环境的便利性和公平性；从市场业态的视角，分析新经济、新业态、新模式的兴起对于营商环境评价维度的影响；从数字技术的视角，分析通过其深度应用，如何影响营商环境及其作用机理。

具体而言，"政府改革"维度重点关注市场准入和行政效率的指标。市场准入体现在政府应当为各类所有制主体创造平等、公平的市场环境，包括企业属性类别、企业规模和企业属地特征等，对不同性质、特征和类别的企业是否一视同仁，决定了市场是否真正实现公平开放。行政效率的提升是政府职能转变的题中之义，决定着政府职能的实现，是实现营商环境优化的有效路径，因此行政效率的测量包含政务服务事项便利度、政务服务满意度和政务服务在线办理覆盖度等内容，高质量的行政效率保障市场主体的经营面临一个良好的制度环境、政策环境，最大限度降低制度交易成本。

"市场业态"维度重点关注市场发育程度、数字经济基础等内容。市场发育程度对经济社会的发展起着重要的作用，同时以经济社会发展的程度为基础和依据，主要包含经济总量、工业基础、服务业基础、非国有经济基础、专业化经济等观测点。数字经济基础则不仅反映新经济发展的速度，也是改造提升传统产业的支点，包含数字经济核心产业比重、数字产业链完整度、工业互联网平台构建、数字贸易规模等内容。既有的数字经济产业基础一定程度上体现了各区域在数字时代新赛道上的站位，影响着当地数字经济的后续发展，提供了构建营商环境的市场基础条件。

"数字技术"维度重点关注数字基础设施发展情况、数字经济制度成本等内容。其中，数字基础设施发展情况是以数据创新为驱动、通信网络为基础、数据算力设施为核心的基础设施体系，是新基建的重要组成部分，主要包含设施建设、能耗支持等观测点。数字基础设施的完善对有效打破信息界限、产业界限、空间界限，促进供需互动、产业跃升等方面具有显著优势，是推进数字经济发展的重要抓手。数字经济制度成本是数字经济规范发展的首要问题，有助于提高生产效率和供需匹配效率，主要包含数据开放程度、数字规则建设情况、数据隐私保护等。加强数字经济制度成本建设将有效提升政务服务效能、促进供需两端精准对接，为改善营商环境提供有力支撑。

第四节　科学优化数字营商环境评价

在目前的营商环境评估中，评估数据采集来源主要为各国政府统计数据、国际组织的公开数据、问卷或访谈调查、合作机构提供数据等，大多采用的是断点、截面数据为主。因此，营商环境评估报告也以年度甚至更长周期进行发布，在数据采集上存在覆盖面不够广、数据连续性不足等问题，再加上指标体系的调整，更使得评估结果的连续性、动态性严重不足。在部分营商环境评估的数据政策中，主要采用机构合作方的问卷调研数据和内部渠道获取的指标数据，甚至不公开数据采集方式和原始数据集，造成数据来源、透明度和可靠性的质疑。^① 因此，在建立数字营商环境评估体系的过程中，应当改革数据采集方法。在这方面，我国政府在诸多领域的"精准治理"范式转向为数字营商环境评估数据采集提供了参考。^② 一方面，通过信息技术和通信技术，不断完善精准的商事主体个体化信息采集和集成，加强公共部门数据公开与共享，构建数字营商环境评估的"知识源聚合网络"；另一方面，加强多源异构数据的整合比对，以科学严谨的数据挖掘分析为评估前提，构建高像素、细粒度的数字营商环境评估大数据；三是辅以传统访谈或问卷调查等方法，深入挖掘商事主体行为中对地方性、个性化的营商环境要素的感知与回应，形成数字营商环境评估的厚数据；四是形成围绕不同商事主体整合其属性数据、时空数据和行为数据，形成数字营商环境评估的块数据；五是对数字营商环境评估数据采集、整合和使用进行规制，形成数字营商环境评估的界数据。通过知识源聚合网络、大数据、厚数据、块数据和界数据的建立，构建数字营商环境评估数据的实时采集、动态监测和持续反馈。

一、丰富评估数据采集方法

传统的营商环境评价逐渐向数字化信息化营商环境评价转变，利用数字技术推进营商环境"无感监测"，推进"因势测评"。运用数字技术直接获取相关数据信息，实现从企业咨询、申请到服务结束的手续、时间、成本等数据全量抓取、实时动态监测、自动比对、智能分析，评价结果也更加透明、客观和精确。最大限度地减少"唯排名论"评估带给一线工作人员的工作负担，真正发挥以评促改、以评促优的导向作用。

---

① 贾怀勤：《数字贸易的概念、营商环境评估与规则》，《国际贸易》2019 年第 9 期。
② 李大宇、章昌平、许鹿：《精准治理：中国场景下的政府治理范式转换》，《公共管理学报》2017
　年第 1 期。

（一）线上线下全链条监测

推进线下营商环境无感监测试点工作，通过在服务大厅窗口嵌入监测接口，加强对企业办事过程情况、体外循环事项的监测，包括企业与政府交互的业务办理手续、时间及便捷度等指标，补充线上"无感监测"以外的监测事项，从而形成"线上＋线下"全链条监测，客观真实反映企业办事过程、办事环节、申请审结时间及企业主体感受，从而解决以往营商环境评价主要以"线下调查""事后评价"为主，导致的调查时间长、时效性不强、样本不全面等问题。

（二）靶点数据全自动匹配

聚焦营商环境重点指标业务，建立业务系统及取叫号系统清单，迭代升级政务服务大厅叫号终端，在叫号时增加采集企业信息、经办人信息、办事事项等内容，从而实现线上线下靶点数据精准匹配，靶点数据应归尽归，全面记录业务办理行动轨迹。将企业、个人在服务大厅取号、办理窗口编号、办理开始与结束时间节点等作为靶点数据，实时归集到平台数据仓中，精细绘制经办人员服务中心活动轨迹，作为营商环境线上监督的重要补充。

（三）办事环节全流程记录

聚焦开办企业、办理建筑许可、获得电力、获得用水用气、纳税等7大测评指标，强化过程性监测，以大数据介入线下大厅办件全流程，实现从企业咨询、申请、办理、办结的全流程记录。创新推行"服务码"，持续追踪企业用水报装，电力、天然气现场开通等需要后续服务的事项，如外线工程现场踏勘、方案设计、外线工程施工、验收、水气表安装节点信息，通过服务码实现"一码一档"，进一步完善闭环监测责任链条。每次上门办理业务时通过扫描"服务码"，收集相关靶点数据，并实时归集到平台数据仓中。

（四）营商环境全景式呈现

在应用端设置线上线下"无感监测"评价可视化模板，设计营商环境总览、地区分览、指标监测、最优比对等模板，实现线下无感监测数据的实时汇总分析。通过建立监测预警机制，实时对各项数据进行监测，设定营商环境线下监测各项指标对应的标准阈值以及最优阈值，并将实时数据与标准阈值进行比对，从地区、指标、时间等不同维度对各地区营商环境情况进行灵活展示，实时展现营商环境无感监测过程性评价，从而达到"以评促优、以评促改"的目的，推进营商环境评价模式制度重塑，推动营商环境进一步优化。

二、增强利用互联网评价的效用

（一）强化独立第三方的评价主体地位

国际上通用的做法是由独立的第三方作为评价主体。独立的第三方作为评价主体具有显而易见的优势：首先是专业性，其拥有评价所需的专业知识和技术；其次是中立性，其不受政府部门和其他相关利益方左右；最后是民间性，其利用各种渠道大量征集民众意见，让人民发挥监督作用。因此，我国法治化营商环境评价也应该采用由独立的第三方进行法治营商环境评价的模式，积极为第三方创造良好的评价条件，使第三方能够真正独立地开展评价工作。政府可以利用互联网，做好独立第三方的线上专业培训工作，培养一批具有专业知识水平高、影响力大的法治营商评价队伍。政府利用互联网对第三方开展独立评价进行制度保证，利用政府网站宣传第三方评价的积极作用，在线上征集和发布关于第三方开展评价的相关法规，明确独立第三方评价的资格条件、如何全过程地实施评价、监督制度等规定。政府利用网络信息技术建立独立第三方的信息库和评价信息库，并对独立第三方相关信息进行科学管理。政府还可以让独立第三方在线上开展评价，这样可以大大提高法治化营商评价工作效率。

（二）打造法治化营商环境大数据平台

各级政府部门要以市场主体、社会公众需求为导向，调研了解实际情况，提升市场主体、社会公众参与法治营商环境评价的主动性和积极性。各级政府部门要实行政务信息公开化、透明化，以保证第三方能够获得评价的基础数据信息，使独立的第三方具有知情权，只有这样，才能使独立的第三方更好地参与法治营商环境评价。各级政府部门要树立互联网和大数据思维，利用数据加密和分布式存储技术，确保信息的安全可靠。利用互联网创新服务途径，借助政府部门的网站、微博、微信、APP 等新媒体平台[1]，及时更新政务信息，以保证法治营商环境评价结果的时效性。各级政府部门要积极打造法治化营商环境大数据平台，独立的第三方实行实名制的方式参与到法治化营商环境评价工作中来。创建独立的第三方实名认证系统，实名认证系统要与移动终端和 PC 端的平台系统相适应，评价前要求第三方进行实名注册，注册后，通过账号、密码进行登录操作，然后再进行评价。这样有利于保证评价数据的针对性和准确性。

（三）完善评价结果运用机制

政府相关部门要建立法治化营商环境大数据平台，建立独立的第三方信息库，使法治化营商环境评价过程实施流程化管理，针对各项指标的评价信息进行收集和整理，保证信息数据真实、完整、安全、及时。利用数据挖掘技术、分类预测技术和数据预处理技术，对评价结果进行分析和运用，使评价结果能够充分发挥其决策参考价值。政府相关部门要将法治化营商环境评价结果通过网络等多种媒体手段进行及时公布，确保评价结果公开化、透明化。决策机关通过平台掌握法治化营商环境评价结果后，能

---

[1] 廖福崇：《"互联网＋政务服务"优化了营商环境吗？——基于 31 省的模糊集定性比较分析》，《电子政务》，2020 年第 12 期。

准确查找到所要改进的问题，并在规定的时间内，有的放矢进行整改。这样有利于接受社会公众和市场主体的有效监督，不仅能增进政府的公信力，还能大大加强社会公众对法治化营商环境建设的支持，最终使地区法治化营商环境建设水平更上一层楼。

同时，评价结果运用机制需要进一步明确和压实属地政府优化营商环境的主体责任，建立健全工作保障机制，督促各级政府、部门真正重视并采取切实措施优化营商环境。严格营商环境考核评价，加大考核力度，制定配套奖励措施，对在优化提升营商环境工作中做出突出成绩的单位和个人给予表彰奖励；对破坏营商环境和侵害企业利益的行为要督查问责，严厉查处执行不力、推诿扯皮、效率低下等问题，坚决消除各类隐性障碍和"潜规则"，切实保护各类市场主体合法权益。此外，还应建立国内营商环境常态化评比机制，定期对各省市营商环境进行全面动态的监测、评估，充分发挥评价指数的"风向标"和"指挥棒"作用，进一步激发地方政府改革动力，以更好促进各地政务环境、市场环境、社会环境、法治环境的全面优化提升。

案例篇

数字营商环境创新改革
典型案例

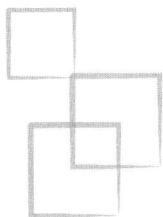

第七章　数据共享　提升政府服务效能

第一节　案例1 /黑龙江：谱写大篇章
实现大赋能　建设领先实用高效数字政府

黑龙江省数字政府建设始终坚持党的领导，按照省委、省政府统一部署，科学谋划，精准施策，倾力实为，谱写大篇章，实现大赋能，确保数字政府建设工作在短时间内取得突破性成效。

一、起承转合

数字政府建设过程中，始终坚持"矛盾论"和"实践论"，通过起、承、转、合"四步曲式"，以人为本、突出重点、强力推进、注重实效、有效落地。

（一）起

凸显问题导向。在全省数字政府建设过程中，汇聚了全省企业和群众在办事环节、办事材料、办理时限、办理成本、办事便利度和满意度6个方面提出的2000余项需求，坚持问题导向，据此在数字政府建设过程中实施了一系列便民利企举措，这是全省数字政府建设持续保持旺盛生命力之根源所在。

（二）承

强化组织领导。将数字政府建设作为"一把手"工程，大力度高位驱动。

省政府成立由省政府主要领导担任组长，常务副省长和分管副省长担任副组长的数字政府建设领导小组，高位驱动，统筹推进，集中会战，形成了人人共建、百花齐放、充满活力的数字政府建设新局面。

（三）转

破解主要矛盾。全省坚持问题导向，以"数跑龙江"为统领，以"六最品牌"为目标，采取有效措施，破解6个方面主要矛盾，有效推动数字政府建设顺利进行。

一是架构是否统的矛盾。按照"标准同一、数据同源、技术同构、服务同标"原则，制定了4大类95项技术规范，统一规划搭建了全国一流的"五横五纵"和"四梁八柱"架构的支撑，确保全省数字政府建设步调一致，协同推进。

二是数据是否通的矛盾。全省制定了30项统一的接口标准，仅用一年时间就连通了56个厅局平台、打通了市地及县区级系统800余个、对接数据接口28624个，构建了"上联国家、下达村屯、横向到边、纵向到底"的一体化平台贯通体系。

三是集约是否够的矛盾。确立了省建市用、市建特色、急用先行、充分利旧、集约节约的建设原则，全省23个数字政府建设项目在同一数字底座上由省级统一建设，在一定程度上杜绝了数字政府建设的技术"垃圾桶"和项目"烂尾楼"。

四是应用是否好的矛盾。以应用为导向，集中打造了政务服务、基层减负和经济监测三大类500个应用场景。比如，开展了填表报数基层减负改革，以某一县区2000人参与填表报数计算，按一年维度统计可节约46.8万工时。

五是创新是否活的矛盾。在数字政府建设过程中创新融入人工智能，构建了智能构数、智能找数、智能搜数、智能对数、智能验数、智能写数等 6 个 "人工智能 +" 应用模型。以龙政智搜为例，实现后端数据建模整合、前端数据形象展现，为各级部门快速便捷用数提供了高效支撑，打造了具有龙江特色的智能化应用服务。

六是安全是否强的矛盾。建立全省政务领域网络安全态势感知平台，制发了 98 项安全规范，形成系统资源 "一本账"、安全防护 "一张图"，极大提升全省一体化安全监测能力。

（四）合

实现换道超车。仅用一年时间，就全面强化了云、网、数、端的全面建设，建成了万兆、千兆、百兆双平面，省、市地、县区、乡镇和街道连通的 "一张网"；对全省 23 朵云实行多云纳管，在全国率先实现 5G 接入政务服务网，形成真正的 "一朵云"；做实 "数跑龙江" 品牌，数据汇聚一年内快速超过 2000 亿，数据的量变呈现应用的质变，全省数据日均交换超 500 万次、单日最大调用量 1200 万次；开发了 GIS 地图、区块链、人工智能等 30 项共性应用，夯实了数字政府坚实的基础性、支撑性、保障性能力。

二、加减乘除

突出数字政府建设重点，通过加、减、乘、除 "四则运算"，加速推动、快速突破、迅速见效。

（一）加法：开展数据治理

围绕个人身份证明和企业营业执照两个信任源点，对个人和企业进行全生命周期汇聚数据；通过两个渠道，一是物理汇聚渠道：数据可用又可见、数据到我家；二是逻辑汇聚渠道：数据可用不可见、数据不搬家，有效加快了数据归集速度。数据治理总量由 2023 年初的 47 亿突破至现在的 2000 亿，为全省全面铺开场景应用建设奠定基础。

（二）减法：重塑服务事项

结合全省实际，制定了全国领先的省、市地、县区、乡镇和街道、社区和村屯"五级六十同"事项标准。围绕"五级六十同"事项标准，仅用4个月时间，就完成了对全省59万个政务服务事项进行流程再造，材料、环节、时限、跑动四项均减掉50%以上。

（三）乘法：叠加应用场景

深入推进"数据要素×"，打造500个应用模型，开发了孤寡老人行为电力监测数据应用模型，该模型主要设计思路是取老人一年用电的平均值为基准线，如果某一天老人用电量超过平均值的50%或低于平均值的50%系统就会预警，从而及时发现老人是否处于正常的生活状态。

（四）除法：推动矛盾化解

消除管理、服务的隐性矛盾和问题是数字政府建设的应有之义。依托信访和热线数据，建立了信访、热线联动模型，通过对数据深入挖掘，及时掌握热线与信访问题的交集，哪些问题是先热线、后信访，哪些问题是先信访、后热线，以便及时捕捉民生问题弱信息，防止变为民生问题强信息。

三、望闻问切

建设了全国领先的黑龙江省数字政府态势感知中心，通过望、闻、问、切"四诊疗法"，实现对全省数字政府建设应用情况进行全方位可视化态势感知研判。

（一）望：让态势显出来

省数字政府态势感知中心依托数说数据资源、数说政务服务、数说场景应用、数说政务热线等12个数字主板块和1000余个数据模型，透视全省数字政府整体运行趋势，并通过可视化大屏集中呈现出来。

（二）闻：使声音传出来

重点对政务服务热线群众诉求数据建模分析，抓住矛盾、解决问题。自主开发了全省基于有向生成树算法的社情民意模型，模型能够在海量的社情民意数据中快速找到诉求多发地区、诉求主要问题，据此建立诉求问题图谱，明确问题的强关联链，为精准解决问题提供便利。

（三）问：把堵点找出来

建设全省人口、交通、水域、林草、耕地、旅游、生态、项目等专题图层数据集成叠加的"一张图"，形成了对经济、服务、管理等方面的可视化的时空结合立体分析模式，通过多维度数据立体分析，实时分析研判、发现堵点问题、助力研究解决。

（四）切：将结果评出来

通过数据感知、分析、研判等方式对数字政府建设应用情况进行全方位数字化评估。建立窗口工作人员政务服务能力"一表考"，"一表考"围绕服务延伸度、办事成效度、群众评价度、窗口风纪度等多个维度，通过态势感知平台自动抓取窗口数据，服务好不好数据说了算。

（黑龙江省政务大数据中心推荐）

第二节　案例2/河南驻马店："掌上信息推送"助力税费红利直达快享

2023年以来，我国连续实施多项小微企业和个体工商户十分关注的税费优惠政策，涉及纳税人数量多、分布广。为进一步提高政策推送的"准度"，确保惠企政策直达快享，河南省驻马店市税务局依托"掌上信息推送"，精准推送"一企一策"清单，细分推送对象，紧扣需求导向，一方面，根据不同行业、规模、经营范围、开票信息等特征，依托税收大数据自动识别、匹配相应的政策内容；另一方面，在政策推送过程中，细分时间节点，通过事前温馨告知、事中动态提醒、事后及时跟进，做到全流程递进式差异化落实税费优惠政策。同时建立起"精准推送＋专题培训＋线上辅导＋远程响应"四位一体服务机制，对纳税人缴费人的咨询以及其他意见建议快速响应解决。

为进一步贯彻落实国家《关于进一步深化税收征管改革的意见》关于全面改进办税缴费方式的要求，落实各项税费优惠政策，实现从"人找政策"到"政策找人"的转变。驻马店市税务局依托地方政务服务平台"咱的驻马店"APP，探索建立纳税人掌上信息中心，通过优化掌上信息系统创新，助力税费优惠精准直达小微企业。

一、数据赋能，让精准推送覆盖更广

为更加精准高效地实现"政策找人"，全方位推进直达快享，驻马店市税务局依托税收大数据优势，坚持数据赋能，对各类优惠政策进行梳理，完善标签库，为信息推送全面覆盖提供数据基础。

"数据画像"，让推送内容更精准。税务部门利用大数据信息，根据纳税人不同行业、规模、经营范围、开票信息等特征，分析纳税人重点关注的税费优惠政策及享受情况，对企业进行智能化"数据画像"，对涉税政策进行梳理、归类，有针对性汇总形成"一企一策"清单，为纳税人"量身定制"税费优惠政策。

精准归类，让标签标识更完善。依托电子税务局、金三系统及时筛选符合优惠政策享受条件的纳税人缴费人名单，细化推送对象颗粒度，准确定位、精准归类，完善标签库，改变以往标签不精准的问题，为开展手机

政策推送提供数据基础。目前完成的标签类型有"A 级纳税人""一般纳税人""小规模纳税人""高精特新""先进制造业""涉税专业服务机构"等。

数据共享，让推送对象全覆盖。及时与退役军人事务局、人社局、乡村振兴局进行对接，不断深化协同共治，建立常态化深度数据共享机制，确保政策享受人群全覆盖，对符合条件的重点群体人员开展精准政策推送与辅导，推出多部门、多轮次统筹联动的宣传辅导措施，主动围绕热点问题开展针对性辅导，回应纳税人关切。

二、靶向提醒，让精准推送服务更全

驻马店市税务局从提升纳税人满意度获得感入手，健全完善各类涉税信息推送服务，开展税收优惠政策推送、涉税信息智能推送、掌上信用预警等，各类信息靶向提醒，提升纳税服务质效。

优惠政策全程推送。根据企业不同时段的差异化政策诉求，"事前、事中、事后"分时进行掌端提醒服务，开展全流程、递进式、差异化推送工作，实现政策信息智能匹配、精准提醒。截至目前，驻马店市税务局累计向 16 万户纳税人成功推送各类税费政策 71 万条，把"人找政策"变为"政策找人"，确保税收优惠政策应知尽知、直达快享，为支持市场主体发展添力赋能。

涉税信息清晰掌握。不断探索涉税信息的应用场景，将电子税务局通知信息对接到"掌上纳税人之家"，事前推送催报催缴、发票开具情况信息，事中推送涉税业务办理进度信息，事后推送行政处罚、办结结果反馈信息，实现业务流程透明化。截至目前，实时推送各类涉税业务提醒信息 1.55 万条，进一步构建起办税信息实时反馈的税费服务体系。

纳税信用掌上预警。成立核心服务团队，为全市各类重点税源企业量身打造掌端纳税信用动态提醒服务，帮助企业实时掌握纳税信用情况和失信风险点。税务部门通过深挖数据价值，精准扫描企业失信风险和管理薄弱环节，推动纳税信用管理从"事后评价、被动应对"向"实时监控、主动修复"转变，最大限度降低纳税信用风险给纳税人带来的损失，得到了广大纳税人欢迎，有效激发了市场活力，推动社会诚信持续向好。

三、精细服务，让精准推送效果更实

为发挥信息推送在税费服务中的系统作用，驻马店市税务局不断探索线上涉税信息的应用场景，用优质的服务，建立起"精准推送＋专题培训＋线上辅导＋远程响应"四位一体服务机制，深化细化精准推送工作的实践应用。

"智能咨询"，精准解答涉税问题。不断丰富完善掌端智能应答机器人"政策点单"知识库，实现100余个高频涉税热点问题自动应答，补齐了"掌上"咨询短板，一键直达最新税惠政策热点，实现纳税人咨询"全天候、零等候"。

"问办无忧"，打通精细服务"最后一公里"。联合大厅一线办税人员和科室业务骨干，在充分发挥网格化服务力量的基础上组建专业服务团队，纳税人缴费人只要轻点指尖即可直接联通"问办合一"座席，享受"一对一"定制服务、"点对点"在线辅导，实现远程面对面辅办，让纳税人"一趟也不用跑"就能完成业务流程。

"智慧导税"，让服务体验更加智能。驻马店市局深挖税务数据价值，让导税工作全面接入掌上信息服务，推广"掌上导税＋智能分流"的工作模式，让越来越多的纳税人缴费人体验到掌上智慧导税的便利。纳税人通过手机APP检索，快速确定所要办理的税费事项，系统一次性告知纳税人所需准备的资料、最优办理渠道、办理流程步骤等内容，由纳税

人自主选择手机办、网上办、自助办、微厅办、窗口办。纳税人直接预约窗口办理时间，并提供路线规划和导航。目前，"智慧导办"累计办理税费业务1.46万条，进一步节约了办税成本、提高了办税效率、优化了办税体验。

（国家税务总局驻马店市税务局推荐）

第三节 案例3/首信通联：构建营商环境监测和大数据分析平台 推动数字营商环境融合发展

一、背景概述

从2003年开始，世界银行在全球范围内开展营商环境评估工作，对各国吸引投资和经济社会发展产生了广泛而深远的影响，如何优化区域营商环境、创造良好的营商氛围也一直是我国各级政府部门积极探索、重点研究的工作事项。在营商环境改革发展如火如荼之际，首信通联（北京）数据技术有限公司（以下简称"首信通联"）积极探索营商环境领域信息化建设创新发展方向，与国内众多高校、科研院所建立合作和沟通机制，形成了一大批理论研究成果，率先提出"智慧化营商环境"理念。在此基础之上，首信通联借助多年积累的行业信息化建设经验，融合目前先进的机器学习及大模型等AI技术，推出了一套集信息归集、指标建模、考核督办、分析研判、数据应用等功能于一体的"智慧化"营商环境监测和大数据分析平台。

二、平台架构

平台由9库、9支撑、9应用的9立方体系构成，采用目前主流的"微服务"技术组建，全面兼容云原生方案，能够根据用户需求灵活搭配、独立部署，可以充分利用现有信息化资源，同时，深度适配各类国产化及"信创"软硬件环境。（图7-1）

图7-1　平台架构图

其中，9库（即数据资源层）广泛对接区域政务数据共享平台，与国家、省、市各行业信息系统进行互联互通，以"无感"技术汇聚营商环境业务数据，完成数据的归集、治理、应用和共享，实现数据资源的畅通流转，为平台提供实时的营商环境基础数据，激活平台智慧资源，进一步提高监测过程和结果的合理性、科学性。9支撑（即平台支撑层）通过整合驱动引擎组件，将分散、异构的数据和服务资源进行聚合，以"后台"方式静默提供数据调用、信息传递、业务协作、能力汲取、环境监管的高度智能化"中台"，是整个平台的中枢大脑，为顶层业务应用的高效集成、融合、接入和管理提供全面支撑；9应用（即业务应用层）包括一组紧扣用户工作场景的专项系统，各系统之间数据资源深度联动、功能模块紧密耦合，通过交叉赋能的运行策略，提供矩阵式服务，使平台输出效力大增。

三、重点内容

（一）模型构建系统

系统以"双模型"作为业务架构，以"双变量"作为计算架构，通过评价指标模型定义各区域及部门（单位）营商环境水平测算标准的评估体系，能够自由定义指标的层级、权重、分值，约束模型的作用范围；通过分析研判模型定义符合用户习惯的营商环境状况多样化总结报告，创新采用逆向模板生成技术，简化操作过程，降低维护难度。两个模型即可组合联动，实现数据继承，也可单独使用，简单灵活，满足用户多场景业务需求。

（二）问卷调研系统

问卷是营商环境考核评价及其他数据分析的核心数据，系统基于"问卷模板"形成问卷管理策略，支持填空题、单选题、多选题、排序题、优选题、简答题等多种事项类型，借助平台 APP 及小程序或用户已有其他互联网应用空间，可以向公众、企业、部门、单位等所有社会群体进行调研，具有同行评审能力。系统提供多种数据抽选策略，可对调研进行无限补充，具备数据导入功能，满足用户随机抽查、街头走访、人工回访等特定业务需求。问卷调研可独立先行发起，也可结合考核评价同步进行，用户可自由选择业务开展时机。

（三）评价研判系统

通过评价指标模型与分析研判模型的详细定义，以评价结果和研判报告多角度呈现营商环境综合情况，评价与研判支持存量数据模式、增量数据模式和混合数据模式，能够选择单次问卷调研也可批量选择一组问卷调研进行计算，可对已有调研进行无限次评价和研判，提供暗评功能，以权限和数据隔离，实现评价公平、客观。考核结果能一键生成督导任务，任务事项自动配置，办理进度实时跟踪。

（四）任务督导系统

系统以任务为载体，以督导为目标，将区域营商环境优化、建设的相关参与单位进行有机串联，支持工作落实任务、考评整改任务、对标整改任务、数据上报任务等多种督导类型，以简化操作为设计理念，任务全流程一图尽览，全生命周期数据可查、可比，一次督导可反复进行多轮次复核，直至问题彻底解决。业务数据网状联结，用户无须频繁跳转、切换，在单一功能内即可实现快速挖掘，工作思路不中断，工作效率得到有效提升。

（五）对标评比系统

基于平台自身的数据获取能力和辅助数据服务，使系统能够掌握海量标杆样板数据，结合平台数据编目功能，实现数据动态存储和使用，通过定义评比模板，将标杆数据项与评价指标模型进行关联，使系统能够支持多种不同的评比模式，评比数据实时留存，方便事后复查，并可随时下载导出。

（六）数据探索系统

集全量数据、汇全局能力、借全球策略、做全域探索，系统提供多视角、多类别的大数据分析功能，覆盖区域经济、行业经济、企业运营、营商改革等多个领域，以及世界银行营商环境评估方法论和结果、国家最新政策要求、国内外优秀实践等内容。综合利用各外部系统对接数据、企业调研数据、各单位填报数据、各区域上报数据、政府公开数据、互联网采集数据等，借助平台数据治理能力，对各类数据进行清洗、融合、挖掘、预测与趋势研判，提供营商环境指标监测分析、经济运行数据差异对比、优秀典型案例推荐、经济发展趋势研判等应用场景。

（七）营商智辅系统

系统采用科学的体系架构，以 AI 大模型为技术核心，辅以先进的全文检索技术，深度融合营商环境专业知识，以使用者便捷的应用为导向，兼具智能问答、知识发现、知识总结、知识补充、知识校正等功能，是营商环境优化工作业务人员的得力助手，也是相关人员培训和学习的有效工具，是一个"有温度、有逻辑、有思想"的、能够与用户进行深度互动的、可以解析和洞察用户复杂问题的智能业务机器人，为用户提供"全维度、全量级、全天候"的自助服务。

四、应用成效

目前，营商环境领域业态发展正在从"信息化""数字化"向"智慧化"快速迭代，相比于前两个阶段，智慧化营商环境的核心技术更加先进、数据信息联结大大增强、智慧化应用程度更深，为用户带来的价值跃迁效果更明显。平台应用后，预期将带来如下成效。

一是数据全归集全联通，数据价值充分挖掘。万物互联带来数据集约式、需求驱动式的场景应用。通过平台的应用，能够让数据高度协同，多口径数据实现"全归集、全打通、全共享"，成为智慧分析决策的重要依据。

二是智慧技术融合深化，场景应用更加丰富。平台建设以智慧化技术的应用为主线，具有技术与场景应用深度融合的特点。以人工智能、大数据、云计算、物联网等技术为核心，具备环境自适应、决策优化以及主动学习、联想和记忆的相关技术能力，随着平台的不断应用和营商环境大数据的不断积累，平台智慧化水平能够不断提升，平台与线下业务的融合能够更加深化，营商环境智慧化应用场景越来越丰富。

三是面向企业发展需求，政府服务高度精准。通过问卷调研可以有效发现企业发展的难点、痛点，驱动政府服务改革向高度精准优化方向演进，通过系统的专业技术处理和分析，能够更加科学有效地对市场主体不同层次的服务需求作出回应，为政府提供精准解决方案，辅助政府及时回应并圆满处理各种诉求，从而实现政府与市场主体的有效互动，促进营商环境的持续优化。

四是数据探索无限可能，助推政府智慧转型。政府聚焦数字化变革，注重政府治理理念和制度的创新，通过平台数据探索系统的应用，政府决策获得了动态数据的支撑，在确保决策的科学性、客观性、真实性的同时，跨领域、跨部门、跨区域协同能力也得到增强。多维度数据分析技术的普及应用，使政府业务流程优化能力得到极大提升，间接促使治理理念、治理结构、治理方式与治理能力实现质的飞跃，为市场主体营造便利、智能、透明的营商环境。

〔首信通联（北京）数据技术有限公司推荐〕

第四节　案例4/吉林松原：全面打造"易轻松"一体化平台

松原市是省内首个与吉林省数据共享平台对接实现互联互通的城市，目前已建成业务管理、电子文件编制、网上开标、电子评标和保证金管理5个系统，实现了各方交易主体在线注册、预约、开标、评标等全流程电子化操作，着力打造"公开、公平、公正、阳光、透明、高效"的交易平台。

一是通过"一网化"信息，实现数据"多跑路"。狠抓平台整合共享工作，目前已形成了纵向对省、对县区，横向对兄弟市、州、省外地区的远程评标能力。全面推行档案电子化管理，实现对公共资源交易数据的统一归档、打包、移交、查阅等功能，并同步建立了完备的管理制度。加快建设政府采购电子商城，推行无纸化、无门槛入驻模式，企业只需提交电子营业执照即可完成入驻，商品上架实现全流程线上办理。

二是通过"线上化"交易，实现企业"少跑腿"。重点建设"不见面开标大厅"，交易全流程线上进行，通过场景导航、视频交互等功能，减轻了企业必须到实体大厅开标而产生的时间、人力等成本；目前累计已有772个项目通过"不见面"方式开标，占总项目数的54%。加快提升远程评标能力，数字证书CA锁已实现跨平台、跨部门、跨区域免费办理，并已完成了远程异地评标和数字证书跨地区全省互认。对于必须在本地进场交易的项目，实行登记全部线上受理，企业在线上提交要件即可预约进场交易。

三是通过"多元化"服务，增强企业获得感。对于省、市重点项目，按照"能快则快"的原则，实行首问负责、一次性告知，开辟重点项目"绿色通道"，通过优先对接、优先审核、优先进场、优先预约专家等机制，确保重点项目缩短交易时长、加快落地投建。对于政府采购项目，在省内率先以银行保函，全面替代项目投标保证金，大幅减轻企业资金压力；目前累计有2200余个项目近7000家企业享受此政策，节约投标保证金近1.7亿元。对于"失信企业"，充分运用第四批全国"信用城"改革成果，建立"一对一"信用修复服务机制，帮助企业重回公共资源交易领域；已累计修复经营主体失信信息4581条，实现近千户经营主体有资格重新进入公共资源交易领域。同时，在"信易贷"平台推出"政采贷"服务，小微企业中标政府采购项目后，凭中标通知书、政府采购合同等要件，即可通过平台获得贷款支持。

四是通过"规范化"监管，确保交易零风险。统一发布交易信息，招标公告、招标文件、评标办法、中标结果等全部面向社会公开，建立并完善了涉及项目进场、项目开评标、质疑举报投诉、责任追究等具体工作制度，实现对各个环节的"阳光化"制度约束。充分利用全省专家库，有效解决了本地专家类别不全、资源不足、评标质量不高等问题；依据相关规定，对不定期存在违规行为的专家进行退库清理，确保在库专家公正可靠。搭建合同履约监管平台，整合公共资源交易平台和信用综合服务平台相关功能，归集招投标、政府采购过程中的合同签约、履约、违约信息，经标准化处置、分析后，在履行合同重要节点前发布提醒。

（吉林省松原市政务服务和数字化建设管理局推荐）

第五节　案例5/江西景德镇："赣通码+不动产"服务新模式　率先驶入"码上办"快车道

为深入贯彻落实《全国一体化政务服务平台开展政务服务码便民利企应用试点工作的通知》和《江西省政务服务码（赣通码）便民利企应用试点工作方案》，景德镇市政数局按照"统筹规划、标准统一、便利服务、安全可控"的工作原则，率先将"赣通码"升级为全市统一的政务服务码，先行在不动产领域推出"一码通办"服务，以统一身份认证体系为基础，以材料中心为数据底座，对接江西省电子证照库、不动产中心材料库等具有个人或企业身份标识的数据和服务，整合各类政务数据资源，首创不动产领域亮码免材料场景，让企业群众办事更加高效便捷。

一、主要做法

为做到场景快速赋能，功能快速上线，在省下发"赣通码"应用试点方案后，景德镇市先行通过测试码开始建设应用场景，再与"赣通码"开展正式对接。目前，景德镇市已率先完成与"赣通码"的应用对接，并实现全省首个以地市自建场景的方式（不动产领域亮码免材料场景）与"赣通码"进行结合。该对接方式为：省码平台负责统一的发码解码及码标准规范体系，地市码平台负责自行建设特色场景，待场景建设完成后应用在"赣通码"上。该对接方式确保码标准规范体系与亮码、解码为省码平台统一管理，同时地市可最大自由化地建设场景，该对接方式后续其他地市可复用。

亮码免材料场景依托于景德镇市材料中心为其提供数据调用，景德镇市材料中心已对接江西省电子证照库，可调用 180 多种证照，目前正在对接不动产业务库，满足绝大部分业务需求。

"赣通码＋不动产"服务应用场景，通过市民亮"赣通码"的方式，免于携带相关材料即可完成业务办理，实现了房屋交易、抵押、查询等业务的便捷办理。在不动产业务办理中，如二手房转移业务，以往需要买卖双方两人携带身份证、户口本、结婚证才能办理，现在仅需通过双方亮码的方式即可完成该业务办理。

在业务系统端，窗口工作人员从手动录入群众的基本信息，如姓名、身份证号、手机号，转变为通过群众亮"赣通码"，业务系统自动载入群众的基本信息，提高了窗口受理审批效率，有效规避了信息输入错误风险。

在手机端，办事群众只需通过手机亮码、手机扫码、人脸核验、提交材料 4 个环节即可完成办事。当办事群众亮"赣通码"后并在窗口完成扫码，手机端会弹出人脸核验界面，核验无误后弹出办理该业务所需要的材料清单，届时系统会自动将办理名下已有的电子材料与业务所需的材料清单进行一一匹配关联。待材料自动选择后，办事群众只需阅览并点击提交即可完成本次业务办理。

二、工作成效

景德镇市坚持普惠共享为原则，不断拓展"赣通码"在不动产、住建、公积金、文旅、线上取号等领域应用场景，推动"赣通码"与政务服务、公共服务深度融合，切实提升企业群众的幸福感和满意度。自"赣通码"服务推行以来，累计"赣通码"用码6227次，免提交材料3794份，压缩办理时限66.7%。景德镇市"一码通办"服务获得了办事群众的一致好评和上级部门的充分肯定，该做法作为典型案例在省政务服务资讯、省自然资源厅官网、省信息中心、赣通码等多个平台媒体得到广泛宣传。2023年12月27日，景德镇市"一码通办"服务获得2023年全省政务数据共享应用"最佳创新案例"奖项。

三、未来计划

未来，景德镇市将继续深化"一码通"，在应用范围上延伸拓展，提供无证件亮码取号、简易办事进度查询、材料自助打印等全方位服务，在应用深度上走深走实，不断拓展"一码通"应用场景，持续推动"赣通码"与政务服务、公共服务的深度融合，实现不同服务应用之间的数据共享和业务协同，达到"一码通行""一码通办""一码通用""一码统管"，推动全市政务服务向数字化、智能化、便利化迈进。

（江西省景德镇市政数局　江西省景德镇市自然资源规划局推荐）

第六节　案例6/甘肃白银："三数"赋能智慧交易持续优化营商环境

加快数字化发展、建设数字中国，是我国"十四五"发展规划的重要篇章。近年来，甘肃省白银市公共资源交易中心按照"市场化改革、数字化转型、标准化服务、规范化运行"的总目标，大力实施"数字、数治、数智"赋能工程，以交易全程电子化为基础、监管全程规范化为重点、服务全程标准化为核心，积极推进交易改革创新，不断优化营商环境，培育激发市场活力，促进公共资源交易配置效率和效益双提升，为全市经济高质量发展助力添彩。

一、强化数字赋能，实现交易业务"e网办"

积极推动"全省一张网"各类信息系统在各级交易平台的统建共用，着力完善公共资源交易数字化平台，建立"线上受理、网上流转、信息共享"机制，实现交易数据共享利用、交易信息全程公开、交易全流程电子化、平台覆盖范围不断拓展、交易项目见证服务等工作持续深化，不断提升市场主体对"一门进入、一网交易"的体验满意度。进场"网上办"。推行"不打烊"工作方式，线上全天候正常受理各类招标（采购）公告、公示发布业务。对省市重点项目、重大工程开辟"绿色通道"，提供"容缺受理"服务，对手续齐全、资料完备的项目，项目进场"即来即办"，中标公示"即评即发"，中标通知书"即提即点"，确保项目交易不拖一天。同时上线了电子合同在线签署、中标通知书在线签订、电子档案在线存储等多项惠企利企的系统优化功能，打通了全流程电子化"最后一公里"。2023 年共完成进场项目7343 宗，同比增长 23.95%，交易额 186.73 亿元，同比增长 9.26%，节资增收 1.95 亿元。开标"网上见"。始终把优化营商环境作为公共资源交易的"生命线工程"，运用"不见面开标"系统深入挖掘"人工智能 + 物联网 + 区块链"等前沿科技红利，将传统现场招投标转移到线上进行，市场主体依靠电脑在线登录"网上不见面开标大厅"，即可完成签到、在线解密等环节，让投标企业彻底摆脱了地域、时间的限制，投标人无须到开标现场也能参加开标会议，智能化交易服务平台可以保障交易活动及交易主体信息、行为可视可追溯，投标变得更加便捷、高效，真正实现了"投标不跑腿，交易不见面"，目前不见面开标率已达 100%，有效降低企业投资成本，在优化招投标领域营商环境的同时也提升了市场交易主体的满意度。评标"网上联"。常态化开展"远程异地评标"，依托互联网信息技术，打破物理时空屏障，利用电子招投标软件系统和远程异地评标系统，不同地点的评标专家通过远程电子评标系统，实现在线交流讨论，完成评标工作。建立市域内公共资源交易一体化协调调度机制，实现市域内远程异地评标场地"一体调度"、交易项目"一屏统览"、设备设施"一键启动"、专家资源"一键调配"、交易数据"一键归集"，有效提升了平台承载能力，市域内远程异地评标占比已达 39% 以上。不断强化区域合作，目前已与 7 个省份 16 个市州签署远程异地合作协议，实现不同区域、不同专业领域优质专家资源共享。2023 年共开展跨省远程异地评标 24场次，其中与河南宝丰、舞钢、方城及湖南益阳完成多标段、多省份、多平台成功合作案例 1 个，交易额近亿元；与西藏自治区公共资源交易平台省际联动 1 次，首次实现了与省级交易平台的合作，开辟了公共资源交易领域援藏新模式，促进了公共资源交易信息化发展，辐射推动招标投标领域营商环境创新发展。

二、实施数治见证，推动交易业务"安心办"

积极运用"互联网+"思维，不断探索交易见证新方式，更新数字化见证服务，持续优化开评标现场管理秩序，致力打造"规范高效、阳光透明"的开评标现场交易环境。优化数字见证模式。研发数字化见证系统，启用数字化见证室，将影像监控、拾音设施、智能门禁、在线寻呼等软硬件设施无缝对接，评标区域与数字见证室进行互联互通，实现了全程监控、实时记录、动态反馈的"一张网"布局，并通过电子档案系统对评标现场音频、视频及文字材料实时记录，全流程数字见证，确保交易记录来源可溯、去向可查、监督留痕、责任可究，确保交易行为动态留痕、流程可溯，全力保障交易过程规范有序、公开透明。强化电子监管效能。建设公共资源交易智慧监管平台，运用大数据、云计算等技术，自动分析比对有关交易数据，着力发现交易过程中 IP 地址、MAC 地址相同等异常情况。结合业务办理流程，在所有环节设立警示节点，对违规行为预警提醒，2023 年共处理网上自动预警 24 起，有效预防了违规行为发生。通过平台整合共享，开通与"信用中国（甘肃）"信用信息平台互联，按照统一规则、平等披露、集中发布的原则，实施公共资源交易信用信息记录、公布和应用管理，将信用信息及时推送至信用平台，实现公共资源招标投标信用信息一个系统管理、一个平台展示、一个出口推送，并积极推进跨部门、跨区域联合惩戒，根据市场主体信用情况，分类施策、有奖有惩，充分体现"一地受罚、处处受限"。创新分散卡位评标。建立分散卡位式评标系统，使同一项目评标专家分散在不同评标室独立席位在线评标，同一项目的评标专家彼此不见面、音视频沟通，打破了传统的"一标一室"集中评标模式，每个项目的评审专家随机抽取、插花安排，系统自动隐匿评标专家信息，有效规避评标专家"小圈子""熟面孔"，减少评审过程中人为因素的干预，评标过程同步打分、云端签章、全程留痕、全程可查，市场主体信任度明显提升。

三、延伸数智服务，助力交易业务"简易办"

持续加大公共资源交易服务改革力度，不断创新公共资源交易服务方式、扩大服务半径、优化服务生态，推出更多惠企利企、务实管用的改革举措，为各方交易主体提供"交易全周期"的服务保障。建立电子档案。为彻底解决传统纸质档案归档困难、数量繁多、检索效率低、保存成本高等难题，创新建立电子档案数字化集中管理系统，系统与公共资源交易业务系统无缝对接，交易完成后由系统自动生成、统一编号，自动分类、统一存放，自动整理、统一归档。支持系统用户模糊查询、在线查阅，达到了对档案信息全过程的高效管理。响应档案数字化转型要求。电子档案自动归档、全程留痕、云上存储，保证档案完整性，解放人力、财力，为政府监管提供数据支撑、为市场主体提供便捷服务。拓展金融服务。充分发挥公共资源交易中心银企资金需求信息汇集地的优势，搭建白银市公共资源交易金融服务平台。平台有效运用公共资源交易大数据统计分析功能和信用画像技术，将公共资源交易的信息及时共享给金融机构，为金融机构提供优质的企业客户，实现供需信息互通，银企对接"云上牵手"，通过平台加大"政采贷"支持力度，减轻市场主体资金压力。推行"小e帮办"。开发上线"小e帮办"服务平台，分类梳理交易项目各类服务事项，开启线上"帮办服务"和"不打烊"工作模式，第一时间解决市场主体交易过程中遇到的难题，切实提供"有疑就问、边办边问，有问必答、答必解惑"的线上全流程帮办服务，实现了项目交易"最多只跑一次腿"，甚至"一次都不跑"的工作目标。同时还在"小e帮办"系统中增加流程节点时限说明，开发短信提醒功能，提醒各环节责任人按法定最短时限加快办理，助力项目快速落地，切实提升市场主体满意度，开创了优化营商环境新局面。

（甘肃省白银市公共资源交易中心推荐）

第八章　流程再造　推进政务服务增值

第一节　案例7/鹤壁市淇滨区：AI智能技术助力构建政务服务回访新格局

一、改革背景

近年来，河南省鹤壁市淇滨区以优化营商环境为重心，持续推进"放管服"改革，政务服务效能显著增强，智能化、便利化水平明显提升。但聚焦企业和群众所思所盼，仍存在沟通反馈方式单一，办事堵点痛点破解难等问题，因此畅通企业和群众反映渠道，建立健全办事堵点发现解决机制势在必行。

为找准群众办事"堵点"、企业反映"痛点"、政务服务"难点"，鹤壁市淇滨区依托人工智能、大数据等先进技术，在全省县区范围内首创政务服务满意度AI智能语音"一号回访"系统，业务办结30分钟内触发智能电话、自动短信回访，纵向结合政务服务"好差评""有诉即办"反映窗口、人工随机电话回访等反馈渠道，横向覆盖政务服务事项、评价对象，畅通多维政务服务回访渠道，找准企业和群众办事过程中"症结"，真正实现以评促改、以评促优，企业群众满意度、认同感大幅提升，成功构建政务服务满意度回访"智能为主、人工为辅、纵向联通、横向覆盖"的新格局。

二、具体举措

（一）科技赋能，拓宽沟通渠道

着眼企业和群众政务服务诉求，以创新回访方式为突破点，着力破解之前回访效率低、人工成本高、反馈渠道单一等问题。一是诉求收集从少到全。"一号回访"系统以 AI 人工智能技术为依托，创新结合"智汇淇滨"叫号小程序，实现智能外呼回访、用户满意度自动分类、回访数据实时分析、及时反馈回访结果等功能。企业和群众在政务服务大厅业务办结 30 分钟内，自动触发电话、短信自动回访，回访内容实现政务服务事项、评价对象全覆盖，全量回访办件主体，收集企业和群众对办事效率、审批流程、服务态度、廉政情况等审批全环节的意见和建议。二是回访效率从慢到快。智能回访基于国内高校领先的语音识别、语音合成和自然语言理解等技术，企业、群众可使用自然语言直接与智能客服机器人进行对话交流，系统实时对满意度及业务办理进度进行回访调查，解决人工回访效率低、成本高等问题，实现高效全面的政务服务质量监督、考核和管理。三是办事体验从好到优。系统后台对录音文件进行结构化处理，通过文本分析、热词聚类等技术，精准识别差评件，以图形化展示回访调查情况，实现办件满意度全过程监管，搭建起政府部门与企业和群众的沟通桥梁，促进政务服务质量持续提升。

（二）制度赋能，形成回访闭环

将企业、群众办事满意度作为检验政务服务工作的"试金石"，在智能回访建章立制、深化监管上下功夫，充分发挥服务对象对政务服务工作的监督作用。一是政务回访有制度。建立健全差评和投诉问题调查核实、督促整改和反馈机制，收到差评和投诉后第一时间启动响应程序，按照"谁办理、谁负责"的原则分派给对应窗口单位，对整改过程进行全程监督。对诉求合理的问题立行立改，对情况复杂的问题做好解释说明，并限期整改。实现评价、核实、整改、反馈、监督全流程衔接，为政务服务满意度 AI 智能语音"一号回访"系统规范运行提供制度保障。二是规范运行抓落实。统筹专人跟进回访结果，将智能回访同政务服务"好差评""有诉即办"窗口等结合起来，及时梳理、收集意见建议，督促涉及的相关单位进行核实整改，加强跨部门、跨层级协同会商解决问题，保障企业和群众诉求反馈渠道畅通，确保差评件件有整改、有反馈，真正把政务服务满意度回访系统做活做实。三是履职尽责强监管。强化对智能回访系统流程、结果的监管，是影响智能回访成效的关键。全面落实回访信息安全责任，按照"谁管理、谁使用、谁负责"的原则，加强业务系统访问查询、共享信息使用的全过程安全管理，保障智能语音回访系统长效、平稳运行。将回访系统与政务服务运行监测平台相结合，公示公开实时回访数据，自觉接受企业和群众监督，杜绝服务懈怠、推诿扯皮等损害营商环境的问题出现。

（三）数据赋能，用好评价结果

建立办事堵点主动发现、高效解决机制，依托智能回访评价结果，结合线上线下不同渠道收集的企业群众反馈信息，将评价结果、整改情况纳入大厅考核体系，实现以回访促满意、以回访促提升。以精准把握企业和群众需求为导向，加强对评价数据的跟踪分析和综合挖掘，查找政务服务优化、效能提升的薄弱环节，及时归纳发现政务服务的堵点难点，推动破解问题关口前移，实现通过解决一个诉求带动破解一类问题、优化一类服务，把回访结果作为提升政务服务效能的突破口，让新政策、新方案更加符合实际、符合企业和群众所需所盼。

三、取得成效

鹤壁市淇滨区在全省首创政务服务满意度 AI 智能语音"一号回访"

系统，进一步听取群众意见、解决群众困难、接受群众监督，变"被动"为"主动"，由"坐等"到"上门"，架起了联系服务群众的"连心桥"。同时拓宽反馈渠道、拉近政群关系，实现政务服务满意度调查样本采集数量较人工回访数量提升近 10 倍，实时回访率、差评按期整改率、整改满意率均达到 100%，进一步推进政务服务运行标准化、服务供给规范化。截至目前，"一号回访"系统共实时回访 12.6 万余次，群众诉求受理率达到 100%，投诉率明显降低，企业和群众办事获得感、幸福感、体验感大幅提升。创新做法荣获全国信息化建设匠心服务管理创新奖，受到《中国日报》《中国经济导报》、环球网、学习强国、《河南日报》《大河报》等多家主流媒体转载宣传，登上河南省委研究室《调查研究》、河南省委全面深化改革委员会办公室《改革简报》进行宣传，并在河南省行政审批和信息管理局网站、河南省行政审批和政务信息工作简报第 33 期、第 35 期、第 45 期进行发表。

（河南省鹤壁市淇滨区政务服务局推荐）

第二节　案例8/数字赋能　打造服务企业全生命周期应用场景
——河北省威县创新企业服务110改革经验

案例

订单雪片般飞来，24 小时连轴转生产……位于河北省邢台市威县的河北智毅科技公司，靠个性化订制铝合金轮毂这手绝活，在激烈市场竞争中赢得一席之地。随着生产规模不断扩大、订单量大幅增加，厂房面积逼仄、功能分区不明确等短板问题越发明显，企业经营发展受到严重制约。威县企业服务中心通过"威企通"服务平台，受理企业诉求后，经多次实地考察、积极与企业沟通后，协助企业办理拿地建设、承诺制和审批验收等手续。目前，企业厂房由 5000m² 扩至 20000m²，产能由年产 2 万只定制轮毂扩至 10 万只。同时，依托"威企通"政策计算系统场景匹配，该企业符合河北省专精特新中小企业申报条件，2023 年 3 月企业成功申报河北省专精特新中小企业，2023 年 8 月获批专精特新中小企业贷款，为企业提供信用无抵押贷款 1000 万元。该企业帮扶案例不是个例，目前威县高新区 500 多家企业，均可享受温馨高效的数字化服务。

2021 年 12 月，邢台市威县依托全省唯一县级综合改革试点，创新设立全省首家县管单设实体企业服务中心，统筹全县涉企服务要素，开通"威企通"在线服务平台，实现 26 个部门涉企事务"一口办理"，做法被中国经济体制改革杂志社认定为"2022 年度地方改革案例"。改革以来，威县企业服务中心持续进行迭代升级，创新企业 110 服务模式，实现涉企事项"进一扇门、上一张网、办所有事"。

一、打造线上线下"两个平台"，强化数据归集应用，推进服务运行高效化

针对数据多端口，共享不充分、不及时，造成信息孤岛，影响企业办事便利度的问题，威县以整合思维，整合服务企业的渠道，以政府的"加法"，换取企业群众的"减法"，打破了以往各个渠道数据孤岛的局面，有效提高服务企业办事效率，创新"服务企业 110"模式，打造了线上线下"两个平台"。一是线下设立企业服务之家。开设 1000 平方米的企业服务大厅，打造企业服务"110"模式，依托 1 个企业服务中心设置 10 个二级子平台（招商接待、金融赋能、市场营销、要素保障、法律赋能、审批验收、政

策赋能、科技赋能、行政综合执法和营商环境评价），相关单位入驻大厅集中服务，提供"面对面"优质服务。二是线上开通服务平台。坚持以服务为核心，以需求为目标导向，充分考虑企业使用习惯，按照线上线下"孪生"理念，打造"威企通"服务平台，企业通过手机、网站等多种线上终端，实现企业诉求"一键直达"。特别是创新惠企政策计算器做法，整合8100余项惠企政策，通过大数据算法，将企业和政策信息进行智能匹配，做到"未呼先应"，变"企业找政策"为"政策找企业"，累计完成2900余次智能匹配、36000余次主动推送。

二、推出优化服务"三项举措"，依托数字化平台，推进企业服务便利化

为完善服务体系，优化服务流程，提高服务效率，树好"投资到威县、一切都好办"的营商品牌，依托"威企通"，威县推出优化企业服务的"三项举措"。一是深化企业投资项目"告知承诺制"。威县在全省率先开展企业投资项目承诺制改革的基础上，从前提承诺始点、明确开工条件、允许先建后补等进行持续优化，并在"威企通"平台上公示企业办理承诺制手续模板，企业只要符合有地、自愿签订承诺书、没有失信记录或已修复，即可实现"拿地即开工"。二是创新"一枚印章管验收"。在"威企通"平台开通网上申请渠道，实行多部门联合验收为高新区独立验收，将原7部门8个事项整合后交由高新区实施，独立出具验收意见书，同步办理工程竣工验收备案，验收时限由40余天缩短至2天。例如雨昕科技公司、世派轮胎公司等企业享受"一枚印章管验收"改革红利，顺利办结竣工验收和不动产（房屋）登记手续。三是实现"一支队伍管执法"。在高新区专设综合执法协调联络办公室，建立统一指挥、多跨协同、联合联动的执法体系，"威企通"平台开设行政综合执法中心，开展双随机检查，做到"首

违不罚、轻微不罚、非故意不罚"，实现"多部门分散执法"向"一次性全面体检"转变。

三、建立企业诉求"三项机制"，创新服务方式，推进企业服务规范化

为创新企业服务方式，提升企业服务实效，畅通企业诉求渠道，做好"有呼必应"，对企业诉求及时办理，全力解决企业发展的"难点""堵点""痛点"问题，让企业服务更有速度、更显准度、更具温度，对企业诉求办理机制进行优化升级，建立企业诉求"三项机制"。一是企业诉求限时办结。推行"137"限时办结机制，即："简易事项"当场即办，做到"事不过夜"，"复杂事项"由相关部门3个工作日内予以解决或提出解决方案，"重大事项"由企业服务中心提交分管县领导，7个工作日内予以解决或提出解决方案。企业服务中心按照问题类别建立清单，明确办理单位和办理要求，在"威企通"平台上流转至相关部门限时办结、高效反馈，打造全过程网上流转、网上留痕的闭环管理模式。二是企业诉求登记销号。将企业诉求统一录入"威企通"平台，全过程评价，办结一件、销号一件、评价一件。对响应诉求不及时、办事敷衍、推诿扯皮等，严肃追究责任。三是部门之间协同联动。建立以县党政主要领导为组长的服务企业联席会议制度，各部门协同联动，为企业提供专业化、定制化服务，满足企业多元化需求。

四、制定促企发展"四项保障"，优化企业服务供给，推进服务标准化

为释放经营主体活力，增加企业服务供给，为企业发展提供全方位的服务支撑，提升经营主体对企业服务的满意度和获得感，确保各项惠企政策落地见效，威县制定促进企业发展的"四项保障"。一是实行企业全生命周期精准服务。建立由分包县领导、分包单位和助企服务员组成的助企服务队伍，全程跟踪服务企业。通过定期开展科技创新、金融对接、税收服务等领域助企成长专项行动，破解企业共性问题；通过对企业个性问题开展"一对一"诊断，为企业量身定制个性化成长计划。在"威企通"平台上设立企业（项目）分包管理和企业走访记录板块，全过程跟踪企业精准化服务。二是创新跨部门行政综合执法。对高新区区域内的企业行政执法事项实行跨部门行政执法综合监管，执法检查人员进入高新区开展执法工作，需提前半天通知高新区进行备案，且入企需由高新区工作人员陪同并出具高新区管委会《入企检查通知单》，同时在"威企通"上开设执法情况管理板块。三是创新"企业宁静日"管理举措。明确每月1日至10日、15日至25日为"企业宁静日"，对规模以上工业企业原则上不得开展各类现场执法检查活动，同步由纪委监委部门对落实情况进行监督。四是建设"五能队伍"打造便利服务体系。统筹高新区、县企业服务中心和16个乡镇，在3个市级园区开设企业服务分中心，在乡镇政务大厅开设企业服务专区，打造了一支由42人组成的、能讲清企业需求、能梳理政策清单、能提供代办服务、能协调解决问题、能提出意见建议的"五能"复合型服务队伍。

威县以数字化、信息化应用为支撑，坚持市场经营主体需求导向、问题导向，打造"威企通"全流程服务平台，全面推动服务提效增能，打通部门间信息壁垒，有力解决了市场经营主体在发展过程中的难点、堵点问题，有力推动了地方营商环境提质增效。2021—2023年连续三年，威县在河北省营商环境评价中名列A类最高档次。威县通过打造企业专属的全生命周期服务场景，建立企业诉求全过程网上流转、办结的闭环解决机制，大大提升区域资源要素透明度，为标准化、智能化、数字化在企业服务中的运用打造了样板，做法得到河北省委、省政府主要领导肯定批示，并在河北省全省进行了复制推广，《中国改革报》、新华社、《河北日报》等专题报道。

（中共威县县委全面深化改革委员会办公室推荐）

第三节　案例9/陕西榆林：运用大数据手段助推营商环境持续优化

一、背景介绍

基于数字化转型的大背景，陕西省榆林市在"互联网＋政务服务""诚信榆林"建设、数字化营商环境建设等领域不断加强信息化建设应用。为不断提升以评促改、以评促优的效能和客观性，建设了覆盖市县两级的"营商环境监测信息平台"，综合运用信息化、大数据等手段开展营商环境大数据建设改革创新，通过部门业务数据的归集，企业投诉举报信息分析，企业满意度调查等，动态监测本区域优化营商环境的实际成效，实现优化营商环境工作全流程的常态化数据采集、常态化监督管理、常态化监测考核，为打通企业群众办事的难点、堵点、痛点提供决策依据，为更好完善对市场主体的全方位服务提供数据支撑。

二、主要做法

（一）"数字营商"提升企业感知

通过"营商环境监测信息平台"实现营商环境监测、工作任务调度、投诉举报处理、惠企政策发布、企业问卷调查、先进地区对标等六大基础功能，聚焦城市投资吸引力、城市监管与服务、企业全生命周期三个维度，运用数据颗粒化管理及多元化数据采集技术，全方位推进营商环境数字化建设。一是指标实时在线监测，支持多套指标设计及扩展，全方位收集营商环境评价各项指标数据，对标世界银行、国家营商环境评价指标体系以及相关前沿数据，进行营商环境指数自动化测算和可视化分析，动态监测区域营商环境总体概况。二是满意度实时监控，常态化开展营商环境满意度调查，灵活进行企业调查问卷的设计与发布，实时关注市场主体获得感。探索实行"信用激励"制度，对积极参与调研的企业进行一定的"信用榆林"加分，提高企业参与积极性。三是评价结果可视化，基于可视化分析功能，实现大屏直观的自动展示，以市县两个不同维度的视角，可完成多维度、全方位的数据展示，直观体现营商环境实时现状。四是企业问题接诉即办，企业营商环境诉求可通过平台实时提交，并配套建立营商环境投诉举报处理办法，积极搭建政企沟通的"绿色通道"，推动企业享受"接诉即办"的高效服务，不断提升企业感知，推动营商环境持续向好。

（二）"互联网+政务"应用提速增效

聚焦审批难、审批慢的问题，全面打造"榆快办"政务服务品牌，推行"一件事一次办"和信易批、承诺办理等新模式，政务服务"五减"（减材料、减时限、减环节、减人员、减跑动次数）平均超过50%。全市统一的数据资源池正在汇聚，完成市级40个部门共计约2400条政务信息资源编目、接入工作。政务服务平台通过市政府门户网站、政务服务网（榆林）、微信公众号及"榆快办"政务APP同步提供网上办事服务，实现政务服务"全网通行"。着力打造榆林政务服务旗舰店，实现与黄河流域五省十市及扬州、长治等十六地"跨省通办"，300项事项实现"全省通办"，不动产、公积金等28项高频事项实现"全市通办"，372项纳税服务事项实现"全程网办"。不断推进"互联网+"创新服务，全省首家实现"不动产登记+税务"数据全面互通，首家试点开展政税数据互通，建成经济税源大数据应用平台，"靖快办""绥时办""米直办""佳快办"等县域特色政务服务品牌正加快创建。

（三）"信易+"应用提标扩面

全面建立以"信用榆林"APP 为平台、以"桃花分"为核心的守信激励服务体系，上线"信易行""信易停""信用阅""信易影"等30余款"信易 +"高频应用，惠及 30 万群众，"1 分钱坐公交""信用停车"等深受市民好评。在财政奖补、行政审批、提拔任用、公共资源交易等领域，全面建立"逢办必查"的信用信息核查机制，在线政务服务全面应用"联合奖惩"系统。对"屡禁不止、屡罚不改"等严重失信主体开展提示约谈、警示约谈、行政性惩戒、行业性惩戒、市场性惩戒等多类型惩戒措施。建成"信用承诺一网通办"业务系统，信用信息归集突破 3.6 亿条、服务企业 1.6 万户，"守信激励、失信惩戒"的社会信用环境正加快形成。

三、取得成效

榆林市依托"营商环境平台"开展营商环境现状监测、重点任务调度、企业满意度调查、投诉举报处理等事项，并建立了定期通报制度，每季度在市政府常务会议通报市县两级营商环境评价结果及满意度调查结果，持续激发和营造全市优化营商环境追赶超越的良好氛围。下一步，榆林市将通过"营商环境平台"加强对营商服务相关政务服务全过程数据的监控及分析，进一步推动营商环境平台与政务服务、信用信息等方面的数据互联互通，推动"数字营商"建设不断深入。

[中科营商大数据科技（北京）有限公司推荐]

第四节　案例10/安徽肥西："三个一"赋能营商环境数字化

为进一步深化"放管服"改革、优化营商环境，安徽省合肥市肥西县深入推进行政审批改革，以工业互联网思维改造行政审批流程，充分利用数字化手段赋能政务服务、企业发展，实现审批事项"事前、事中、事后"全流程监管，以"三个一"重塑工作流程，为企业提供极优服务、极简审批、极大保障，让项目快审批、早投产。

一、具体做法

（一）一键预约，"外卖式"接单

在"智慧肥西"平台设置"勘察验收预约"模块，企业线上提交要办理的现场勘察事项，审批单位主动对接预约企业，并安排人员上门进行勘察，系统实现从预约、接收、到访、处理、评价全流程记录，强化了对审批单位办理过程的监督。实施工程建设审批管理系统与"智慧肥西"平台并轨运行，平台联动、数据联通实现事项办理从取号到办结全程可视、可追溯、可调度，发挥"政务小闹钟"提醒作用，破解大数据统计分析事项等待耗时、办件耗时等困局，监督部门办事效率，实现了企业事项办理零跑腿、零等待、零障碍。

（二）一窗受理，"保姆式"服务

政务服务中心设立"重大项目全程领办代办窗口"，组建领代办员队伍，为招商引资落户重大项目和本土增资扩产企业提供从开办到投产全流程领办代办服务。通过线上线下两个渠道为企业提供领代办服务，企业可以通过"智慧肥西"线上预约，也可以在县政务服务中心领代办窗口线下对接。设立"为企综窗""为民综窗""分领域综窗""办不成事窗口"等，减少企业群众因信息差导致的多窗口往返跑现象，形成了以"综合窗口"为先导的全流程闭环审批机制。同时，在肥西经济开发区建设政务分中心，复制县级服务模式，推进 54 项涉企高频审批事项进驻，为企业提供更便捷的就近"一站式"服务。

（三）一码追溯，"网购式"评价

让办事企业群众成为"买家"，让窗口服务人员化身"店小二"，"买家"对"店小二"的办事服务拥有真实评价权，满意与否均通过线上用户评价系统反馈。企业群众通过"智慧肥西"微信小程序扫码取号，生成"订单"，事项办理进度实时更新，事后能对订单进行评价。从"等意见"到"找意见"，监管部门对评价信息进行定期统计分析，建立常态化回访机制，督促部门针对评价反馈的问题及意见，逐一核实、及时改进，并进行二次回访，确保企业建议件件有回音、事事有着落。

二、实施成效

（一）做足"加法"，服务范围更广

扩建肥西县政务服务中心，人社分中心、公安（出入境管理）分中心整体进驻，做到服务窗口"应进尽进"，推进事项办理线下转线上，只进"一扇门"。不断深化综合窗口改革，对进驻县政务服务中心的政务服务事项全面梳理，设立"为企""为民""分领域"（公安、市监、税务、人社、民政、医保）三大类综合窗口合计 86 个，进驻事项 1474 个，有效解决原来各窗口冷热不均，企业群众跑多窗口等问题。

（二）做实"减法"，服务流程更优

通过综合窗口源头把控和信息化系统闭环管理，对自规局、住建局、发改委、生态环境分局、城管局等部门28个存在特殊流程的行政审批事项进行精简，进一步推进容缺办理及告知承诺制施行范围，落实审批事项从企业发起申请到审批办结的全流程优化。工业类项目审批用章从26枚精减至9枚，用章次数从39次精减至26次，审批环节从62个精减至30个。工业建设项目审批平均耗时由2.2个工作日降至1.5个工作日。2023年，已高效完成审批事项2757件。

（三）做亮"乘法"，服务体验更佳

推行"智慧肥西"扫码取号以来，2023年扫码取号10万次，主动好评4.5万次，好评率99.92%，收到群众留言760余条，具体意见建议30余条，及时改进工作并回应服务对象。通过提前介入、实地走访及全程领代办做优项目服务，专职领代办员包联重点项目97个，提供领代办服务687件，其中展翔电子商务产业园项目、悠跑科技商用车总部项目、招商车研华东研发检测基地项目开展领代办服务分别为31次、27次、26次，真正实现企业"零跑路"、做到全流程"保姆式"服务。勘察验收预约上线以来，2023年，已有301个勘察项目进行预约，企业主动评价214次，均为五星好评。

（四）做好"除法"，服务监管更严

出台《肥西县"为企综窗"工作人员考核（暂行）办法》《肥西县政务服务中心工作人员管理考核办法（试行）》等制度，与人员绩效考核挂钩，实行末位淘汰制；首批21名综窗工作人员通过培训、考试获得行政办事员职业技术水平证书；推行营商环境体验官工作制度，组织37名营商环境体验官团队，从企业和群众视角体验监督政务服务工作，多次深入县、乡、村三级政务服务场所，开展明察暗访，对发现的问题及时整改，提升团队服务质效，去除事项办理隐性障碍，推动形成政企社良性互动格局。

三、经验概括

（一）数据支撑，为服务赋智

信息化手段赋能政务服务、企业发展，实现审批事项"事前、事中、事后"全流程监管。平台联动、数据联通实现从取号到办结全程可视、可追溯、可调度。大数据分析实现服务精细化、智能化。

（二）信息集成，为管理赋能

线上线下结合，广纳谏言。从"等意见"到"找意见"，结合收集的评价反馈，主动向内"找茬"，针对政务服务部门内部工作流程、环节等存在的不足，持续优化提升政府内部管理动力。

（三）智慧助力，为企业赋值

利用数据资源，打造应用场景。持续优化业务流程，打通数据壁垒，将"主动服务"理念植入服务场景，让企业群众能够简便、轻松地办理事项。职能部门通过分析群众需求，打造自助服务专区，利用智能机器人和多功能填单机实现涉企业务智慧办理。

四、启示借鉴

（一）数字创新，推进政务服务智慧化

发挥数字技术驱动政务服务创新优势，推进数字政务服务的多场景、多领域、多样化应用，提高政务服务标准化、智能化、精细化水平。打通政务服务系统、部门审批系统、数据分析监管系统等融合应用，实现电脑端、移动端、窗口端、自助端政务服务四端协同，推动政务服务更加智慧智能。

（二）资源下沉，推进政务服务便利化

完善"一码登记、一窗受理、一网通办"工作机制，通过数据共享和

流程优化，以综合受理系统为依托，加快推进全县政务服务同源改造工作。以"窗口前移"的方式，将自助设备、优质服务等向基层延伸，下沉高频政务服务事项，让数据多跑路，群众少跑腿，实现申报数据、审批业务高效协同，线上线下服务深度融合无缝衔接。打造政府服务 7×24 小时不打烊，实现"就近办""就地办""掌上办"，让企业群众足不出户好办事、办好事。

（三）监督问效，推进政务服务规范化

建立健全事项办理与跟踪问效机制，促进服务更加规范化。一是实行首问负责制。建立严格的接待、登记、督办、反馈流程，落实谁接待、谁负责协调处理，并一包到底。二是实行限时办结制。全面推行"一次性告知""一次性办结"，让企业群众办理事项在最短时间得到最有效处理。三是实行服务评价制。窗口单位向社会公开服务承诺，并接受社会各界监督，结合评价反馈与业务考核，实行服务人员末位淘汰，确保政务服务优质高效。

（安徽省合肥市肥西县人民政府办公室推荐）

第五节　案例11/浙江丽水："一底座、两门户、三能力"数字化+营商服务新模式探索实践

一、实施背景

在《国务院办公厅关于进一步优化营商环境更好服务市场主体的实施意见》等文件有效指引下，高效办成一件事、增值化改革持续走深走实。在新阶段，公共能源服务仍面临诸多挑战：服务渠道未统一，线下线上渠

道整合不到位，水电气等公共服务事项未满足群众集成服务需要，用户诉求多入口流转到各单位，获得电力指标待优化。服务能力待提升，被动接收诉求，缺少对潜在需求的主动预判，深度服务响应能力不足。技术基础需强化。跨单位数据贯通程度低，云边计算能力和支撑平台欠缺，无法满足高实时、跨领域、预测性的服务需求。

浙江丽水电力深入贯彻"供好电、服好务、用好能、守好规"要求，开展公共服务统一平台底座，统一服务门户和全链条"预测、感知、响应"能力提升，切实提升营商服务水平。

二、核心内涵

丽水电力坚持"以客户为中心"理念，以能源服务"预测、感知、响应"能力提升为目标，开展了"一底座、两门户、三能力"数字化＋营商服务新模式探索实践，率先启用首个地市级电力营商环境服务中心，使传统营商服务转型为多元化、前瞻性、主动式服务，为客户提供更大价值。（图8-1）

三、主要做法

（一）建设多要素融合智慧能源互联平台"一底座"

建成新型电力系统多要素平台，对大规模、多类型的业务、服务、客户数据进行聚合分析，实现各渠道业务融通、数据融合，为跨系统内外不同能源主体提供开放共享、柔性互动、扩展性强的服务载体。

1. 融汇档案数据

立足全业务服务需求，贯通电网数据中台、政务2.0平台，围绕供电服务与车联网、金融、能源供应等，挖掘自然人属性、位置、行业、用电行为等数据，分析企业上下游、投资、同业、同址关系等信息，生成客户

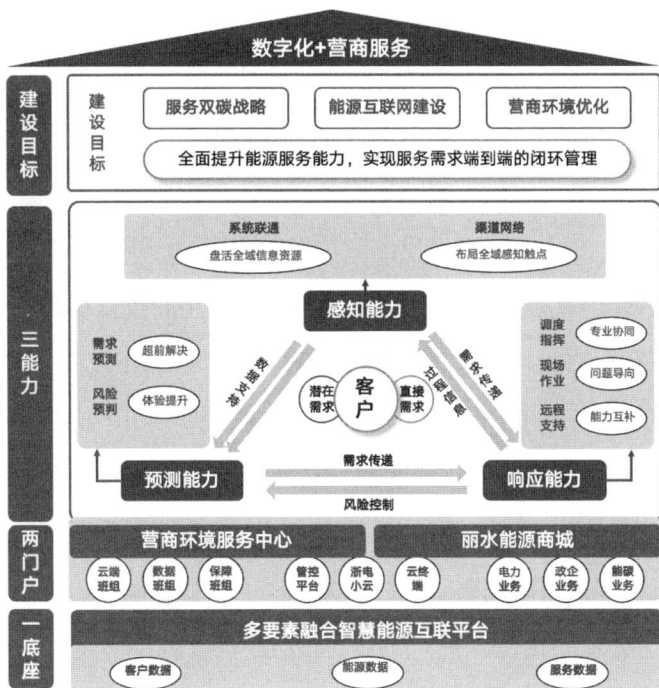

图8-1　"一底座、两门户、三能力"数字化+营商服务新模式

标签与客户画像。

2. 融汇能源数据

推动高频采集全域覆盖，实现高低压电量以15min/次频率入库。发挥能源大数据中心数据汇集优势，联动政府公共数据服务平台，聚合经济、税务、环保等8大项25类数据，并以集采为主，直采为辅，接入电、煤、油、气、水及其他能源数据2000万条，覆盖全市9个区县1726家重点企业及公共机构，为分层分类开展能效提升提供基础。

3. 融汇服务数据

对内贯通电力营销2.0、用采2.0、新型电力负荷管理和调度自动化等系统业务数据，获取95598、12398、属地话务等全渠道工单，分析致电频次、用户类别及区域分布等信息，形成服务热力图，为主动服务提供支撑。

（二）构建营商环境服务线上线下"两门户"

1.迭代优化线下门户，实现服务品质转型升维

围绕客户便捷化、多元化、一体化的服务需求，构建首家地市级电力营商环境服务中心，新设营销数字服务班、云服务班、需求保障班。一是延伸服务网络。线上推广"浙里办""网上国网"，推进服务线上化。线下将服务资源由供电所向乡镇、社区、便民服务中心等基层服务站延伸，渗透至农商行、物业大楼、汽车4S店等办事中心。基于政务2.0平台全省首创"政电银"一体化服务，推动"车贷＋报装"等19项联办业务布点至农商行1918个服务窗口，将乡镇、行政村电力服务"就近办"覆盖人群占比从66.97%扩大至100%。二是设立云服务班。创新云服务和协同管控机制，承担客户诉求调研、统一汇集、深度洞察等职责，实现客户诉求收集、分析、处理一站式服务。三是扩展服务内容。在中心设置"水电气网"联办专窗，应用全国版"浙里办自助终端"实现公共服务业务"一件事一次办"；线上建设"浙里办""水电气网"线上专区，贯通政府服务2.0、投资在线审批3.0系统，为客户提供政电"一次办""跨省办""全球办"服务。（图8-2）

图8-2　营商环境服务中心组织机构设置

2. 融合推出线上门户，实现增值服务全面跃升

丽水能源商城以企业的"源动力"之家为定位，依托多要素平台的数据底座，汇聚客户侧信息流、能量流、业务流、资金流和生态流等，为发电企业、用能企业、政府等各类能源主体提供绿电交易、能效诊断等增值化服务。商城已上架能源建设、增值服务、能效提升、电网互动四大类 12 项产品。

（三）强化预测、感知、响应"三能力"

1. 强化预测能力，实现全链分析一步到位

依托一平台、两门户，针对用电需求、综合能源服务、充电需求热点、服务潜在风险等激活洞察力。一是超前预判用能需求。贯通投资项目在线审批监管等平台，实时获取土地出让、企业登记信息，超前开展电网规划、项目储备，保障落地项目开工前具备快速接电条件。二是挖掘优化用能潜力。结合业扩报装、现场勘察定制光伏潜力标签等，挖掘潜在用能优化需求，定制个性化综合能源解决方案，为客户提供最优分布式光伏、储能投资建设方案。

2. 强化感知能力，实现全域信息一网贯通

强化数据采集、汇聚能力，感知客户服务需求。一是贯通线上平台。打通政企数据共享和应用渠道，依托"浙里办"建设"水电气网"线上专区，一站式满足水电气网联合报装，提供政电"一次办""跨省办""一证办""全球办"服务。二是升级线下设备。率先应用国网首款集"免登录""刷脸办""零证办"为一体的轻型云终端，服务触角延伸至 95 个"村网""社网"。深化"智慧云柜"等数字化工具，实现票据线上预约、即拿即走。依托"i 国网"自主开发"掌上营业厅"，实现 26 项高频低效业务快速办理，临厅业务量下降 45%，临厅业务办理时长降低 50% 以上。

3. 强化响应能力，实现全盘服务一体协同

打破管理孤岛，扩展基层服务单元单体响应力和部门系统能力。一是加强数智管控。针对专业联动弱、管理链条长等问题，围绕"专业融合、流程高效、服务优质"的目标，通过系统贯通，实现全链路的指挥管理与一体调度，实现服务效率优质提升。二是创新能源服务平台。深化绿色国网APP、丽水能源商城应用，为用户建立以电能为核心的专属能源资产管理账户，提供用能状态分析、过程监督等服务，集合33大类综合能源服务解决方案，汇聚全国1300家能碳服务商，畅通"电网 – 能源服务商 – 客户"三方通道，为客户提供便捷高效的绿电交易、用能权交易等服务。

四、实施成效

1. 服务模式实现"被动响应"到"主动预判"转变

实现项目需求超前获取，提前对接全市重点工程共63个，保障企业用电需求。实现电力外线工程费用分担机制实施细则县县全覆盖，累计为232个项目节约外线建设成本约2.04亿元，实现项目100%落地。为全市9个区县1726家企业开展用能特征分析并出具能效方案。2023年，丽水公司意见工单同比下降42%，核心意见工单和投诉零发生，荣获"庆亚运、比赶超、零投诉"竞赛第二名。推动"电靓和美乡村"行动纳入丽水市助力乡村振兴专项行动，公司荣获全市实施乡村振兴战略优秀单位，客户"满意度"显著优化。

2. 服务感知实现"局域零散"到"全域汇集"转变

拓展感知渠道，实现能源商城入驻用户1100余家，云终端部署覆盖行政审批中心、村网、社网共建网点62个（其中4个荣获国网公司2023年度电力便民服务示范点），在各级乡镇村建立村级便民服务点31个。依托"政电银"模式有效减少了营业网点场所、人工、设备、运维等成本，

仅人工成本预计就可节约超 1500 万元。主导促成市政府出台市政工程联合审批和业务"多办合一"机制，设立 11 个"水电气网"线下联办专窗和"浙里办"线上专区，率先建成浙闽业务"跨省通办"等五个国网公共服务场景，推动客户办电时长平均压降 40% 以上，办电"获得感"更加普惠。

3. 服务响应实现"传统单一"到"优质多元"转变

推动"供电 + 综合能源"融合营商服务，完成 45 家企业能效提升，节约电量 7200 万千瓦时；创新"光储售维"新型能效服务模式，落地中医药大健康等行业级节能项目群 60 个，年节约企业电费 7680 万元；全年累计聚合 113 家光伏企业参与绿电交易，助力增收 103 万元。公共机构能效监测课题获评国家机关事务管理局年度"全国十佳"优秀课题，助力丽水入选第一批全国公共机构用能预算化管理试点城市，用电"幸福感"有效提升。

（国网浙江省电力有限公司丽水供电公司推荐）

第六节　案例12/广西崇左：深化政务热线创新改革　助力优化营商环境

近年来，广西崇左市认真贯彻国家和自治区有关部署，通过整合优化热线资源、创新服务模式、完善处办机制等措施，全力推进政务热线高质量发展，推动崇左市营商环境持续优化，市 12345 政府服务热线管理中心也连续两年获评全国"服务群众优秀单位"。

一、主要做法

（一）首创"一号快办"，实现24小时服务

2023年，广西壮族自治区党委办公厅自治区人民政府办公厅印发的《广西提质增效优化营商环境若干措施》中把崇左市列为"一号快办"试点城市。8月1日，崇左市充分运用12345热线话务资源和政务大厅的帮办、代办、无差别受理资源，在全区率先推出"一号快办"服务新模式。通过"一号快办"系统管理平台，让热线与政务大厅无缝连接，把政务大厅搬到电话里，把服务前台移到手机旁。依托系统平台，梳理"一号快办"受理清单，制定"一号快办"办理流程，实现热线与大厅办理事项精准流转。部分"一号快办"事项从受理、认证到办结可实现10分钟内完成，让企业、群众"一个电话办完事"。截至目前，共有267个事项可以通过"一号快办"模式办理。

（二）设置营商环境专席，助企纾困解难题

市12345热线不断提升服务水平，为崇左市优化营商环境提供有力支撑。一是设置营商专席。崇左市12345热线已完成设置IVR语音导航优化营商环境企业服务"1号键"，建立畅通有效的政企沟通渠道。二是完善知识内容。加强政务服务便民热线知识库日常管理和维护，更新完善知识库涉企事项相关知识，内容涵盖项目审批、企业开办、政策解答、招商引资等热点信息，为专席解答企业疑难打好政策基础，推动企业咨询诉求"一次性答复"。三是梳理热点场景。热线中心话务管理团队整理汇集涉企问题热点场景、解答口径、办事指南和流程等内容，为工作人员精准解答提供有效支撑，在提高热线接听效率的同时，努力提升服务水平。四是加强业务培训。坚持每月开展话务员涉商涉企业务培训，及时规范和统一标准的解答口径。并通过邀请有关职能部门业务骨干现场授课和线上指导，进

一步强化话务员专业性业务知识。目前，营商专席共受理涉及营商环境类问题3362件，办结3313件，办结率为98.54%。

（三）强化督办协调机制，提高热线办理质效

一是对承办单位敷衍塞责、办理质量差、超期未办等问题发整改函进行日常督办。对多次办理结果不满意和多次办理不规范等突出问题，崇左市大数据发展局联合市督查考评局向承办单位发出整改通知书督办共4次，并对处理情况进行通报。二是崇左市12345热线不定期向市纪检机关推送群众多次反映，久拖不办的相关诉求，由纪检机关跟进相关诉求的办理情况，进一步提高了疑难问题的解决效率。三是充分发挥全市绩效考评指挥棒作用。在每年部门的职责职能绩效考核指标中增加12345热线工作的分值权重，成为全区唯一一个对热线办理工作指标不赋具体分值，按实际办理情况进行加减分的城市，充分调动和提高部门单位办理市民诉求的自觉性、主动性。

（四）首创占线回访机制，话务接听全覆盖

为更快、更好地服务群众，确保企业群众诉求全量受理，提升热线服务质效，从2022年起，崇左市12345热线在全区创新推出电话占线回访机制。每天话务座席从12345热线系统后台调出因占线未接通的市民来电号码进行一一回拨，真正做到热线接听全覆盖。截至目前，已成功回访2968通。

（五）拓展服务领域，实现热线跨市联动

为进一步拓宽12345热线受理范围，深化热线公共服务水平，崇左市联合南宁市、玉林市、百色市、桂林市12345热线推出12345热线跨市联动服务，采用"话务转接＋工单流转"两种方式，将不属于本市辖区范围的诉求转至相应联动城市12345热线办理，拓宽区域内、城市间热线服务渠道。崇左市转接至四联动城市的诉求工单共7501件，四联动城市转接至崇左市的诉求工单共2441件，有力推动实现"打一个电话办

件事"的工作目标，提升群众服务体验感。

二、主要成效

（一）热线效率显著提高

通过各项创新改革，促进了市 12345 热线科学管理规范运转，大幅提高了工作效率和服务水平，群众诉求得到快速、高效解决，实现了"事事有回音、件件有答复"。办理群众需求时限大幅压缩，办结率从开通之初的 87.07% 提高到现在的 99.26%，直接回复率从最初 76.56% 提高到现在的 90% 以上，12345 热线在理顺群众情绪、化解矛盾，促进社会稳定等方面发挥着更加突出的作用。

（二）服务意识持续加强

12345 热线制定从诉求受理、办理反馈、监督考评等制度体系，建立市、县、乡三级 635 个部门联络员队伍，形成了全市"1+7+N"的热线服务体系，进一步畅通了政府与企业、群众互动渠道，真正实现"一号响应"，打通服务群众的"最后一公里"，政府部门担当作为和主动服务意识得到持续加强，办理效能得到进一步提升。

（三）满意度进一步提升

市 12345 热线通过主动靠前服务，建立工单回访机制，对不满意工单实行 100% 回访。对达不到办理要求的、回复不规范的工单热线要退回承办单位重办，着力提升群众满意率。截至目前，市 12345 热线共受理各类诉求工单 44.7 万余件，办结 44.3 万余件，办结率为 99.18%，办理满意率为 99.02%。市 12345 热线先后荣获"2022、2023 年全国政务热线服务质量评估——服务群众满意热线优秀单位""崇左市青年文明号集体"和"自治区巾帼文明岗"等荣誉称号。

（四）助推社会管理创新

一是激发社会参与活力。通过 12345 热线，把政府的管理与群众参与结合起来，凝聚市民的智慧推动城市建设和经济发展，激发了市民热爱、关心、关注崇左城市建设与发展的积极性，群众从过去的"打热线"到现在"用热线"，为城市治理提出宝贵意见，热线已经成为市政府问计于民、问需于民、问政于民的重要平台。二是发挥参谋助手作用。运用大数据分析，对企业群众各类诉求进行分析研判，形成月度、年度分析报告，为各级各部门了解社情民意和作出科学决策提供了辅助性数据支撑，使部门从"有一办一"向"未诉先办"的转变，化被动为主动，对高频民生问题提前预判，争取源头化解。

（崇左市 12345 政府服务热线管理中心推荐）

第七节　案例13/天津静海：数据加速度　企业登记更便捷

在全面优化营商环境，提升企业登记便利度的环境下，天津市静海区全面持续深化"放管服"改革，以商事制度改革为突破口，不断探索以数字化促进营商环境可行性路径，大幅放宽市场准入，优化营商环境。大力推行企业名称和经营范围自主申报制度，在天津市试点首推法人股东电子签名戳功能，进一步扩大电子营业执照的应用场景；启用商事登记智能工作台，实施企业住所承诺制，优化整合企业开办各环节，通过并联审批、数据共享，实现企业开办一窗通办、零费用一天办结；推出"办小助"企业办事导航，企业可以通过微信公众号、微信小程序启用办事导航，观看涉企业务全流程视频讲解，直观感受到覆盖企业全生命周期、场景式办事导航的便利；"智慧审批"有力推动了园区入驻市场主体在线秒批、快速落地。在数字化手段支撑下，2023年4月，静海区市场主体总量首次突破10万户。

一、自主申报，名称登记"0"跑动

以往，申请人向登记机关申请企业名称时，需要到窗口提交纸质材料，经工作人员人工初筛后，通过内网系统上报，再次审核通过后，企业名称才能够进行登记。一旦名称被驳回，申请人就要再次到窗口来申请，无论是申请流程还是跑动次数都使得申请营业执照时间变长。2017年，天津市实行企业名称自主申报改革，对名称申请方式有了极大改变，申请人通过在互联网浏览器中输入"企业名称自主申报"就可以在相关词条下点击进入天津市企业名称自主申报系统。填写信息时，申请人只需要根据名称结构的四段式，按照系统提示进行申报，系统自动进行查重比对，申请人对所申请的名称进行承诺后，就可以继续进行填报。自主申报系统的出现，真正实现了企业名称"一键"填报。

在数字化系统支撑下，申请人在名称申报系统的自助预查，不再需要登记机关预先核准，名称登记由原来的两天变为即时办结，极大地提高了审批效率。

二、全程电子，企业登记"0"见面

企业登记全程电子化是指企业登记申请、受理、核准、发照、公示等环节均通过网上电子数据交换实现的登记方式。申请人无须再到窗口提交纸质申请材料，所有的申请行为，包括提交材料、签字确认、领取营业执照都通过电子数据交换的方式完成，从申请人与登记机关的"面对面"到"键对键"，实现数据跑路代替申请人跑腿。

2017 年，天津市在全市范围内实现了市场主体登记全程电子化，适用于所有企业类型。2019 年，天津市建设完成企业开办一窗通平台，坚持"政务服务上网是原则、不上网是例外"，真正实现了市场主体登记不见面审批。（图 8-3）

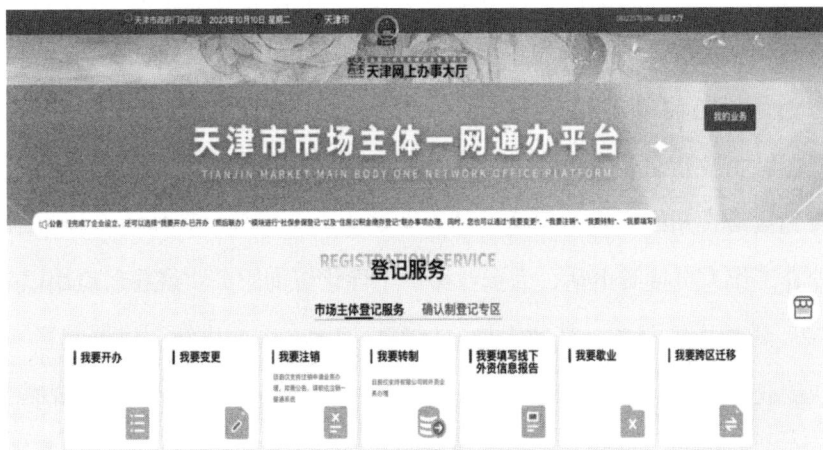

图8-3 天津市市场主体一网通办平台

三、科技赋能，办事咨询"0"等待

在优化营商环境的大背景下，为更好方便企业政务咨询、服务企业便捷登记，静海区积极探索并拓展服务渠道，推出"办小助"企业办事导航，从提升咨询热线"知心人、暖心人、指路人"的服务效能入手，让"电话打得进""问题问得清""难题好解决"，呵护企业走好创新创业第一步。

"智能服务"是"办小助"的特点，该导航是集智能电话前台、视频办事讲解、智能在线问答、服务实时监测四位一体的智能化企业办事助手，以颠覆传统的服务方式，有效解决电话咨询等待时间长、电话指导讲解难清晰等堵点问题。在"办小助"企业办事导航筹备过程中，静海区积极与市级部门、开发公司对接，提供程序建设需求、编制业务知识库、及时反馈程序优化建议，为程序加速上线注入静海动力、探索静海经验，让场景开发、技术升级"一切奔着问题去"。

"办小助"提供线上、线下两种智能咨询服务。在线上，企业可以通过微信公众号、微信小程序启用办事导航，观看涉企业务全流程视频讲解，直观感受到覆盖企业全生命周期、场景式办事导航的便利；也可以发起在线咨询，享受 24 小时机器 + 人工在线即问即答服务。在线下，当企业拨打静海区企业登记咨询电话时，首先听到对在线咨询的智能语音引导，同时收到短信告知线上咨询渠道。如企业确需人工服务，智能语音播报结束后即有工作人员接听电话，为企业提供个性化咨询服务。该导航启用以来，仅 32% 需要人工服务，其他人均通过视频演示、图文讲解、机器问答等方式快捷获得指引、自主解决难题，使企业对优质营商环境有了更直观感受。

在"办小助"后台，有一张智能服务情况监测智慧屏，能够动态显示多项关键指标数据。静海区深度运用大数据，实时掌握各部门咨询情况、咨询热点、工作成果，及时调整工作重心，针对性丰富业务知识库，"办小助"通过业务知识库 AI 自学习的方式完成优化，对疏解群众办事堵点、难点更有效率。从"一根电话线"到"广阔互联网"，全区企业咨询服务水平实现大提升。

基于"办小助"企业办事导航，静海区持续完善"部门热线、互联网、微信公众号、智能客服"和"办事清单、明白纸"的"4+2"服务体系，以"办小助"企业办事导航的常态化功能提升为依托，时刻紧跟企业需求，及时纾解办事堵点，深度释放服务效能，为打造政务服务新篇章持续注入智能科技新动力。

四、智慧审批，产业发展"0"阻碍

天津子牙经济技术开发区，是目前中国最大的循环经济园区，静海区深度融入区域经济，助力特色产业发展，推动子牙经开区搭建静海区首个"智慧审批"登记平台，为产业发展插上智慧政务翅膀。

静海区为市市场监管委、子牙经开区管委会及技术公司搭建起合作桥梁，推动各方深入天津子牙经济技术开发区，就园区平台经济建设进行座谈，促进各方从市场需求、数据对接、登记流程、职责划分等多方面进行了全方位细致分析，合力打通服务新路径，形成平台经济聚能环。

静海区市场监管局认真指导技术公司以产业发展为抓手，为园区定制"登记套餐"，一方面，将园区管委会确定的住所（经营场所）信息植入登记系统，另一方面，结合园区再生资源行业发展规划将市场主体名称行业与对应无须前置审批的高频经营范围绑定，通过对关键信息的锁定打造园区特色"登记套餐"，为园区平台经济建设筑牢"压舱石"。

"智慧审批"模式下，申请人只需对申报的市场主体名称、经营范围、住所（经营场所）等登记事项进行在线自主申报，智能审批系统即可实现自动对比，秒批审核，有效打破常规人工审核模式下工作日时间限制，全天候、即时办、无人工，7×24小时的审批不打烊服务让市场主体登记注册更便利。

作为静海区首个"智慧审批"平台，子牙经开区"智慧审批"平台是"互联网+"政务服务应用场景成功拓展的重要成果，也是商事登记制度改革迈入智能化路径的重要探索，"智慧审批"模式以极简流程、极快审核、极优服务让静海区登记模式再创新、营商环境再优化。

静海区在借力"数字化"不断优化营商环境的同时，始终坚持两条腿走路，将便民、高效作为服务企业宗旨，充分考虑申请人习惯、需求，为

群众提供窗口登记、网上登记两种渠道，网上登记与窗口登记提交材料、审核标准、核准决定的标准统一。下一步，静海区将继续挖掘区域经济特色，依托数字化手段，推动市场经济高速发展。

（天津市静海区市场监督管理局推荐）

第八节　案例14/河南信阳：以数字化改革为引领打造不动产"交易登记一体化"平台

一、背景介绍

多年来，因不动产交易、登记涉及住建、自然资源、税务等多个职能部门，信息系统相互独立，数据共享不够深入，导致企业和群众办理不动产交易、登记业务时体验感不佳，一直是深化"放管服效"改革和优化营商环境工作面临的痛点、难点，也是社会各界普遍关注的热点问题。为切实解决不动产交易、登记难题，河南省信阳市以数字化改革为方向，以"一件事一次办"为抓手，打造信阳市不动产"交易登记一体化"平台，通过平台重塑、流程再造、数字赋能，推动不动产交易、登记线上线下深度融合，使全线业务办理效率提升80%以上，得到企业和群众的一致认可。

二、主要做法

（一）集成多个平台，统一办事入口

依托市政务数据共享交换平台和开放平台，通过数字技术统一住建、资规、税务部门的数据标准，将3个部门互相独立的3个系统重塑整合为1个不动产"交易登记一体化"平台，打造不动产登记数据"交换枢纽"。

一体化平台统一归集数据，各部门根据业务办理需求从平台提取数据，楼盘数据、契税缴纳等信息交换不再经过数个"桥梁"平台，可实时相互推送、查询。一体化平台统一办事入口，通过"综合受理，分类审批""外网申请、内网审核"的服务模式，将网签交易备案、房屋契税缴纳、不动产登记等多个部门的业务无差别"一窗综合受理"。企业和群众只需提交一次申请，即可实现预售许可、网签备案、税费核缴、登记发证等各个业务环节全程贯通、高效衔接。

（二）整合关联事项，深度融合业务

以统一的不动产"交易登记一体化"平台为依托，将住建部门原来分别办理的房屋买卖合同网签、备案和预告登记3个环节合并为1个环节，一体化平台自动核验资金监管和缴存情况，购房人在售房部就能完成网签即备案；将资规部门原来分别办理的首次登记和首次转移登记业务2个环节合并为1个环节，一体化平台在登记时自动继承交易备案信息，实现新建商品房"交房即交证"立等可取；将税务部门的房屋套数复核等3个环节减去，由一体化平台自助核验，实现了关联业务合并办理、"简单"业务自动审批，最大限度优化流程。

（三）广泛应用"四电"，实时共享信息

在一体化平台全面启用电子签名、电子印章、电子合同、电子证书（证明），新增人脸识别数字技术，通过人证核验设备终端完成身份验证并生成电子签名，买卖双方、各金融机构以及住房公积金中心可通过河南省政务服务网采信的第三方身份认证平台认证身份。同时，对办理不动产登记业务涉及的身份信息、婚姻信息、完税情况等高频事项内容通过区块链技术进行信息共享，共享获得的信息直接作为申请材料自动填报，并在一体化平台自动生成全业务流程电子化档案，全面实现"零材料"登记。用"电子材料"代替"纸质证明"，减轻了企业、群众和登记机构的负担，有效提升了审核的效率和精准度。

（四）开设企业端口，优化登记服务

此前，不动产登记操作平台部署在政务内网，受理端口主要部署在政务服务大厅，内外网的切换耗时长、效率低，端口布设不足导致企业和群众多跑路。不动产"交易登记一体化"平台上线后，将操作平台迁移至政务外网，并开放端口下载权限，所有企业都可根据需要下载申请端口，房地产开发企业在售房部即可通过不动产"交易登记一体化"平台完成网签网备、预告登记、预告抵押登记、首次登记、预告转移登记、预告抵押登记转现房抵押登记等6项业务，让企业和群众"最多跑一次"甚至"一次都不跑"。

三、工作成效

信阳市不动产"交易登记一体化"平台开创了河南省深度整合操作平台的先河，工作理念和流程管理水平处于全国领先行列。这项改革举措的推行，实现了"一次取号、一窗受理、一键缴费、一网办结"的全流程快捷服务，让企业和群众真正体验到"一件事一次办"的改革成效。

（一）线下实现"一窗受理""即时办结"

此前，办理一项不动产交易、登记业务，工作人员需要来回切换4个系统，企业和群众至少需要填写8份申请表单、耗时1个小时才能办好。现在，办理环节缩减至1个，申报材料压缩70%，"四电"应用率提高至100%，"零材料"申报率提升到约60%，业务平均办理时间为20分钟。截至目前，已成功办结联动事项52193件，窗口日均业务受理量为之前的2倍。

（二）线上实现"一网通办""全程网办"

一体化平台充分利用大数据、区块链、智能核验等数字技术，实现了不动产交易登记"一件事"从线下"一窗通办"到线上"一网通办"，买卖双方本人不需要再前往行政服务大厅窗口即可完成登记。平台上线以来，共服务网上办事群众 2 万人次，在线申请 13000 余件，开具电子购房证明 9300 件，数据共享达 15 万次，2023 年减少企业和群众跑实体大厅约 10 万人次。

四、经验启示

信阳市不动产"交易登记一体化"平台集成不动产全生命周期业务，统一办事入口，前后事项关联，深度融合线上线下不动产服务需求，实现不动产交易、缴税、登记全过程"一个环节"办理，是推进"一件事一次办"的重要改革举措。平台上线以来，得到了河南省政府和各大媒体的广泛关注，河南省不动产统一登记制度建设联席会议办公室在《河南省不动产统一登记制度建设简报》全文印发并在全省推广学习，并入选"营商环境看河南"2022 年度河南省优化营商环境典型案例。下一步，信阳市自然资源和规划局将持续推进不动产登记数字化改革，以实现"一趟都不用跑"为最终目标，不断升级迭代不动产"交易登记一体化"平台，提高不动产登记数字化和智能化水平，最大限度提升企业和群众的获得感。

（河南省信阳市自然资源和规划局推荐）

第九章　数字赋能　持续优化营商环境

第一节　案例15/数智赋能　激发鹤壁"信"活力
——数字营商建设的鹤壁信用经验

为深入贯彻《中共中央办公厅 国务院办公厅 关于推进社会信用体系建设高质量发展促进形成新发展格局的意见》，落实河南省第十一次党代会关于信用河南建设工作部署，鹤壁市坚持数字化引领、立营商环境标杆，在信用数字化建设上打造"鹤壁典范"。2022 年以来，城市信用监测排名稳步提升，连续 5 个月位居全国前 4，近 12 个月平均综合信用指数 84.68，位列全省第一。市公共信用信息平台在 2022 年度全国信用平台网站观摩活动中以全国第三名的成绩荣获最高奖项"示范平台网站"称号。为河南省数字营商环境建设提供了方案和参考。

一、数字赋信，纾解企业融资难题

融资难融资贵，信用是根本。通过释放大数据的资源红利，综合运用人工智能、云计算等科技手段，解决束缚融资难的数据获取难、放贷难、全域难、授信难问题。一是以数字平台解决数据获取难。建立一体化政务数据耦合共享机制，整合政府、金融机构、企业等数据资源，搭建全省首家市级"信易贷"平台，实现与全国中小企业融资综合信用服务平台互联互通、数据对接、产品互认和应用协同。解决地市级银行获取企业信用数据难问题。二是以数字识别解决放贷难。由市金融局等有关部门与地市级银行协商建立企业放贷共建协议，基于"信易贷"平台，依靠大数据分析、信用建模等手段为贷款对象精准"画像"，实现审查信用和主动放贷的步频一致性，推进银行服务由被动向主动转变。目前"信易贷"平台注册企业超过 4 万家，推介"信易贷"白名单 1415 家，累计授信 143.7 亿元，发放贷款 111.5 亿元，解决制约地市级银行企业放贷不及时、不精准难题。三是以数字园区解决信用全域难。产业园区是企业聚集地，亦是信用治理难的重要领域。以 5G 产业园等数字化程度高的园区为基础，发挥信用数据的基础性引导功能，将企业综合信用评价结果和信用报告嵌入产业园区智慧管理平台，打造全域"信用产业园"，为园区守信主体在资金申请、项目推荐、行政审批、信贷服务等关键环节，提供优惠便利服务，已为守信主体争取中央预算内资金 10.9 亿元，办理留抵退税 15.4 亿元，发放信用贷款 37.9 亿元，解决产业园区全域信用评价难、授信难问题。"数据画像信用授信，有效破解融资难题"应用案例获评第四届"新华信用杯"全国优秀信用案例。

二、据数治信，筑牢失信监控防线

失信治理，关键在于监控。以数为据，通过搭建信用监控大数据网，创新监控两项机制，打造一网、一墙、一线，以大数据守住失信防线。一是搭建信用监控大数据库。围绕行政许可、处罚、强制、确认、征收、给付、裁决、补偿、奖励、监督十个重点领域，搭建信用监控大数据库，已归集"十公示""信易贷"等 206 类信息 3.1 亿条，人均超 200 条；归集自然人信息 1.2 亿条，建立执业医师、司法鉴定人员等 19 类重点人群信用档案；标准化归集政府采购、公共资源交易等重点领域合同信息 68.3 万条，织密监控信用主体的人数据网。二是搭建失信监控机制。构建涵盖市、县、区违法失信网格化、全景穿透式的监测预警系统，贯通"1+1+N"研判会商、调研指导、专案督办、工作报告、通报约谈、考评奖惩、曝光挂牌等 7 项机制，打造失信线索"挖—推—警—治—示"的闭环管控，夯实失信行为惩戒防护墙，2022 年全市网络诈骗案件同比下降 52.3%。三是搭建失信双向督促机制。坚持保护优先、惩戒为后的基本原则，在已有"清单制＋提示函"机制的基础上，基于大数据监测预警结果，实施包含执行前风险提示—信用承诺暂缓惩戒—惩戒前再提醒的"惩戒＋修复"双向信用督促机制，建立信用监控的包容线。2022 年全市信用主体失信被执行人退出率达70.37%，实现机关事业单位零失信，中小企业账款拖欠动态清零。四是搭建失信修复跨区域协同联动机制。利用"鹤必达"政策直达大数据系统将信用政策与企业公共信用评价结果精准匹配，通过"即时告知＋到期提醒"的信用修复模式，实现企业信用修复"0"跑腿、"秒"直送，目前已累计修复失信记录 2289 条。携手安阳市联合印发《关于构建失信行为纠正后信用修复协作机制的实施意见》，通过信息共享，实现两地交通运输等失信多发领域信息的互通共享，通过调取行政处罚决定部门的存档资料，企业在遗失相关材料的情况下，也可实现信用修复的"不出门办理"。目前已为 7 家企业办理了跨区域协同信用修复，极大提升了信用修复工作效率和企业满意度。在河南省营商环境评价中鹤壁企业满意度连续三年全省第一。

三、以数创新，夯实信用监管基础桩

信用监管数字化，是提高监管效能的新路径。聚焦关键领域，搭建智慧平台、创新"一码监管"、推行审批承诺制，以数字化做深服务领域、创新服务模式、改革服务机制，提升政务服务品质和效率。一是建立信用监管大数据体系。依托市智慧市场监管平台共享国家、省级公共信用评价结果，结合市情实际，搭建市级信用监管分级分类评价体系，对全市40个行业领域实施信用分级分类监管。同时，全流程嵌入"互联网＋政务"、中介服务超市等12个业务系统，实现信用自动化核查12万次、承诺归集150万条、评价共享14.5万次、奖惩反馈1.2万次，运用数字化工具提高市场监管效能。二是创新"一码监管"模式。将企业营业执照"二维码"汇集企业各类信用信息，变"二维码"为"监管码"，一码通行。执法人员利用监管端小程序扫码后自动关联企业相关业务的监管记录和计划，在线匹配检查文书，上传检查证据材料和电子签名确认。同时，基于信用监管大数据智慧平台，建立"通用＋专业"企业信用风险分类管理模式，按照通用标准将全市14万家企业统一划分为绿、黄、橙、红四种信用类别，深度嵌入信用日常监管和随机抽查相融合的监控机制，实现"监管一件事、综合查一次"，以数字化推进政务服务模式创新。2022年全市开展"双随机＋信用"检查754起，减少对企业打扰7842家次，问题检出率由14.7%提升至23.5%，市场监管精准度不断提升。三是推行项目审批承诺制。坚持"项目为王"，依据信用监管大数据结果，改革企业投资项目承诺制，建立"标准地＋承诺制"极简审批模式，审批时限减少30个工作日，审批效率提升38%，实现开发区一般性备案类企业投资项目"有地即承诺、拿地即开工"，以数字化推进政务服务机制改革，京东亚洲一号仓8个月建成开仓，在全国74个京东仓项目中进度最快。

四、用数慧民，释放发展"信"动能

赋能民生，是释放信用动能的客观要求。以数慧民，打造信用民生场景圈，解决知信、守信、用信问题，全场景式释放信用效能，2021年全市成功创建全国首批"一刻钟"便民生活圈试点。一是全景式赋信民生场景。

全面深耕社区文化、便捷消费、养老服务、绿色出行等领域，搭建"信易贷""信易行""信易阅""信易批"等30个"信易+"应用场景，建立诚信游园，将信用理念深度嵌入社区民生生活，以赋信解决知信问题。二是多维度增信经营商户。建设诚信示范联盟，通过信用信息大数据分析、商户诚信文明经营情况、街道社区评测等，对经营满一年以上的商户进行评选，评选诚信商户374家，利用APP等信用大数据载体，实现商户信用"码上见"，消费投诉"指尖查"，以增信解决守信问题。三是共享式激励信用主体。建立红名单共享机制，红名单个人可享受医疗、养老、阅读等优惠服务，诚信商户享受信用商户支持政策1—3个月优惠期的激励举措，提升社区群众对信用服务的获得感和满意度，已累计发布红名单1580条、黑名单1702条，征集典型案例80余份，诚信宣传走进30个社区、发放宣传资料5000余份，以激励解决群众用信问题。

（鹤壁市营商环境和社会信用建设中心推荐）

第二节　案例16/安徽天长："数字+远程异地评标"赋能公共资源交易高质量发展

一、基本情况介绍

为加快推动公共资源交易领域"放管服"改革，紧跟公共资源领域数字化变革新趋势，搭建信息、数据共享平台，建立远程异地评标长效合作共享机制，安徽省滁州市天长市发展和改革委员会积极推进"数字+远程异地评标"，切实降低交易成本，提升服务水平，助推公共资源交易高质量发展。

二、主要经验做法

远程异地评标即以项目地为主场，根据项目实际情况设置 N 个副场，通过数字信息化手段打破了传统空间维度的界限，实现了异地专家的线上评标"零距离"，全程无障碍远程异地沟通，"N 地"协同完成评标工作。减少了人为因素的干扰，有力地破解了区域性"熟面孔""老关系""评标常委"、稀缺专业专家缺乏等问题，有利于营造专家独立的评标环境，评标专家网上"面对面"、现场不见面，交易全程留痕、可查可溯，推动了省市县公共交易资源一体化共享，优化了营商环境。

第一，优化系统升级，深化"云上"评标。在公共资源交易全流程电子化的基础上，依托"安徽省公共资源交易"平台，进一步搭建远程异地调度系统，实现"云上"沟通、"同框"评审、"云签"认证的远程异地评标功能。优化系统升级，推广使用"全域远程多点"评标，即对滁州市满足远程异地评标条件的终端按照"工位"进行分类编号，一个评标终端确定一个独立"工位号"。抽取专家时，不再选择专家区域，由系统随机确定"工位号"，再抽取"工位号"所在地的评标专家，通知评标专家前往"工位号"所在的交易中心评标。专家到达交易中心后，通过身份识别及现场辅助核验后，到规定的"工位号"评标终端开展独立评标工作。"全域远程多点"评标工作的开展，形成专家随机、工位随机、项目随机的"三随机"机制，实现了同一项目的评委分散在不同评标地点、同一评标地点的专家分配不相邻评标工位，充分确保专家评审的独立性。

第二，完善"全域远程多点"评标机制，优化组织评标方式。依据《滁州市关于推进全域远程多点评标的通知》《滁州市关于优化评标评审组织方式的通知》《滁州市全域远程多点评标调度系统操作手册》等文件，对远程多点评标的适用范围、工作机制、具体要求和操作流程进行了规范。

创新多点评标多副场运用，增加了评标点位的随机性，进一步提升围猎专家的难度。对采用市外远程异地评标、市内全域远程多点评标以及本地评标的项目明确了适用范围和抽取要求，充分利用好评标点位资源，缓解了点位紧张的问题。

第三，完善资源共享机制，推进跨区域合作常态化。主动对接区域合作伙伴，建立跨区域远程异地评标长期合作机制，推进统筹共享人员、技术资源，促进跨区域"资源共享"，构建远程异地评标跨区域合作新格局，积极做好远程异地评标推广和应用工作，实现市域内远程异地评标全覆盖。2022年3月，与江苏省仪征市签约长三角区域市场一体化发展公共资源交易领域战略合作框架协议，进一步扩大跨省战略合作范围，推进跨省远程异地评标工作开展。2023年，共开展远程异地评标956次，其中主场361次，客场595次，跨省远程异地评标2次。

第四，全程见证，着力规范交易环节。轻点鼠标，相隔千里的专家利用视频会议系统就可以开展远程异地评标，通过实时语音、视频等功能实现对项目的"同框"评标。整个评标过程全程在音视频监控下进行，所有评审环节网上留痕，井然有序。项目评审结束后，依托远程异地协调管理系统，及时下载音视频档案资料存档备查，以见证促监督，助推远程异地评标工作更加公开透明、规范有序。

三、主要成效

第一，提升评标质量，降低交易成本。虽说现在交通发达，但仍然会遇到特殊领域专家到评标场所成本过高，无法保障评标及时性和专家人身安全性，也无法保证专家以完美的精神状态参与到评标工作中来，从而或多或少会影响到评标质量和评标效率。同时，因异地到场专家还会给招标方带来相较于本地专家额外的交通和食宿等费用补贴。所以，远程异地评标的推出，可以极大地保障评标质量与评标效率，降低交易成本。

第二，破除隐性壁垒，激发市场活力。远程异地评标工作的开展，实现了全省公共资源交易"一网运行、数据互认、专家共享"的电子技术环境，打破了专家评审区域化限制，有效解决本地专家数量不足、专业类型不均衡，还破解了"专家常委""熟人效应"等问题，从源头上为预防腐败增加了一道"防火墙"，实现评标全过程公开透明、规范高效，进一步激发了市场活力。

第三，落实平台资源共享，助力统一全国大市场。天长市以远程异地评标为契机，落实平台整合共享，构建了规则统一、公开透明、服务高效的平台体系，加强区内外合作，持续扩大远程异地评标范围，积极探索"1+N"远程异地评标新模式，逐步实现"两地"及"多地"间"点对点"远程异地评标，推动工作规范化、高效化、常态化运作，不断为优化公共资源领域营商环境、构建全国公共资源交易统一大市场贡献力量。

第四，推进"数字化"改革，优化了营商环境。通过远程数据互享、桌面监控、音视频交流等技术融合实现了评审现场、专家音视频、操作过程的同步采集，评标结果自动生成、评审画面同步直播，全程线上留痕，评标环节可再现、可追溯，保证了流程规范化、数据可视化、监管多维化，实现了全过程在线监督。并持续推动公共资源交易"数字化"改革，加快推进智慧监管，持续优化公共资源的营商环境，进一步增强市场主体的获得感。

2023年9月4日，天长市高铁核心区建设（开发）项目——全民健身中心智能健身设施设计、供货及安装项目（第三次发布）进行评标工作。该项目评标委员会成员为5人。在项目开标前，代理机构仅在滁州市公共资源交易系统中填写评标专业、人数、集合时间，将组建评委信息推送至安徽省综合评标评审专家库管理系统自动抽取。系统将5名评审专家随机分散至滁州市辖区、大长市、明光市、凤阳县、定远县5个交易中心的不同评标工位，依托远程异地不见面评标系统，实现评标专家按照所在区域参加评标。"这样的评标方式非常公平公正，深受我们参评企业欢迎"，安徽翔誉千秋建设集团有限公司总经理胡支明说，"远程异地"评标能够有效避免传统评标过程中出现的"人情标""讨论定标"等评标乱象，有效推动评标工作独立、客观、公正，提高评标质量。

四、社会影响

远程异地评标的推行，是天长市公共资源数字化改革的重要创新，既推动了公共资源交易平台的整合，又实现了优质专家资源充分共享共用，为市场主体提供了更加高效便捷的交易服务，助力统一全国大市场建设。

（安徽省天长市发展和改革委员会推荐）

第三节　案例17/河南确山：数字赋能推动"市民中心"向"适民中心"转型升级

近年来，河南省驻马店市确山县以"能办事、快办事、办成事"为目标，依托数字化改革赋能，引入场景式、集成式数字政务服务体系，持续加力政务服务数字化转型，推动了"市民中心"向"适民中心"的转变，企业和市民的获得感、满意度不断提升，真正让"市民中心"走进了市民"心中"。

一、围绕"能办事"抓进驻、建队伍，全力打造数字化政务服务基座

推进政务服务数字化转型，根本在政务数据资源融通共享，关键在于政务服务职能融合。确山县市民中心启用后，县政务服务中心对照市民中心规范化建设标准，严格做到"三进"。一是职能应进必进，搭建数字化转型架构。坚持把职能集中作为政务服务数字化转型的基础，全县 41 个职能部门、2436 项政务服务和便民服务事项，必须做到审批全流程进驻。在集约服务职能的基础上，投资 1300 万元，配备一体机服务器和云桌面管理平台，通过 IDV 云桌面实现对大厅各窗口办公客户端、桌面办公系统、用户集中的统一化管理，彻底改变传统分散的终端管理模式，为全面推行"前台综合受理、后台分类审批、统一窗口出件"搭建了服务转型架构。二是领导全权跟进，明确数字化转型责任。坚持把责任作为推进服务转型的关键，一个单位明确一名分管领导跟踪进驻市民中心，全权负责各职能部门审批服务工作。同时，推进电子印章制作和应用，截至目前，确山县共有 36 个政务服务部门制作了符合法律规定的电子印章，实现了政务服务部门电子印章全覆盖，真正做到权力下放、服务下移，坚决杜绝"多层签字、两头审批"现象。三是队伍全程配进，加强数字化转型培训。坚持以人为本，把窗口服务队伍建设作为强化数字赋能、加速服务转型的基础和前提，分期分批选派各窗口单位服务人员 160 名到先进地区、沿海发达地区跟岗培训，从软件操作、服务流程、平台维护及后台管理等环节开展一对一培训。同时，中心不定期开展"服务技能提升月"活动，全面提升窗口服务人员业务能力和服务水平，打牢了"能办事"的职能基础，提升了"能办事"的人员素质，让数字化服务效能得到充分发挥。

二、围绕"快办事"优流程、提效率，加强数字化政务服务流程重塑

紧紧围绕"只进一扇门、最多跑一次、一窗通办"服务要求和服务标准，优化办事流程、提升服务效率，把"好事"办快，把"快事"办好。一是抓流程优化，提升办事效率。积极推广应用电子证照，对证明事项进行全面梳理，形成证明事项编制目录清单。截至目前，全县16个证照颁发单位，汇集电子证照目录83类，共实现材料减免131条，实现了线上"免提交"。同时，按照层级最少、流程最短、效率最高的服务原则，对中心政务服务事项办理流程再精简、再简化，梳理可压缩办件时长、环节、材料的服务事项735项，推动高频服务事项审批时间提速30%。目前，涉企全程网办事项共1705项，推动减证便民工作落地见效。二是抓宣传教育，提升办事能力。把提升服务对象网络办事意识和办事能力作为推动政务服务转型的重要内容，分窗口印制《服务指南和办事流程》《办事流程告知单》，让办事群众一目了然；创建抖音号"办事我知道"合集，把办事流程推进群众生活，真正实现了"门好进、脸好看、事好办"。三是抓延伸服务，实现"零次跑"目标。推动与企业和群众日常生产生活紧密相关的社保、医保、民政等150项高频政务服务事项向镇（街道）延伸，32项便民服务事项向村（社区）下沉，实现更多事项"就近办"；建立帮办代办机制，实现下沉事项全覆盖，组建以村（居）专干、站所办骨干为主体的帮办代办队伍，针对农村留守老人、行动不便的人群开展补贴申领等帮办代办及上门服务，切实解决困难群体办事需求。通过推动数字化政务服务向乡村和基层延伸，努力实现政务服务事项办理"最多跑一次"向"零次跑"跨越。四是抓特需服务，解决民、企困难。根据走访调研发现的企业融资难问题，采取严格甄别对象、简化审批流程的方式，帮助117家企业融资3.36亿元；

为推进新型城镇化更新提升项目落地，破解群众反映的老城区设施落后难题，县政务服务中心协调各相关审批单位，破除历史原因和现实政策制约，特事特办，急事快办，以最快速度为确山县康城建设实业有限公司办理了用地规划、土地证、工程规划、施工证等行政许可决定书。五是抓问题反馈，提高服务满意度。在市民中心大厅设置"办不成事"反映窗口，专门受理群众未能当场成功受理、成功办理的问题。并按照群众反馈意见，倒查原因、追究责任。自窗口设立以来，累计受理 24 件次，已经全部协调处理，进一步提高群众满意度和服务效率。

三、围绕"办成事"抓创新、强督导，探索数字化政务服务跟踪模式

把"提效率，办成事，服务好"作为最终目标，进一步创新服务模式。一是提升大厅服务水平。设置"一窗咨询"服务总台，让办事群众和企业"一站式"了解相关办事信息和政策；推行"店小二"服务模式，由志愿者担任"店小二"，为办事群众提供咨询引导、叫号取号等"一对一"全程协助办理，实现从"人找服务"向"服务找人"的转变。目前，日均提供咨询引导服务 600 余人次，真正地实现了"让数据多跑动，让群众少跑腿"的目的。目前，已累计受理各类行政审批和便民服务事项 19.6 万余项，为企业群众提供咨询引导、上门服务、延时服务、帮办代办等各类优质服务 6.7 万余次，收到感谢信 160 封、锦旗 60 余面。二是推行"掌上咨询"引导服务。将中心公众号接入河南政务服务网，推出"窗口指引"VR 全景导航服务系统，开设"你问我答""惠企政策"等专栏，让群众点击获知全量办事信息；开通"掌上服务大厅"预约办事小程序，减少群众排队等候时间，真正做到服务于民。三是设置 24 小时自助服务专区。投资 367 万元设置智能无人值守受理专区，着力推动政务服务"集成办"。配备不

动产自助服务、不动产登记自助查询系统、自助办税终端、信用报告自助查询机、多功能政务自助机、电子营业执照自助打印等自助服务终端12台，通过数据对接的方式推动政务服务从8小时常态服务向7×24小时全天候自助服务延伸，可实现不动产、人社、税务等部门2436项政务服务事项办理。四是创新"码"上跟踪服务模式。为破解项目审批"流程多、效率低、多次跑"难题，确山县打造码上服务"新阵地"，对全县56个重点建设项目进行数字画像、集成赋码，实行"一项目一码"全周期服务，并依托项目帮办员为建设项目提供线上线下全周期帮办代办服务。实现了重点项目建设从"最多跑一次"到"一次不用跑·全程帮代办"，助力项目建设快审批、快建设、快达效，让"码"上服务成为确山县重点项目审批服务的亮丽名片。五是建立"一把手走流程"机制。把数字化转型作为各职能部门责任人履职的重要内容，推行"一把手走流程"制度，以换位体验的方式发现问题、查摆问题，推动审批流程做"减法"，服务质量做"加法"，进一步增强数字开发应用能力，积极拓展数字政府应用场景，构建起平台联通、流程高效、场景统筹的长效机制，真正让数字技术成为提升人民群众获得感、幸福感、安全感，推动"市民中心"向"适民中心"转变的强大助力。

（河南省确山县政务服务中心推荐）

第四节　案例18/洞察经营主体发展需求　打造优化营商环境"四个精准"数字化支撑
——民生智库企调通系统

一、建设背景

当前，各地优化营商环境工作逐步转向以经营主体需求为导向的深化改革阶段，陆续开启提升区域综合竞争力的特色化创新。与此同时，随着国家围绕民营经济一系列政策文件的出台，以及世界银行营商环境最新评价体系的公布，在政策导向、改革导向与评价导向"三同步指向"下，如何科学、高效开展针对经营主体的需求挖掘，并配以精准施策，成为各地营商环境优化面临的新课题。

二、系统介绍

（一）产品架构

民生智库对标世界银行最新评价方法论，充分融合团队在国内营商环境评价和需求调查等领域的成熟操作思路，设计研发"企调通"系统，满足政府部门、第三方调查机构等不同主体在经营主体需求挖掘、分析应用上的多元需求。（图9-1）

本系统着力解决政府部门在开展经营主体调查时面临的随机性大、调查主观性强、片面性突出三大操作难点，搭建企业库、专家库管理平台，设计定向和扩面投放功能，实现对定点对象、动态对象的差异化调查，提高需求挖掘精准性。研发定性、定量大数据分析，聚力化解政府部门或第

民生智库企调通

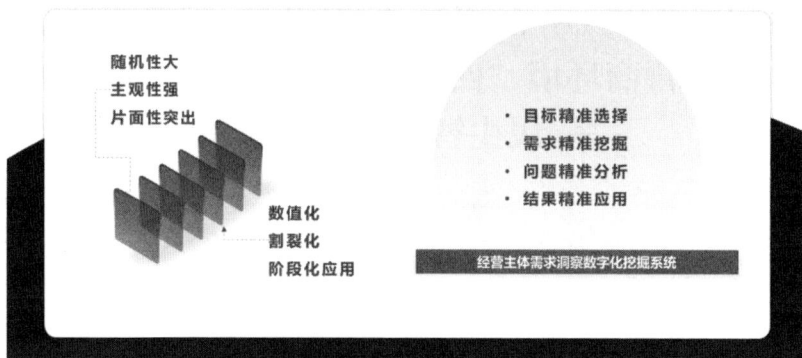

图9-1 企调通目标定位

三方调查机构在调查结果运用过程出现的数值化、割裂化、阶段化应用难题。通过数字技术与营商业务的深度结合，建构起一套实现"目标精准选择、需求精准挖掘、问题精准分析、结果精准应用"的需求洞察体系，高质效挖潜经营主体需求在营商环境改革和服务提升中的最大价值。

（二）主要功能

民生智库通过总结多年营商环境咨询服务经验，历经多个项目交叉验证和产品迭代，以及融合 AI 技术实现智能数据治理，企调通已经能够充分满足政府、三方机构业务需求。具备产品架构可扩展、系统架构高可用、信创领域高兼容等特点。平台主要包括以下功能：

平台与多用户应用。平台采用 SAAS 化形式进行设计和部署，可同时为多用户提供本地化部署模式选择。

项目与频次设计。平台以项目方式运行操作管理。在同一用户内，允许创建多个不同类型项目。同一项目中可通过设定不同频率来区分需要重点关注的对象和内容。

企业库与专家库。对标世行新要求，建立企业库与专家库管理模块。

各项目可根据自身需求，依据不同频次创建各自所需企业库和专家库。在同一用户范围内，用户也可创建统一的企业库和专家库。

指标与标签管理。不同项目可根据不同频率创建各自指标库与标签库，拥有独立管理权限。在同一用户内，用户也可创建统一的指标库和标签库。

样本管理。借助指标管理功能，对数据采集渠道进行有效关联，建立初始样本关联关系。平台嵌入样本数据清洗、加工及入库业务流程，实现样本数据规范化处理。同时搭建基于语义理解的智能标签体系，能够自动完成标签化处理，大大提高数据处理效率和准确性。

定性分析。运用自然语义处理技术完成自动化标签处理，利用语义网络的结构关系进行检索和推理，对分散烦琐的样本数据进行有效分析，系统运用德菲尔法、比较分析法以及矛盾分析法等分析方法。

定量分析。通过数据汇总、清洗、梳理等功能，获取可定量分析的有效数据。通过比率分析、趋势分析、结构分析、对比分析等方法，构建数学模型，实现对样本数据精准处理与分析。

需求响应督察督办。平台搭建基于详尽定性和定量分析结果的督察督办模块，具备任务督办、案例发布、工作建议及进度管控等功能，实现上级政府主管部门与下级政府责任部门之间的协同协作工作。

三、应用场景

（一）差异定制、定向投放

企调通实现以功能为导向的差异化专题定制，可针对不同地区、不同行业、营商环境不同指标或业务领域，围绕不同需求挖掘目的（考核评价、专项调查、决策研究等）进行差异化定制，实现项目化、定制式独立运行管理，便于应用者按需生成操作方案。针对世界银行最新 BR 体系操作方法论，提供在线"企业库 / 专家库管理模块"，支持搭建地区自有企业库 /

专家库，梳理经营主体和专家群体信息，进行入库对象信息动态管理。依托"两库"建设，系统实现以群体为侧重的选择性定向投放，可针对不同规模经营主体（大中小型经营主体）、针对不同调查频次主体（历时性跟踪或一次性调查）等进行定向精准投放。

（二）靶向跟踪、重点关注

依托自有"企业库/专家库"建设，实现不同类型目标主体特色化定向调查。一是针对"随机型对象"实行扩围挖掘，在已有名库范围内随机投放调查，实现更大范围的需求挖掘和宣传推广。二是依托"企业库/专家库"对重点调查对象进行重点跟踪，筛选一批"稳定型对象"作为"靶点"，形成历时调查数据积累，收集不同阶段调查情况，形成重点对象需求挖潜的跟踪跨度数据。同时可实现对重点经营主体问题处置情况的"回头看"调查。

（三）多元分析、具象生成

系统注重强化各类数据要素应用，对调查数据和文字信息进行多维深度分析，将抽象数据结果转化输出为具象工作指引，实现"抽象问题具象化、隐性问题显性化"。一是围绕量化数据开展多维分析，利用横纵双向、多元交互、跨域对比等多种方式，实现对数据跨域、历时、分类等差异分析，研判量化数据反映的区域需求或突出问题，突出量化程度的结果呈现。二是重点针对定性数据开展具象化、清单化挖掘。从营商环境重点指标到区域发展延伸需求，通过对不同类型经营主体反馈的主观问题进行类型化问题输出，并依托机器学习等方式，对潜在问题进行归集、提炼，生成问题清单，帮助管理部门进一步找准工作着眼点。

（四）目标化应用、任务化落实

为强化对经营主体问题需求的有效反馈解决，系统设计"问题需求清单化落实管理"和"整改问题任务化跟踪反馈"两大功能，实现问题清的线上生成、责任单位清单的定向派发，以及落实整改情况的动态跟进，借力信息化手段强化对经营主体需求的响应解决。为被调查地区提供工作改进的实际抓手，同时为管理部门提供实时、高效的改革管理工具，让需求挖掘真正"起作用、见实效"。

四、应用价值

（一）依托信息化支持，打通营商环境"三个改革闭环"

企调通深度融合营商环境、绩效管理、社会治理等理念思路，将"闭环管理"原则渗透到系统架构、操作应用等各环节，在调查、改革、服务三个层面打造"三个闭环"。

建立"企业需求调查闭环"。从搭建样本库、科学抽样、定向调查、数据分析，到重点需求问题"回头看"追踪，系统实现对经营主体闭环式需求挖掘，形成查找新问题与跟踪老问题的并线落地。

构建"问题整改落实闭环"。通过提供问题清单并任务化跟进整改情况，实现对经营主体需求问题的跟踪落实，保证经营主体反馈有回音、问题有改善，切实提高政府响应效率，助力提升政府公信力。

打造"对企服务优化闭环"。锚定调查发现重点需求及突出问题，以靶向优化思路探索可落地措施，推动对企服务进一步优化提升，推进营商环境改革进入"按需施策"的个性化、定制化新阶段。

（二）借力数字化加持，打造营商环境"两个螺旋提升"

企调通的深度应用将助力以经营主体需求侧为驱动的营商环境治理体系递进式提升，打造体现新发展理念的"两个螺旋提升"。

构建营商环境优化提升螺旋。本系统将助力相关部门找出地区营商环境核心竞争力及突出短板，进一步实现优化提升有方向、工作推进有抓手、企业需求有响应、改革决策有支撑、环境改善有节奏，推动改革、政策、服务落地"最后一公里"畅通，实现螺旋上升式迭代完善。

建设共治共建共享发展螺旋。本系统可助力相关部门建立全新的政企沟通渠道，形成经营主体常态化参与、政企互动反馈常态化贯通的良性互动格局，可吸引更多经营主体参与区域营商环境改善和社会共治，引导更多力量加入社会共治共建共享体系，推动地区营商环境递进提升。

（北京民生智库科技信息咨询有限公司推荐）

第五节　案例19/哈尔滨市呼兰区：创新实践"三中心"星网治理体系　营造公平公正法治化营商环境

呼兰，地处黑龙江南部，松花江北岸，呼兰河下游，是 20 世纪 30 年代著名左翼女作家萧红的故乡，素有"江省邹鲁"之美誉。近年来，哈尔滨市呼兰区贯彻落实习近平总书记关于"法治是最好的营商环境"和"枫桥经验"系列重要指示精神，以集成化、数字化、系统化为理念，创新实践综治中心、网格协调指挥中心、一站式矛盾纠纷多元调解中心"三中心"一体化平台建设路径，着力营造优质高效、公平公正的法治营商环境。

一、汇聚资源力量，打造营商环境法治服务云平台

围绕企业发展实际需求，整合各类专业团队及社会组织力量，将各方资源要素汇聚一个平台统管。完善平台数据信息。坚持将区"三中心"一体化建设作为服务企业发展的大事要事来抓，配套研发星网治理体系网格事项办理及矛盾纠纷多元调解两个子系统，同步定制开发网格员手

机应用 APP 程序，将经营主体相关数据纳入信息平台，为区委区政府科学决策部署、优化营商环境提供数据支撑。整合平台资源力量。切实把企业服务事项统筹到区"三中心"平台，整合司法部门、行政部门、政法单位、高校、群团组织等资源力量，设立商事调解、诉前调解、信访接待、法律援助等 12 个综合服务窗口，快速回应、高效办理企业及其职工诉求。2023 年以来，为企业提供登门式、跟进式服务 229 次，解决问题 130 件，化解劳动争议 135 件。推动平台事项统办。将网格员排查发现网格事项和矛盾纠纷问题作为平台服务企业的"信息枢纽"，实现信息平台与手机端互联互通、一体互动、同步运行，3161 名网格员协同联动，即时受理报送涉企涉民诉求服务事项，网格事项及矛盾纠纷一键触发、派单办理。2023 年以来，共接到上报各类网格事件 19914 件、办结19909 件，办结率 99.97%。

二、拓展矩阵联动，建设营商环境法治服务云网格

依托星网治理体系，将涉企法律服务嵌入网格体系，用信息化手段为经营主体保驾护航。形成区域条块联动。以 220 个乡镇（街道）解纷站、（村）社区解纷点为依托，最大化充实基层调解力量、包联法官、法律顾问，实现纠纷调解力量层级全覆盖，为涉企法律服务打好坚实底座。专家入列多元解纷。与哈尔滨商业大学、哈尔滨师范大学、"三官一律"等开展深度合作，汇集司法、行政、律师、群团和法学专家、代表委员 55 人，组建跨行业跨部门跨区域的多元调解团队，形成区、乡镇（街道）、村（社区）三级互动，推动涉企服务事项线上线下快速流转。搭建全科服务平台。依托全区基层治理"一张网"，重构基层治理网格体系，设立基层网格 1425个、部门网格 261 个，将服务经营主体要素纳入一张网格，建立并落实赋码赋能和积分考核机制。

三、全面统筹发力，实现营商环境法治服务云上办

坚持把解决经营主体的揪心事、烦心事、操心事作为基本着力点，让治理成果更多更公平惠及广大企业。实行清单化服务。坚持以企业需求为导向，理顺部门网格准入、联动治理等机制16项，统筹营商、公安、市场、交通等8个区直部门携带"事项清单"纳入平台一体化管理，实现不同治理主体、治理层级力量整合，不同专业功能优势互补。实行闭环链服务。在全国首创"中心＋星链＋网格"解纷模式，配备12名高校法律教师、85名法官检察官警官律师、5名心理咨询师、614名"法律明白人"、818名专兼职调解员、1589个一线调解员，建立"首问责任制＋闭合工作流程"，形成"10分钟"惠企利民服务圈，将"小单元、微治理、细服务"延伸到企业门前。区"三中心"运行以来，累计调解各类矛盾纠纷2876件，调成2820件，调成率98.05%。通过开展助企纾困专项行动，办理涉企商事案件2479件，为企业退还诉讼费554笔，共计193.95万元，追回债务3039.07万元。实行挂单式服务。一般涉企事项快速响应。2023年9月，由于双井街道道路施工封闭，导致哈尔滨新龙晶动植物蛋白制品有限公司原材料进不来，产品出不去。中心接到事项后，由区级网格长及时协调交通部门为企业办理车辆通行证，保证企业正常生产经营。复杂涉企事项启动会商机制，确定主责单位，相关部门联动配合，最大限度保障经营主体权益。2023年经营主体提报的涉及给排水系统升级、道路维修建设等13个重大复杂事项，全部纳入区级重点工作清单挂单推进。

展望未来，呼兰区将继续以"三中心"星网系统为依托，以服务经营主体为目标，以全过程智慧协同为理念，以全链条法律供给营造公平公正法治化营商环境，办好企业服务事项，化解涉企矛盾纠纷，强化企业发展

信心，为经济社会发展提供有力法治保障。

（黑龙江省哈尔滨市呼兰区综治中心推荐）

第六节　案例20/南昌市新建区：探索建立"五通"型政务服务新模式　搭建政企"连心桥"

为深入推进优化营商环境"一号改革工程"，打破政府与企业间的信息壁垒，江西省南昌市新建区持续深化"互联网＋政务服务"改革，2021年在全省率先研发上线"政企通"综合服务平台，建立政策通、诉求通、融资通、供需通、服务通"五通"型政务服务新模式，搭建起政府与企业的"连心桥"，营造"便捷高效、暖心爽心"的政务服务环境。

一、总体情况

聚焦"政策知晓难""企业说话难""企业融资难""企业用工难"等突出问题，新建区立足"让数据多跑路，让企业少跑腿"的服务宗旨，坚持"政企连心、亲清直通"工作理念，在全省首创"政企通"综合服务平台并进行优化升级，构建"五通＋五心"全方位、全过程、全天候的惠企护企服务机制，积极构建"亲清"新型政商关系。2023年8月，入选国务院办公厅《政务服务效能提升"双十百千"工程典型经验案例汇编》。

二、主要做法

（一）注重"三化"，构建高质高效的推进机制

一是一体化推进。把建设"五通"型政务服务新模式作为全区营商环

境优化升级的关键突破口，制定出台《新建区探索建立"五通"型政务服务新模式改革项目实施方案》，对改革任务进行了细化分解，明确了各项任务的责任领导、牵头单位、配合单位、完成时限。

二是整合化运行。由区政府常务副区长牵头抓总，由区营商办具体牵头落实，从全区相关部门抽调精干力量组建工作专班。实行每月一调度、每月一通报，梳理工作推进中存在的困难和问题，并及时组织相关单位与研发企业进行沟通调整。

三是常态化监管。各功能板块按照"谁实施、谁负责、谁跟进"的原则和要求，严格实行"一窗登记、分流转办、部门受理、统一反馈"的运行机制。建立电子督查系统，实行"红绿灯"制度，对业务办理时限进行全程监督，办理进度实时短信提醒，形成立体化、全方位、全过程的大监督格局。

（二）致力"五通"，构建常态长效的服务体系

坚持问题导向，围绕企业发展面临的突出难题进行逐项解决，在"政企通"建立"5+5"功能模块，构建"五通＋五心"惠企护企服务机制。

一是政策通，让企业更省心。设计开发了"AI政策宝"，建立跨部门的政策基础数据库，及时上线更新省、市、区各个领域的惠企政策，利用大数据算法智能匹配惠企政策，向企业精准推送，企业可通过访问链接跳转至"惠企通"平台进行线上"专网申报"，让政策知晓"无障碍"、政策解读"零距离"、政策兑现"加速度"，实现"人找政策"到"政策找人"的加快转变。企业可通过访问链接跳转至全省"惠企通"平台进行线上申报，让政策兑现直达企业，为1.1万家企业兑现政策资金10.4亿元。

二是诉求通，让企业更舒心。实时记录、高效处理企业各方面的诉求和意见建议，建立完善"发起→核实受理→转办→督办→反馈→办结→回访"的全过程闭环工作机制。开设线上"回音壁"模块和"办不成事"反映窗口，专办企业群众"急难愁盼"事，办结涉营商环境诉求问题2000余条。

三是供需通，让企业更放心。接入新建区"就业创业供需一体化服务"系统，搭建企业之间、企业与服务机构和群众之间求职招聘、人才交流、技术交流、资源交换的服务平台，并提供网上咨询、网上签约、服务评价功能，实现双向选择、双向对接，切实解决中小企业实际困难和迫切需求。平台发布招聘岗位7500多个，帮助1500余人达成就业意向。

四是融资通，让企业更安心。线上搭建银企沟通合作平台，整合全区所有银行、保险公司和担保机构统一入驻，通过融资工具集成和智力成果共享，发布企业贷款、担保、保险等形式的融资产品，并向融资需求企业进行精准推送。线下协调金融和担保机构制定针对性和个性化的金融产品，对企业群众的融资需求进行高效审核并协调推动金融和担保机构对接落实，切实帮助解决企业群众融资需求。与24家银行达成合作，发布企业贷款类金融产品100个，为企业提供信贷支持26亿元。

五是服务通，让企业更暖心。线上运用数字化手段精准服务辖区企业，为企业提供预约服务、便民服务、帮办代办、法律咨询等服务项目。线下开展"周末亲清行"常态化联系帮扶企业活动，区领导直接带队，以上率下，以"三促两联三请"为抓手，主动靠前服务，上门送政策解难题，努力构建"亲而有度、清而有为"新型政商关系。为落实"企业安静日"制度，设立"扫码进企业"模块，对未扫码提前报备入企的执法人员，企业有权拒绝其进入，有效减少对企业的干扰，让企业安心经营，切实做到"无事不扰、有呼必应"。

（三）开展"三宣"，构建全员全线的推广矩阵

一是上门走访宣传。结合"暖心护企""优化营商环境宣传周"等走访活动，上门入企宣传推广"政企通"平台，发放宣传彩页25万余份。

二是部门联合宣传。整合市场、税务、科工信、商务等各职能部门平台和力量，在区政务服务大厅、各区直单位办事大厅和公众号、16个乡镇

（街道、开发区）241 个村（社区）便民服务站，张贴"政企通"宣传海报，发放宣传单页，安排专人宣传引导，并动员企业和干部群众通过微信群进行宣传推广，让"政企通"平台随时可见、随时可用。

三是媒体联动宣传。积极对接各主流媒体进行报道，利用抖音等新媒体进行宣传推广，新华社、《江西日报》、江西卫视、江西营商、《南昌日报》等各级媒体相继对"政企通"进行了专题报道，进一步扩大了"政企通"的覆盖面和影响力。

三、取得的成效

目前，"政企通"平台的"粉丝"与日俱增，关注访问已突破 40 万人次，一组组数据、一次次点赞实实在在见证了"政企通"平台的社会声誉，持续擦亮"新事心办"政务服务新建品牌。

拉近了政企关系。企业诉求实现了"一键直达"、反映问题"一路畅通"，有效解决了企业的"急难愁盼"问题，企业的获得感和满意度不断提升。已办结涉营商环境诉求、投诉和意见建议 2000 余条。

构建了护企机制。企业与政府 24 小时实时互动，有效提高政企协作效率，构建了"五通＋五心"全方位、全过程、全天候的惠企护企机制。

优化了政务环境。"政企通"平台已优化升级至 3.0 版，助力全区政务服务环境持续向上、向好发展。"政企通"平台正逐步成为一键通、一路通、事事通的企业办事服务平台，也必将打造成为搭建政府与企业的"连心桥"、优化营商环境的"主阵地"、市场主体的"心家园"。

（江西省南昌市新建区政务服务数据管理局推荐）

第七节　案例21/长沙望城经开区：五个全覆盖串智成链　政策兑现服务全新升级

一、背景

纾困惠企政策能有效缓解市场主体成本压力，政策是否及时兑现，反映政府效能高低、关乎市场环境好坏。2023 年 7 月，中共中央、国务院发布《关于促进民营经济发展壮大的意见》，指出要充分发挥财政资金直达机制作用，推动涉企资金直达快享；湖南省委书记沈晓明在 2023 年湘商回归企业家代表座谈会上强调，要严格落实各项惠企政策，坚决兑现惠企承诺。长沙市望城经开区紧扣上级要求和企业所需，在全省率先开展政策兑现改革，通过专业服务 + 数智赋能，构建企业政策兑现服务全链条，实现政策梳理、沟通渠道、服务对象、兑现流程、数据监管"五个全覆盖"，让政策红利转化为企业发展的动力、市场发展的活力。

二、主要做法

（一）政策梳理全覆盖

以"三步走"战略全力打破政策信息壁垒。一是深化政策库建设，全面覆盖各级政策信息；二是高质量解读政策，聚焦政策中与企业生产密切相关的具体条款和事项，采取多种形式进行深度辅导；三是精准推送政策，对政策信息和企业类型标签化处理，打造企业"一对一政策秘书"。

（二）沟通渠道全覆盖

积极构建惠企政策申报服务体系，线下设立惠企政策服务窗口，指定专人负责政策咨询、业务受理、现场答疑等综合服务，发布惠企政策事项办事指南，实现一站式、全流程办理政策兑现业务；线上对接打通"湘易办"及本级智慧园区端口，数据资源连接所有业务部门。

（三）服务对象全覆盖

建立园区干部一对一联点帮扶机制，深入开展"政策敲门""服务落地"等活动，为企业解决生产经营难题。将园区活跃市场主体全部纳入政策服务范围，与第三方服务机构建立稳定的合作关系，提供精准推送、申报规划指导等服务，同时也注重培育创新创业新生力量，对平台公司所有企业提供"无差异"线上线下咨询等服务，有效提升惠企政策触达率和转化率。

（四）兑现流程全覆盖

积极响应政策兑现直达快享的工作要求，形成"独一无二"工作模式。"独一"指"一次办好"：对外采取"一件事一次办"模式，明确申报标准、申报流程；对内优化部门审核、部门联审、会议审定等流程，由企业"一对多"变为部门"多对一"。"无二"指"无感即享"和"无证即办"：对条件明确、可大数据匹配的项目，通过主管部门审核筛选，企业无须申请即可获得政策奖补；推动更多"无证办"场景应用，将企业电子执照、电子印章等数据嵌入平台项目兑现流程，实现企业资料免提交或少提交。

（五）数据监管全覆盖

推动数据从"数字化"应用处理到"数智化"辅助决策迭代。一是建立惠企政策查重数据库，实现申报项目跨区域、跨年份、跨层级的查重比对；二是建立政策兑现数据库，可通览政策申报情况及兑现结果，并定期统计分析支持类别、产业领域占比等信息；三是转变评价方式，将企业评价从事后终评转为分环节、分部门测评。

三、创新点

（一）政策获取从"被动找"转变为"主动送"

望城经开区政策库目前已全量汇聚中央、省、市、区和园区政策信息，同时借助智慧园区、"政策快车"等平台服务，有效解决惠企政策找不到、看不懂、不知如何申报等现实难题。

（二）政策申报从"单线走"转变为"双线合"

通过线下"零距离"互动和线上"零跑腿"秒办，实现企业由"各部门分头申报"转为"一窗一网集中申报"，大大提升办事体验感。

（三）政策服务从"特惠制"转变为"普惠制"

进一步扩宽政策精准推送广度，基本涵盖园区全部活跃市场主体，为企业提供了更高效率、更可获得的优质服务。

（四）政策兑现从"往返跑"转变为"不要跑"

按照"一次告知、一次表单、一次联办、一次办好"的工作原则，全面打通政策兑现从部门到企业的绿色通道，园区本级政策已实现 100% 线上申报、线上审核，免申即享政策占比达 80%。

（五）政策数据从"数字化"转变为"数智化"

通过对数据实时抓取、收集与分析，达成政策数据三个"智"变。项目"智"审，能对企业申报信息提前智能查重比对；政策"智"定，为园区决策提供数据支持；服务"智"管，更加细致诊断政策兑现问题，提升服务质效。

四、成效

自政策兑现改革开展以来，望城经开区政企协同平台已集中发布、分类展示涉及企业税收、人才、金融、科技等政策 2416 条，精准企业服务数量增加到 1012 家，微信公众号、电脑端平台政策兑现栏目浏览量超 2.3 万次，智能匹配推送政策 6593 次，本级政策兑现时限从两个月压缩到 20 个工作日以内，平均服务时限压缩 56% 以上，园区本级政策 100% 实现在线申报和一网办理，有效提升企业获取政策的便利度，精准破解了政策散、流程繁、到账慢等问题，实现了政策触达和兑现服务的双提升。

五、反响

通过政策兑现五个全覆盖改革，大大提升了市场主体的获得感。2023 年以来累计指导 300 余家企业获工信、科技、发改等各部门项目 800 余次，为企业解决要素保障、项目建设、金融服务、科技创新等方面的问题 193 个，政策兑现奖励资金超过 1.6 亿元，惠及企业 430 余家，打通了惠企政策兑现的"最后一公里"。

（湖南望城经济技术开发区管理委员会推荐）

第十章 创新引领 探索智慧监管新模式

第一节 案例22/湖北咸宁：数字赋能"一码管地" 推动营商环境创新优化

一、工作背景

实现用地、用矿、用海审批以及不动产登记、政务公开等面向社会的政务服务"一窗受理、一网通办"是自然资源部门深化"放管服"改革和"一件事一次办"改革的重要内容。2022年3月，自然资源部印发《自然资源部关于加强自然资源法治建设的通知》（自然资发〔2022〕62号）提出，要全面建成网上"一窗办事"平台，应用不动产单元代码"一码管地"。实现自然资源领域高频事项"跨省通办"。同年5月，湖北省政府办公厅印发《深化自然资源管理改革服务高质量发展的若干措施》，文件指出要推动自然资源治理数字化转型，建立运行省、市、县三级联动的土地全流程管理平台，推行"一码管地"。"一码管地"即通过源头赋码、全面覆盖，结合贯穿土地管理的全生命周期的工作机制，串联起土地的"前世今生"，使后续的土地管理"一脉相承"。

咸宁市土地全生命周期"一码管地"改革，以土地全流程监管、高效率审批服务、跨部门业务协同为目标，以10个"小切口"应用场景为突破口，充分融合时空大数据平台与自然资源业务，建立起"业务事项全面覆盖、业务流程全面优化、业务审批全程网办、业务办理全程可溯、业务信息全面共享"的政务服务体系，持续为市场主体减成本，为群众办事增便利，为营商环境创条件。

二、主要做法

（一）精心组织谋划，高标准编制建设方案

编制《咸宁市"一码管地"建设方案》明确建设目标。提出4大建设内容，以先进、实用、可靠、易用、经济为原则，并从土地全流程监管、业务智能化、优化营商环境、跨部门协同等方面精心谋划了10个应用场景建设。建设方案内容全面、路线清晰，具有很好的指导性和可操作性，符合试点要求。

（二）明确赋码环节，制定数据标准规范

工作专班经广泛调研，确定了咸宁市建设用地管理"一码管地"赋码4大环节（建设项目用地预审与规划选址、建设用地规划许可、建设工程规划许可、土地核验与规划核实），包含7个业务阶段（建设项目用地预审与规划选址、规划条件下达、办理出让合同、建设用地规划许可、规划方案技术审查、建设工程规划许可和土地核验与规划核实），涵盖咸宁市土地管理全流程。在明确赋码业务环节的基础上，进一步梳理各个业务环节的表单数据和附件材料，明确编码数据的内容组成、属性结构和数据交换格式，形成了咸宁市"一码管地"服务平台数据规范。

（三）实施系统升级改造，全流程数字化审批

基于湖北省统一土地代码编码规则和咸宁市"一码管地"服务平台数据规范，对咸宁市自然资源和规划政务审批系统进行全面升级改造。一是改造业务报建方式，除首次在政务平台进行审批的事项外，一码管地涉及的业务事项改为通过"续报"功能进行业务续报。二是新增"一码管地"

赋码功能模块，通过调用省"一码管地"系统赋码接口，给业务赋予全省唯一的地块码和业务码。三是新增空间数据关联和办件材料关联功能模块，实现相同空间数据和附件材料的免提交沿用。四是增加可获取的电子证照类型。五是新增"一码全息"功能，可查看项目全生命周期业务信息和空间位置。六是改造证书打印功能模块，扫描证书二维码后可以查询与该项目关联的全量证照信息（包含一书两证一核实证照）。通过政务审批系统升级改造，全面实现土地管理相关业务数字化审批。

（四）做好系统深度对接，省市统一编码

咸宁市自然资源与规划政务审批系统改造完成后，开展了市级编码服务与湖北省编码服务对接联调，由咸宁市自然资源和规划政务审批系统发起编码服务请求，完成市级编码。在完成业务数据编码的同时，按照数据规范将赋码后的数据推送至湖北省编码服务数据库中，实现编码业务数据的汇聚。

（五）实现业务全流程赋码，项目全环节串联

咸宁市自然资源和规划政务审批系统改造升级后，在业务办理过程中实现了全流程实时赋码。同时通过与湖北省"一码管地"编码服务系统对接，将用地预审与规划选址、规划条件编制、土地供应、建设用地许可、建设工程设计方案审查、建设工程规划许可和土地核验与规划核实业务中的赋码数据统一汇聚到省"一码管地"数据库，通过建立数据模型，由编码服务实现建设项目全环节串联。

三、工作成效

以"码"构链，全面打通用地管理各个业务阶段。重点围绕服务土地管理数字化转型、服务要素保障、服务营商环境优化等方面，通过"建设用地项目全流程展示""地块管理状态七色图""建设用地全流程监管驾驶舱""智能审查""公众智查"等应用场景建设，将业务办理信息在时间、空间、业务多个维度自动归集，串联土地"前世今生"，实现二三维一体化、图文一体化展示项目审批全流程信息。打造"智能组卷""供地会商""建设用地信息实时核验""多审合一""减材料办理"等应用场景，精简办件材料，提高工作效率30%以上，减少审批耗时60%以上，有效降低市场主体时间成本。

凭"码"流转，有效提升各项业务协同办理效能。一是通过"多审合一""智能组卷"等应用场景建设，优化工业用地审批流程，通过减环节、减材料、减时限，进一步提高土地审批效率。二是通过"供地会商"应用场景建设，将拟供地项目信息以"码"集成，通过"码"将所需的数据推送相关业务部门，实现跨部门数据共享、业务协同推进，提高供应方案的会商效率，加快土地供应速度，提升行政效能。三是通过"公众智查"应用场景建设，利用"互联网+"技术，可以方便公众直观便捷地查询项目全过程的审批结果证照信息，有效促进公众服务水平提升。

扫"码"智办，以"真功夫"促营商环境"见实效"。一是工业项目落地再提速。基于"多审合一"应用场景，武汉医麦德医疗用品生产基地建设项目在办理建设用地规划许可证、规划设计方案批复、建设工程规划许可证业务时，由原来的三次申请、依次办理改为了一次申请、一次办结，大大缩减了审批时限，助力项目审批跑出加速度。二是不动产登记更便捷。基于"减材料办理"应用场景，湖北君德电子有限公司实现不动产土地首登业务"零材料"办理，方便企业群众办事更便捷，助力营商环境再优化。三是部门协同更高效。基于"供地会商"应用场景，在咸宁规委会会议召开前，市发改委、市财政局、市住建局等部门通过阅"码"知晓拟供应地块详细情况，实现会前沟通、会上即表决，大幅提升部门协同办公能力，助力行政效能再提升。

（湖北省咸宁市优化营商环境领导小组办公室推荐）

第二节 案例23/河南方城：打造数字化信用街区赋能营商环境高质量发展

　　为加快推进社会信用体系建设，助力营商环境不断优化，河南省南阳市方城县按照"以点带面、点面结合，试点示范、总体提升"的总体思路，本着"政府引导、社会参与、群众受益"的基本原则，创新探索开展"信用街区"建设，以"一城四馆两中心"为建设信用街区试点，围绕"一码4端、5大站点、X个信用＋应用场景"的（1+5+X）数字化模式，构建"商户申请、信用监管、择优推荐、典型展示、动态管理"的链式管理机制，为实体店铺赋能添翼，拓展线上销售渠道，助推商业街区焕发新活力。

　　信用引领"智慧监管"，打造信用街区新模式。建设1个信用街区智慧化监管平台，并与市场监管部门智慧监管平台数据互联互通，实现一户一码一档，已入驻智慧化监管平台商户268户，商户"宛信分"入驻率100%，平台集中展示信用信息、信用评价、信用档案、街区运行，搭建网格化管理、精细化服务、信息化支撑、开放共享的数智管理平台，全面掌握商圈内的基础信息，通过归集信用街区商户公共信用信息和分级分类监管及评价信息，精准化管理，建立风险预警和联动响应机制，推进商户信用风险管理、信用约束、信用风险预测，建立健全衔接事前、事中、事后全监管环节的新型监管机制，提前预防、化解信用风险，构建信用引领社会治理新格局。

　　信用引领"五站合一"，打造信用街区新阵地。以信用服务站为引领打造集物业服务站、价格纠纷调解站、志愿者服务站、消费维权服务站为一体的"五站合一"新模式，加强衔接联动，为商户提供高效、便捷的行政审批"帮办代办"服务，依托数字化平台及时解答反馈问题，让商户进一道门办多件事，享受"信用街区"一站式贴心服务，使街区商户逐步实现小事不出门，方便在"街区"。自综合服务站设立以来，积极梳理本级制定且现行有效的惠企政策，将惠企政策划分为减免类、奖补类、权益类、资质类等类别，形成可操作的事项清单，主动了解企业需求，对有融资需求的企业，列出清单，均进行"一对一""手把手"服务，耐心指导企业注册，帮助企业入驻"信易贷"平台、发布融资需求，让企业和群众对"信易贷"惠企政策有了更深的理解和认识。被评为"方城县信用企业"的惠民超市在2024年春节前夕通过"信易贷"获批120万元贷款，有效缓解融资难融资贵问题。把信用建设植入调解工作，在自治、法治、德治基础上将"信治"融入其中，推进融合共治。增加事前"信用承诺制"，以公示信用信息引导企业诚信经营、履约践诺。着力推动"三变"：变"重调解"为"重预防"，筑牢和谐劳动防线；变"被动"为"主动"，破解调解预警难题；变"单一化"为"多元化"，转化案件调解思路。以信用手段有效引导和倒逼各方履约践诺，巧妙化解矛盾纠纷。今年以来，信用+价格争议纠纷调解站已成功调解价格争议纠纷113件，涉及金额99万元，取得社会一致好评。

信用引领"场景应用"，打造信用街区新业态。依托"宛信分"系统，不断创新"X"项信用应用场景，为商户提供信易批、信易租、信易游、信易行、信易阅、"信用+义诊""信用+积分兑换""信易停"等50个"信易+"创新信用服务，积极营造"诚信有价"的社会氛围，实现信用有价、信用惠民、信用便企，切实增强企业及群众获得感、幸福感、便利感。其中，首创街区"裕信卡"，激励信用方城人。县信用办针对个人"宛信分"600分以上，信用企业、信用商户、诚信居民统一发放"裕信卡"，持卡人可享受免费乘公交车、3 个 4A 级旅游景区免门票、图书馆凭卡免证借阅、水电气减免、免费停车等服务，目前已惠及商户居民 100 余人。消费者结合"宛信分"积分可在信用街区家具建材、餐饮服务、酒店住宿、生活服务、街区医疗、培训机构等 10 个领域 175 家商家享受优惠折扣政策，形成信用惠民便民叠加效应。

信用引领"宣传氛围"，打造人人诚信新局面。通过印制《方城县公民信用手册》、设立"信用示范街"宣传栏、签署"诚信经营倡议书"、开展《河南省社会信用条例》宣讲、组织信用商户评选以及举办"3·15 消费者权益日""6·14 信用记录关爱日"、诚信建设万里行、"诚信十二进"等主题活动，大力宣传社会信用体系建设工作，增强群众和商户诚信意识。"信用＋街区"可视化工程的推行，将信用嵌入到改善消费体验、优化消费方式上，引导经营主体诚信经营，有效维护了消费者合法权益，提振人民群众消费信心，营造了公平、公正的市场竞争环境和放心、安全的市场消费环境。

"信用街区"的打造，让商户拥有一张崭新的"信用名片"。一是消费者可信。作为消费者，只需用手机扫描商户张贴的信用二维码，即可对商户的信用档案、营业执照信息、店铺信息、销售品类、近期商铺活动、消费信息等共 18 类信息直接了解，有效解决了商户与消费者之间信息不对称问题，积极保障了消费者的知情权、选择权和监督权，大大提升消费者的满意度。二是商户可用。依托信用二维码，商户可以不断积累诚信经营口碑，树立诚信经营形象，在市场活动中形成差异化竞争优势，倒逼商户诚信规范经营，实现从被动监管向自我主动诚信经营的转变。三是政府可控。依托数字化监管，搭建了信用可视化一条街的分级分类监管后台，并将商户信用档案纳入监管后台进行信用监管，监管部门可实时查询商户的信用情况，并对商户风险信息、市场反馈信息进行抓取和预警提示，切实保障消费者的合法权益。

（河南省方城县发展和改革委员会推荐）

第三节　案例24/三亚崖州：探索"空地协同"
远程监管服务　以新模式破题数字政府
"小马拉大车"困境

一、背景概要

为加强数字政府建设，加快转变政府职能，根据《国务院关于加强数字政府建设的指导意见》《海南省建设效能政府行动方案》《海南省政府数字化转型总体方案（2022—2025）》等文件精神，海南省三亚市崖州区积极落实省委、省政府关于政府数字化转型工作的相关要求，打造"崖州区无人机空地协同感知服务模式"，依托遥感网、图像分析等技术集合流程再造，将审批踏勘、大气环保日常巡查等多领域的具体工作内容纳入无人机自动化巡查服务体系，充分发挥数字化在政府履行政务服务、社会管理、生态环境保护等方面职能的重要支撑作用。

二、制度建设

2022年7月15日，海南省人民政府办公厅印发《海南省政府数字化转型总体方案（2022—2025）》

2023年6月14日，中共海南省委优化营商环境领导小组印发《海南省2023年营商环境制度集成创新重点任务》

2023年10月11日，海南省人民政府印发《海南省建设效能政府行动

方案》（琼府〔2023〕34 号）

2023 年 12 月 7 日，三亚市人民政府办公室印发《三亚市创建一流营商环境 2023 年实施方案》

三、主要做法

（一）采用"承诺+电子远程踏勘"模式

根据办理的事项踏勘重点和需求，科学合理选择远程踏勘方式（高空正射影像图），申请人自愿选择是否接受远程踏勘。进入远程踏勘程序的项目，工作人员针对项目实际情况规划远程踏勘重点及重要勘验区域，制定勘验方案，相比传统勘验方式，突破了时间和空间限制，调和了现场踏勘任务繁多、踏勘人员紧张、申请人时间不固定等问题。

（二）推行企业无感知监管模式

针对部分监管区域和企业地处山区、生产环境要求高（无菌环境等要求）等情况，需要开展生态指标监测、企业排污检测、养殖环境达标、农业生产水指标检测等管理服务事项，依托卫星遥感图斑感知、远程无人机图像分析等技术，进行无人自动化监管，实现快速感知、识别、核实监管事项，远程实现核实和监管，为企业提供无感知监管，提升企业监管服务体验。

（三）构建多部门跨域联动服务模式

在面临涉企涉民的大气污染、公共卫生、大型活动、征地拆迁、宅基地建设等复杂性事件，各部门依托空地协同体系以及"平战"结合的长效协同制度，通过搭载可见光相机、RTK（实时动态载波相位差分技术）、灵嗅气体检测等设备执行"城市交通""'两违'整治""水务巡查""大气检测""三无船舶"巡查监测任务，结合遥感技术进行远程监管，实现有效追踪和治理。定期生成巡查报告，使得区政府各个部门主体能够便捷地在云端共享数据、获得跨域服务，从而在空间上打破了行政边界和地理边界，从职能边界过渡到数字边界。

四、创新亮点

基层治理精细化。"空地协同"基层治理创新模式，将无人机巡航赋能政务审批踏勘、城市管理巡查、水务环境治理、生态环境巡查等领域，克服各大领域人力巡查盲点，突破巡查时空制约，构建"空中无人机、高点鹰眼、地上巡"多层次管理体系。整合数据分析，闭环管理。通过使用智能 AI、算法分析等现代化信息技术，无人机搜集到的数据被整合到统一的信息平台。信息平台可自动分析数据，发现问题，预测潜在风险，并生成详细的报告，通过工单系统进行闭环管理，高效推动海南自由贸易港建设和经济社会高质量发展。

社会治理自动化。通过部署无人机基站，覆盖范围最远可达 5 公里，最高巡航里程可达 15 公里，实现区内行政村基本覆盖。2023 年共计完成无人机高空巡查 4203 起，发现问题 541 处，共采集各类数据 5.03TB，利用自动化处理技术，对数据进行分类、分析和整理，生成了各类巡查报告 406 份。

五、创新成效

进一步优化营商环境，科技手段助力服务企业。实行"网上受理踏勘申请、远程视频踏勘验收、线上传递整改材料、在线签字确认"的不见面踏勘验收机制，整个远程踏勘过程均有图像存档。利用智能化、信息化手段，为办事企业及群众提供更精准、高效的政务服务体验，提升了群众办事便捷程度，化解了勘验服务廉政风险，降低了行政成本，还大大加快了勘验效率，有效推进了营商环境持续优化。

寓管理于服务，无感式服务为企业监管减负。推进线上线下监管有效衔接，推动跨区域、跨部门立体化协同监管，完善信息化监管手段，降低监管行政成本，同时减少监管对企业、群众的负担，既"无事不扰"，又"无处不在"，一边帮企业实现降本增效，一边传递着营商环境"温度"。

科技改造流程，为城市服务管理提供精准服务。将空地联合感知技术与各个行政职能部门业务结合，为公共服务提供精准服务，在项目征拆、违建违种界定等管理服务中发挥科技的精准服务优势，大幅提高工作专业度和精度，减少工作纠纷，提高政府公信力。

六、进阶指引

接下来，崖州区将继续以数字赋能，从"小切口"入手提升服务品质，加强跨部门业务协同，促进各项业务流程的有效衔接，以此构建高效、统一、有序的社会治理共同体，形成良好的、可持续的营商环境。

（海南省三亚市崖州区人民政府推荐）

第四节　案例25/山东沂源：创新"智慧监管+统一指挥"体系　蹚出综合监管一件事新路径

为提升市场监管效能，优化营商环境，山东省淄博市沂源县市场监管局成立统一指挥调度中心，创新智慧监管手段，搭建起"智慧监管＋统一指挥"综合监管一件事推进路径，打通科室业务壁垒，实现市场监管工作"一张网"科学有效运转。截至目前，共发布"一张网"任务清单621个，涉及监管对象11352户，完成各类监管任务64706项，平均进一次门办十 5.7 件事。

一、构建智慧市场监管"一张网"，谋划综合监管一件事实施之策

针对市场监管职能繁多，基层执法监管机构任务不清；监管领域相互独立，监管合力不足；监管计划步调不一，工作统筹融合不足；监管随意性强、自由度大等客观难题，以对监管任务的解构分类、重构组合、监测评价为主要手段，构建智慧市场监管"一张网"监管服务支撑体系，形成"综合监管一件事"施行之策。

一是解构分类之策。按照同一标准，将不同领域、不同部门的监管工作统一解构为"监管对象清单、监管人员清单、监管事项清单、监管标准清单、监管任务清单"5 个数字化模块，明确基层市场监管部门监管谁、谁监管、监管什么、怎么监管、如何实施等问题，以底数清、情况明，夯实监管之基。二是重构组合之策。对同一领域不同类型的任务，不同领域同一市场主体的任务合并"同类项"，以"双随机、一公开"主要形式，按月重构智慧市场监管"一张网"任务清单，向全局执法监管机构发布，将市场监管的各个节点有效链接起来，监管工作由"一条线"转变为"一张网"，实现"进一次门、办多样事"。三是监测评价之策。针对不同领域、不同类型监管内容，开展工作目标、业务规则结构化、数字化运作，依托"一张网"监管产生数据，搭建不同的市场监管应用场景，开展统计分析，对各类监管任务进行监测评价，推动监管提效。

二、推行"六统一"工作法，搭建综合监管一件事落实之链

围绕统一指挥调度如何落地实施，推行统一接收、统一处置、统一分派、统一反馈、统一分析、统一考核"六统一"工作法，构建统一指挥调度流程链条，保障"综合监管一件事"落实落地。

一是统一接收。每月 25 日前，指挥中心统一接收各监管领域《次月监管计划表》，梳理汇总监管对象清单、监管人员清单、监管事项清单、数字化调度评价指标等信息，生成《次月监管计划汇总表》。二是统一处置。将《次月监管计划汇总表》，通过"双随机、一公开"等形式统一处置为智慧市场监管"一张网"任务清单。三是统一分派。指挥中心将"一张网"任务清单，统一分派到各监管单位，按照数字化调度评价指标，调度计划执行。四是统一反馈。监管人员根据"一张网"任务清单，实时、动态掌握辖区每月监管任务，通过移动执法终端，将监管结果统一反馈到省市智慧监管系统。五是统一分析。指挥中心每月对监管数据综合多维分析，编制工作简报，通报工作开展、存在问题、有关经验，制作每月监管数据可视化展板，全景式展示当月工作总体概况。业务科室对监管数据进行分析研判，完善差异化监管措施、服务事项清单，指导日常监管服务工作。截至目前，共发布工作简报 15 期。六是统一考核。建立"周调度、月小结、年考评"工作机制，根据"一张网"任务完成指数及监管人员检查次数的统计结果，对监管单位和人员进行统一考核，作为评优选模重要依据。

三、研发数据"自流动"体系，构建综合监管一件事智慧之柱

针对当前市场监管各类业务平台主要聚集单项应用，不适应综合监管需要系统集成服务和针对不确定性决策提供支持的现状，沂源县局充分发挥本系统干部职工聪明才智，自主研发具有完全知识产权的软件，构建"中台＋规则＋场景"数据"自流动"体系，实现统一指挥调度智能化，为"综合监管一件事"赋能。

一是构造一个数字要素支撑平台。自主研发软件，打通系统内各类业务系统壁垒，汇聚省市各级业务平台数据，将业务和数字进行整体融合集成，进行数据标注和标准化治理，提升数据的完整性、及时性、准确性和

可流动性，提供高质量数据要素服务。二是构建数据自流动规则体系。根据"状态感知—实时分析—科学决策—精准执行"数据闭环要求，将内部数据横向集成、外部数据纵向集成的流程规则进行数字化处理，转换为统一算法，实现数据自动流动、协同联动、数据复用。三是搭建数字化自流动应用场景。将统一指挥调度工作拆分为消费维权、执法办案、食品抽检等 12 个数字化应用场景，以场景建设为牵引，以评价指标为主线，以场景简报为载体，让正确的数据在正确的时间以正确的方式传递给正确的人和事，满足多样化的需要，持续提升资源配置效率。

四、创新五个维度数字指标，发挥综合监管一件事评价之效

主动挖掘智慧监管"一张网"形成的市场监管大数据价值，构建起监测评价类、监控预警类、态势感知类、人员评价类、评价辅助类 5 个维度 100 余项指标的"一张网"数字化调度评价指标体系，对监管数据进行综合多维分析利用，为工作决策提供参考依据，推动监管工作具象化、可量化、可视化、可评价。

一是搭建监测评价类指标体系，"数"评部门。该指标包括检查率、检查覆盖率、问题发现率、问题处置率、问题发现种类率、案件转换率、任务契合度、消费投诉办理结果满意率、执法办案规范情况等子指标，将监管工作数字化，实现市场监管工作全程可视化、可量化、可评价。自统一指挥调度以来，各类监管指标全面优化，各单位任务清单完成率达到 100%，问题发现率由 2022 年度 3.99% 增加到现在的 49.3%。二是搭建态势感知类指标体系，"数"判隐患。该指标包括问题清单、监管及投诉热点领域分布等子指标，动态感知监管对象运行态势，提升对风险隐患的发现识别、理解分析、响应处置能力。目前，通过态势感知类指标，已精准感知全县在药品经营和使用拆零记录存在的不规范风险、食品流通流域存

在的食品超期增长等隐患问题20余项。三是搭建监控预警类指标体系，"数"优服务。设立企业年度被检查次数统计、企业年度被投诉次数统计等指标，对指标异常的企业进行预警提醒，先后对168家检查次数明显频率较高企业，进行纠偏；对30家被投诉较高的企业，采用部门联合监管的形式，实施综合监管、重点监管，在"无事不扰"的同时，做到"利剑高悬"。四是搭建人员评价类指标体系，"数"描"画像"。建立监管之星、问题发现之星、问题处置之星、执法办案规范之星等子指标，评价监管人员履职情况，把"某人究竟好在哪里"用数字量化。2023年度，推出各类监管之星16名，并在年度工作总结会上进行表彰。五是搭建评价辅助类指标体系，"数"推发展。将全年各领域工作全部纳入统一指挥，建立监管指数、维权指数、办案指数、应急指数、创新指数、综合指数等子指标，进行科学综合评价，构建涵盖过程与结果的全流程评价体系，推动监管工作均衡发力。

（山东省沂源县市场监管局推荐）

第五节　案例26/　"信用+智慧" 打造全链条信用管理鹤壁模式

河南省鹤壁市立足社会信用体系建设实践，建成鹤壁智慧市场监管平台，创新推出"鹤信码"，在市场主体办理登记、行政许可、接受日常监管和公共服务过程中，及时全面记录市场主体行为及信用信息，在此基础上实现企业信用信息全方位公示、多场景应用、全流程追溯，打造信息化、数字化的信用"监管＋服务"鹤壁模式。

一、打破数据信息壁垒，实现信用信息"码"上查

整合资源、数据、功能，建设信息化、智慧化平台，着力破解监管过程中数据壁垒、"信息孤岛"问题。一是搭建数字监管平台，整合多项业务功能。投入 1700 余万元建成鹤壁智慧市场监管平台，涵盖信用、食品、药品等 9 大模块，搭载数据中心、智能分析两大功能，利用平台实现数据归集、信息分析、预警监测等功能，为"智慧 + 信用"监管提供了强有力平台和技术支撑。二是打通数据接口，整合多部门数据资源。打通鹤壁智慧市场监管平台与国家信用信息公示系统、信用河南等 9 个平台数据壁垒，全量汇聚 38 个部门行政许可、行政处罚、涉企信用、企业报送等 12 类数据，引入时空模式、地图模式、信用标签等多种方法，全方位、立体式展示全市企业信用状况。三是开发"鹤信码"功能，整合多项企业信息。利用技术手段将企业各类信息链接到营业执照二维码中，化身为市场主体唯一身份的"鹤信码"，成为企业专属数字信用档案，社会公众、企业商户、监管人员扫码可直接查看市场主体基本信息、信用信息、监管信息、公示信息，实现"实时查、随地查、便捷用"。目前，全市 16.7 万户市场主体全部实现附"码"管理、一"码"查询。

二、推行信用分类监管，实现经营行为"码"上管

着力破解重点领域信用风险分类"通用指标"和"专业指标"结合问题，实行差异化监管，提升监管效能。一是科学信用分类，明确监管层级。在全省率先以食品领域为试点，出台《鹤壁市食品安全信用管理办法（试行）》，搭建信用风险分类监管模型，结合通用信用 4 类分级和专业风险 4 类分级，组成 16 类"通用 + 专业"监管类别，按照信用及风险高低对全市 1.3 万户食品生产经营者分别以"绿、蓝、黄、红"4 种颜色进行色卡管理，实施

差异化监管举措。二是实行一"码"监管，开展差异检查。利用 APP 执法终端扫描"鹤信码"即可获取企业信用等级，根据信用等级匹配检查计划和检查表格，对企业实施免于检查、简易检查、重点项目检查、全项目检查等差异化监管举措，同步记录执法人员、监管任务来源、检查时间，检查任务自动留痕、监管过程透明规范。目前，共开展差异化监管检查 6047 次，其中简易检查占比 47.3%。三是整合监管事项，实现综合监管。执法人员根据"鹤信码"推送的信息，在完成单项检查的同时，可根据需要完成价格、计量、广告、产品质量等 24 类其他监管事项，实现"进一次门，查多项事"。目前，共开展 3307 次综合监管，检查时间降低 32.7%、监管效率提升 27.5%。

三、开展信用智能研判，实现风险预警"码"上见

通过自动监测、同步预警、及时处置，着力破解信用风险信息分散、推送不准确、处置滞后等问题。一是实施风险监测，及时发现异常线索。收集梳理企业经营状态、发展状况、监管情况、信用等级等重要信息，鹤壁智慧市场监管平台自动进行综合分析，第一时间捕捉企业在经营中出现的监督检查不合格、抽检不合格、行政处罚、列入经营异常名录、投诉举报等信用风险信息。目前，运用智慧平台累计产生重点领域风险预警信息 8940 条。二是实施风险预警，及时推送异常信息。建立智能化信用风险预警管理系统，针对企业日常生产经营中的易发风险点，开展精细化预警，预警结果通过系统智能推送至企业所在地监管人员执法终端，实现了从被动响应向主动预见的转变。目前，运用智慧平台自动生成交办单 0.32 万份，均同步推送至监管终端。三是实施风险处置，实现监管关口前移。监管人员根据预警提示现场扫码进行重点检查、监管，在线调用现场检查、责令改正等执法文书，现场处置并实时上传处置信息，实现信用风险预警信息

"汇总成单"、智慧监管平台"统筹派单"、执法人员"照单监管"，让监管跑在风险前面。目前，依据交办单检查风险企业1602家，处置完成率、上传率均为100%。

四、拓展信用服务场景，实现企业服务"码"上用

将信用信息嵌入企业服务、政务服务、融资服务等领域，加强成果运用，实现各项服务精准协同、全面高效。一是嵌入企业服务，企业查询更便捷。在"鹤壁市场监管"公众号开通"一码信用公示"服务，市场主体扫描营业执照二维码，即可在线生成包含基础信息、行政管理、诚实守信、联合惩戒等内容的市场主体信用报告，全景式展现市场主体信用状况，避免了线下跑动查询，节约企业时间90%以上。二是嵌入政务服务，项目审批更高效。打造"信用＋审批"政务服务模式，实行政府主动靠前服务、企业信用承诺约束、部门协同事中事后监管的企业投资项目承诺制，一般性企业投资项目开工前政府审批时限压减至30个工作日以内。在企业入驻资格审查、日常管理服务、单位产出考核、有序退出等方面引入信用元素，提供申请即享、拎包入驻、物业减免等信用扶持政策。三是嵌入融资服务，企业信贷更畅通。充分发挥信用数据在普惠金融服务中的重要作用，与15家金融机构签订"信易贷"平台共建协议，将企业综合信用评价结果嵌入分级分类评价，精准构建企业信用画像，为守信主体提供优惠便利信贷服务。目前，市"信易贷"平台实名认证企业数量4万家，累计授信206亿元，发放贷款171亿元。

（河南省鹤壁市市场监督管理局推荐）

第六节 案例27/福建泉州台商投资区：以智慧云监督促政企双兑现 打造诚信化可预期营商环境

优化营商环境是党中央、国务院在新形势下作出的重大决策部署，是促进高质量发展的重要举措。为持续推进营商环境优化提升，福建泉州台商投资区聚焦惠企政策兑现、招商合同执行、发展诉求响应等企业反映最为强烈的三大营商环境问题，借助信息化、数字化手段，打通政企互动直达通道，构建"三位一体"的亲清家园智慧云监督体系，推动治理体系与监督体系深度融合，推动实现"政策必兑、承诺必践、诉求必应"，着力打造"有事必应、无事不扰、办事不求人"的亲清营商环境。

一、惠企奖补"政策必兑"

创新推行惠企政策"掌上提、在线批、直达付、全程督"服务模式，实现惠企政策从"可计算"到"掌上兑"再到"免申享"全链条数字化。累计受理企业申报3346家次，兑现惠企资金超4.49亿元，285家企业及2305人次通过"免申即享"享受奖补5431.18万元。惠企政策"掌上直兑"案例获2021年度福建省机关体制机制创新评选"一等奖"。2022年惠企政策"免申即享"创新举措获省委改革办在全省转发推广。

一是机制上实现"阳光化、颗粒化、精准化"。将全区所有惠企惠才奖补申报端口统一归集到"亲清家园"平台上，阳光发布全区惠企惠才政策，政策内容、申报条件、审核标准全部具体化、公开化，在线"晾晒"、实时更新，依托数据协同，实现政策依需订阅、实时推送、精准计算。二是效率上实现"24小时响应、5天审核、秒到账"。推行以承诺代证明、以信用代审核、以核查代材料的简化机制，尽可能让企业少填少报材料，动动手指线上提交、线上承诺，后台24小时在线响应、跨部门协同在线审核，优化财政拨付环节，让奖补资金"秒达"企业账户。三是目标上实现"不见面、不跑腿、不求人"。对惠企惠才政策申报事项目录、审批要素一一明确，审核审批人员分级分权固化，全程留痕留迹，智能分级预警，企业线上即可申报政策兑现，103项政策实行"免申即享"，变"企业找政策"为"政策找企业"，实现政策兑现"不见面、不跑腿、不求人"。

二、招商合同"承诺必践"

在"亲清家园"平台上搭建"政企合同双兑现"监督功能模块，对涉及履约时限的合同条款实行智能化提醒、预警和警报，将企业投资、建设、投产和政府征迁、供地、审批等节点进行闭环管理，以智慧监督促进政企合同"双兑现"，提升营商环境合同执行约束力。推行以来，累计上架37个拿地招商项目的735个合同承诺，兑现节奏明显加快，如睿步机器人、凹凸机械项目，在土地出让交地后分别实现在1个月内、1.5个月内完成施工许可证办理并动工建设，比合同约定的开工时间提早4—5个月。特别是2023年以来，监督推动美亚日产、嘉德利、台商机械产业园、泰维石墨烯合成新材料等7个项目新开工，总投资约29.6亿元；同时对时代广场、5G、安邦等未如期履约的5个项目发起兑现警示，得到投资方的重视和响应。

一是承诺事项颗粒化。政府与企业签署投资合同后，区招商投资集团在3个工作日内将投资协议的条款逐条颗粒化分解为若干个承诺事项，按时间轴进行协同串联，承诺内容、兑现时间、完成进度等信息录入"双兑现"

平台进行智能跟踪。二是兑现内容标准化。将政企双方承诺的企业注册、土地出让、方案设计、开工建设、竣工验收、项目投产、要素保障等重要节点配置成标准时限、责任单位和责任人，明确政企双方各阶段的义务和兑现时限，设置发起提醒、警示、催告的异常监督阀，以便智能跟踪监督。三是监督责任分级化。对政企双方合同约定的承诺事项进行层级化监督管理，各乡镇、各部门兑现承诺接受区效能办监督考核，投资企业兑现承诺接受区招商办催办、督办以及奖惩兑现，纪检监察部门对政企合同"双兑现"实施监督的再监督。累计发出异常数据提醒 98 条、发起监督 84 个。四是结果运用导向化。建立政企合同"双兑现"监督结果应用机制，将部门及干部兑现承诺的履职情况作为单位年度绩效考核的重要指标，与干部评先评优、晋级使用直接挂钩；将企业履约情况与招商优惠政策兑现直接挂钩，并作为能否享受行政审批容缺、豁免、减免、不见面申报等简化资格的重要依据，倒逼政企双方诚信履约。

三、益企发展"诉求必应"

打通"线上＋线下"政企互动"无障碍"通道，打造"阳光政务"升级版，让智慧监督机制直达末梢神经，为新区经济高质量发展打造营商好环境。线上搭建"益企帮帮"企业诉求直达通道，企业诉求随时线上提交、系统即时流转相关部门、部门限时办理反馈，确保企业诉求精准直达、政府处置高效直通。线下推行涉企审批"1+N"会诊机制，固定每月 15 日与企业面对面现场会诊＋不定期 N 次远程会商，协调解决涉企审批障碍、痛难点，构建"收集登记—会商研究—分类处理—限时办理—回访销号—分析研判"涉企疑难杂症闭环处置服务生态。上线以来累计接到企业咨询热线 158 次，在线诉求信息 106 条，均在 24 小时内响应，全部及时反馈解决到位，通过审批会诊，累计为 10 余家企业解决涉及用地审批、政策执行、报建材料等疑难问题 40 余个。

（福建省泉州台商投资区纪工委监工委、福建省泉州台商投资区行政审批服务局推荐）

第七节　案例28/海南万宁：创新"审管法信"一体联动制度　纵深推进"放管服"改革

在海南全省推行"一枚印章管审批、一类部门做监管、一支队伍管执法"改革中，如何做好贸易投资自由便利既放得开又要管得住，万宁市联合省发改委、省营商环境建设厅、省大数据局等单位，以技术赋能创新上线"审管法信"联动平台，打通了审批、事中事后监管和信用监管间的数据壁垒，建立审批、监管、执法和信用一体联动机制，通过数据共享，创新推行"信用+"信用承诺系列行政审批改革，推动政务效能高效提升。

一、事件经过

2021 年 3 月，为推进审批、监管、执法和信用深度衔接，实现数据充分共享应用，万宁市与省大数据管理局、省发展改革委联合启动"审管法信"平台建设工作。2021 年 11 月正式在万宁试点上线，将涉及 19 个部门联动的 512 项行政许可业务办理项纳入平台试点。2022 年 3 月，将涉及 13 个乡镇的 492 项行政许可业务办理项纳入平台管理，并推行"信用+免审"行政审批制度改革。2022 年 11 月，制定出台《万宁市建立"审管法信"一体联动制度工作方案》及"信用+"系列信用承诺行政审批场景应用方案，全面建成"审管法信"一体联动机制，全市 1460 项行政许可业务办理项全部纳入平台实施审管衔接，涉及审批、监管和执法的部门全部纳入平台实现闭环联动管理。

二、主要问题

近年来，在海南省全面推行"一枚印章管审批""一支队伍管执法"等改革过程中，万宁市成立了市行政审批服务局和市行政综合执法局，推行系列行政审批制度创新改革，大幅度提高了市场准入便利化程度。随着改革的深入，信用应用不充分、审批与监管衔接不顺畅、管执衔接相矛盾、信用信息共享不够精准等问题连续出现，造成政务衔接不顺畅、效能不高。为此，万宁市联合省发改委、省营商环境厅、省大数据局等单位推出"审管法信"一体联动机制，以数据共享推动解决堵点问题，推动实现信用信息在行政审批改革中应用。

三、创新举措

一是坚持问题导向，推出治理能力现代化制度创新。聚焦审管衔接不顺畅等堵点问题，按照"审批、监管、执法、信用"四位一体的开发思路，推出"审管法信"一体化解决方案，推行"审管法信"一体联动制度建设，建立健全信息共享、业务协同、闭环管理、一体服务的联动工作机制，创新开发上线了"审管法信"平台，将过去传统"条块式"行政管理模式转变为全流程闭环式管理机制，可互相跟踪督办，促进了多环节独立系统的融合，以信用监管作为底座，推动诚信激励和失信惩戒，实现"放管"高效协同，确保"放得开""管得住""服得好"有效联动。

二是强化闭环联动，优化事中事后监管机制。万宁市以"审管法信"一体联动制度，建立"审管联动＋失信惩戒""承诺＋践诺"机制。审批部门通过"审管法信"系统调取核验办事市场主体和个人信用评价结果，针对实施诚信激励服务。市场主体或个人信用承诺后，即时通过"审管法信"系统将信用承诺信息推送至相关部门，自动形成限时复核任务，行业主管部门将实施的复核结果及时在平台共享反馈。因承诺失实达到撤销行政许可决定的，将通过"审管法信"告知审批部门，撤销许可决定并重新进行信用评价。信用核验、应用结果、复核结果等均经过"审管法信"系统进行流动共享，实时在线与信用中国（海南）等信用信息平台共享共管，为诚信激励和联合惩戒提供信息支撑，形成了以信用为核心的业务闭环创新监管机制。

三是加大数据共享，推出"信用+"系列场景应用。通过"审管法信"平台信用信息共享，万宁市对信用信息进行分类分级应用，陆续推行了"信用+免审""信用+秒批""信用+容缺受理""信用+绿色通道"等诚信激励场景应用，进一步提高了审批效率和市场准入即准营便利度。将140项行政许可事项实行以信用为基础的"承诺即入、备案即入"行政审批制度改革，113项行政许可业务办理项推行"信用+告知承诺制"改革，27个行政许可业务办理项推行"信用+极简制"改革，104项行政许可业务办理项实行分级分类"信用+免审"特色服务，制定发布"信用+免审"等业务标准和操作规范，打造了"信用+准入便利化+风险防控"的市场准营承诺即入新体系，通过信用查验、书面信用承诺等，实现"信用审批、承诺即批"，推进准入即准营。

四、工作成效

万宁市创新推出的"审管法信"一体联动制度，构建了审批、监管、执法和信用相互分离又相互协调的运行机制，有效消除各环节衔接不畅问题，基本形成"审批、监管、执法、信用"闭环联动管理模式。2022年度，万宁已有7300多个市场主体办理了"信用+免审""信用+告知承诺"等准入便利化服务，平均每20分钟办结一件，审批时限提高90%以上。

41 个部门启用"审管法信"开展审批服务和事中事后监管工作，审批结果自动告知实施事中事后监管及复核件 35079 件，归集行政检查行为数据 8306 件，归集行政处罚数据 633 件，自动归集被监管对象 24837 家，有力地推进了审管衔接工作。

五、社会影响

万宁市以数字政府建设为契机，推进法治化、国际化、便利化营商环境建设，创新打造"审管法信"一体联动制度及系统平台，加快政府职能转变，持续撬动涵盖各领域的"放管服"改革，以信用信息应用场景打造，推行"信用＋免审"等信用承诺系列改革，不仅拓宽市场准入即准营渠道，提升市场准入便利化程度，且有利于社会诚信体系建设，助推营商环境优化，均具有可借鉴推广意义。万宁市的创新实践案例已被列入全国政务服务软实力夯基筑本助推线上线下融合典型案例，并与其他改革措施共同列入第二批全国法治政府建设示范项目、第四届"新华信用杯"全国优秀信用案例、海南省自由贸易港第十五批制度创新案例等项目，已在全省各市县复制推广应用。

（海南万宁市营商环境建设局推荐）

第十一章　优化环境　激发经营主体活力

第一节　案例29/安徽亳州：数字赋能创建"满薪满益"和谐劳动关系

近年来，安徽省亳州市人力资源和社会保障局深入贯彻落实党中央、国务院关于优化营商环境系列重要决策部署，围绕市场主体"痛点""难点""堵点"问题，立足人社职能，开发建设亳州市"满薪满益"服务平台，将劳动关系的建立、运行、监督和调处全过程纳入数字化轨道，通过数据驱动、数字赋能，实现了与"安徽省智慧监管平台""住建项目监管系统"互联互通，与"安徽省电子劳动合同""安徽省调解仲裁系统"业务协同。"满薪满益"服务平台，围绕"1335"目标，深入推进劳动关系风险监测智慧预警、企业用工指导服务、全域农民工工资信息化监管成果巩固、用人单位和劳动者合法权益维护、新就业形态劳动者权益维权和新时代和谐劳动关系创建等为民办实事为企优环境改革创新事项，着力解决影响和谐劳动关系的体制机制性障碍，释放了创新创业创造动能，激发了各类市场主体活力，持续改善了营商环境。

一、典型做法

一是依托小平台，解决大问题，监督与服务双管齐下。以开放、兼容、共享、易操作为原则，建设"满薪满益"服务平台，打通数据壁垒，实现"工资支付监管""码上维权""工伤预防""技能提升""法律援助""政策解读"等六项功能。依托该平台"工资支付监管"功能，政府主管部门实时监测全市各工程建设项目农民工工资支付情况，对轻微违法信息直接预警项目建设单位，免于处罚，对其他违法情况则推送至辖区劳动监察部门核实并采取执法措施；"码上维权"功能通过遍布建设工地、农民工安全帽的"安薪码"，统一归集处理拖欠农民工的投诉问题；"工伤预防""技能提升""政策解读"功能集中宣传工伤、技能提升、就业创业等相关政策；"法律援助"功能一方面侧重于宣传劳动关系领域法律法规，另一方面汇集法律援助律师信息及擅长业务领域，为广大劳动者及农民工、新业态从业人员提供针对性的法律服务。

二是聚焦关键处，找准突破口，稳企与维权双向发力。"满薪满益"品牌创建行动聚焦农民工、广大职工和新业态从业人员，坚持解决工程建设领域拖欠农民工工资问题，坚持维护企业和广大劳动者合法权益，坚持探索新就业形态劳动者维权路径。一是实施建立根治欠薪常态化机制行动，全力保障农民工工资支付，维护农民工合法权益。二是实施企业用工指导与监测行动，督促企业积极履行用工责任，保障企业依法合规用工。三是实施维护新就业形态劳动者劳动保障权益行动，依法维护新就业形态劳动者合法权益。四是实施畅通案件仲裁"绿色通道"行动，建设"智慧仲裁"模式，提高仲裁处理效能。五是实施推进新时代和谐劳动关系创建提升行动，为新时代和谐劳动关系示范创建活动营造良好环境。

三是拓展覆盖面，提升影响力，培育与创建同步提升。"满薪满益"品牌创建行动锚定新时代和谐劳动关系高质量发展总目标，积极推进新时代和谐劳动关系创建活动，坚持把和谐劳动关系示范创建活动作为构建和谐劳动关系的重要载体，拓展创建覆盖面，提高创建质量，提升创建影响力。

一是拓展示范创建活动覆盖面，把示范创建的工作下沉到园区、乡镇（街道），充分发挥贴近企业优势，加强对企业的指导培育，加深企业的尊法意识和主观认识。二是提高示范创建的质量，严把市级示范创建第一关，对标国家、省创建标准，完善市级标准，增强各项指标的可操作性，稳固市级示范创建基本盘，为争创全省、全国示范单位奠定基础。三是提升示范创建影响力，充分利用各种新闻媒体和网络，创新宣传方式，多途径、多渠道、全方位宣传和谐劳动关系创建活动的重大意义、成效经验和先进典型，提高示范创建活动的影响力，营造了共商共建共享和谐劳动关系的良好社会氛围。

二、实施成效

亳州市"满薪满益"和谐劳动关系品牌依托的数字化平台"满薪满益"服务平台已经上线运行，并覆盖了全市所有工程建设领域在建项目，极大地提高了政府主管部门的监管水平、用人单位的用工管理水平、工程建设领域农民工工资发放水平。

一是政府看得清。"满薪满益"服务平台用户既包括劳动保障监察机构，也包括住建、交通、水利等行业主管部门，劳动保障监察机构通过平台可查看农民工工资保证金、用工合同、考勤打卡、工资发放等情况，行业主管部门通过平台可监测项目全生命周期，根据监测数据，生成分析报告，为主管部门推动工程建设领域规范化、科学化管理提供数据支撑，助力一企一策的规划与实施落地，为解决在建项目存在问题，提供数字化解决方案及服务。

二是企业用得上。一方面，工程项目从立项到竣工验收，企业需要到人社、住建、银行、保险机构等不同部门办理业务，通过平台，企业可以在线办理农民工工资保证金、发放农民工工资、办理保证金退还等业务，减少企业办事流程。另一方面，通过平台，企业可以实时掌握用工合同签订、农民工考勤打卡、当日工作量、工资发放等用工管理信息，极大地减少了劳资专管员工作量，为企业科学、规范管理项目提供了数字化支撑。

三是工资落得实。"满薪满益"服务平台建设科学合理的工资支付监控模型：每月系统自动生成农民工工作量，项目劳资专管员审核确认后推送农民工本人签字确认，无误后生成工资明细，建设单位、施工单位、劳务分包单位和农民工本人签字确认后推送至银行直接发放至农民工本人社保卡，解决了农民工多行办卡、班组长控卡等问题，将工资实实在在地装进了农民工的口袋里。

三、经验启示

一是以数字赋能为导向，创新工作思路。亳州市人力资源和社会保障局积极转变工作思路，牢固树立数字思维，突出创新导向，立足工作难点堵点集中发力，积极探索以信息化技术创建和谐劳动关系的新路径新方法，通过技术引领来推动业务创新，真正让技术赋能发挥"四两拨千斤"效果，将新技术与业务融会贯通形成组合优势，利用数据驱动实现劳动关系业务与大数据智能化应用深度融合、高效联动，服务劳动关系工作，使"数据驱动更有力，数字赋能更有效"。

二是以工作需求为核心，聚焦重点任务。从工程建设领域拖欠农民工工资案件多发易发的趋势出发，围绕广大劳动者劳动权益保障的强烈需求，解决快递员、外卖员、网约车司机等新业态从业人员"急难愁盼"的问题，推动新技术与劳动关系工作的深度融合，用技术化思维解决监管与服务工作中存在的短板和不足，通过数字赋能让企业感受到用工管理的科学化、规范化，让农民工感受到工资直接装进口袋的幸福感，让广大劳动者感受到劳动权益得到保障的获得感，让快递员、外卖员、网约车司机感受到放心上路的安全感。

三是以服务企业为目标，优化营商环境。从工程建设领域参建单位、广大用人单位、新业态平台企业的需求出发，对企业招工用工、劳动合同签订、社保参保缴费、技能人才培训、劳资矛盾化解、破产裁员人员安置等企业全生命周期提供个性化服务，通过"满薪满益"服务平台的推广应用，实现对用人单位的监管与服务"既无处不在又无事不扰"。

（亳州市人力资源和社会保障局推荐）

第二节　案例30/宁波市江北区：多元融合推进新产品　研发"一类事"改革转型升级　发展新质生产力

新产品研发是科技创新与产业发展的交汇点，也是形成和发展新质生产力的关键点。浙江省宁波市江北区以科技体制改革为牵引，数字化应用建设为契机，聚焦企业新产品研发服务供需矛盾，通过线上线下一体化集成力量、事项、资源等创新全要素，进行架构重塑、体系构建、模式变革，实现新产品研发高效协同、数字赋能、服务增值，助企成功研发一流新产品，推动发展新质生产力。2023年1—11月全区研发企业数、研发支出同比分别增长6.2%、10.5%；万人有效发明量116.3件，位居宁波市第一。改革项目成功纳入浙江省营商环境"微改革"项目库。改革经验获宁波市科技局发文在全市推广。改革做法还得到了中国社科院专报呈送国办，并获《人民日报》《经济日报》、中国经济新闻网、澎湃新闻连续报道宣传。

一、主要做法

一是推进新产品研发"一类事"协同变革，多元融合重塑组织指挥运行新架构。一是搭建系统性组织架构。加强党对创新工作的全面领导，在区委统一指挥下，组建专班专题组，统筹协调各方力量，以组织、改革、应用、平台为支撑，以政策、制度、标准、安全为保障，构筑全域一体研发的创新共同体。二是运行一体化协同机制。区域建立政府为主导、用户为中心、企业为主体、高校为基础、科研机构为支撑的"20+U+E+3+3"（指20个协同部门、用户、企业、3家高校、3个企业研究院）政用产学研"五位一体"协同工作机制，靶向问题进行闭环解决，提高政务服务效率、增强政府智治能力。

二是推进新产品研发"一类事"集成变革，多元融合构建共性技术服务新体系。一是打造线上应用平台。在省市试点支持下，建成企业新产品研发服务应用平台，上线"研发决策"等5个场景，集成专利、产业链图谱等数据数源进行建模分析，为企业提供上下游产业分析、竞争企业分析和专利布局分析等共性服务，构建覆盖40个产业872个行业4477个重点产品的共性技术服务体系，累计访问量突破25万次。二是建设线下服务中心。依托创智服务中心，设置数字化产业协同、成果转化协同、产业创新服务、科技服务业招引、高知人才服务等5大分中心，塑造线上线下一体化、服务模式多样化、服务业态新型化和服务方式专业化的新型集成公共服务新体系。2023年，线下服务中心共招引科技服务企业9家，服务对接企业200多家次，挖掘企业需求90多项，促成技术交易额6.43亿元。

三是推进新产品研发"一类事"供给变革，多元融合创新资源融合配置新模式。一是融合研发需求配置服务资源。围绕新产品研发全周期服务需求，耦合创新链产业链等全链条补链强链延链的需求，整合5个部门条线政务事项，形成 86 项新产品研发"一类事"政务服务清单，集成 3 万多人才、4000 多台仪器设备、3000 多万专项资金等要素资源，向新产品研发一线匹配供给，更好实现创新资源优化配置。二是提升供给质效制订服务标准。从企业视角和用户思维出发，拟定 3 个大类 26 个中类 54 个小类标准，让服务端来评价标准，用标准来更新清单、配置资源，循环提升融合配置供给质效，梳理形成申报国家、省、市、区四级新产品研发"一类事"增值服务事项 171 项。

二、改革成效

一是智能决策，助企提级研发。数字赋能企业研发决策，依托建设新产品研发专题库，通过数据数源资源集成建模分析，感知全省 10 万多家研发企业的轨迹，引导企业研发决策由"主观型"向"数字化"转变，提供决策工具服务 16000 多次，解决企业不敢研发、不能研发、不愿研发等问题。2023 年新申报高新技术企业再创新高达 101 家，全年高新技术企业总数突破 380 家，入库国家科技型中小企业 378 家，省科技型中小企业数达到 1495 家，各级研发机构达到 227 家。企业研发成果捷报频传，成功攻克"长征五号"运载火箭氢氧低温介质密封件的技术难题，助推"天问一号"着陆火星；自主研发生产的"氢腾"燃料电池动力系统成功保障冬奥会绿色出行；自主开发小型涡喷／涡扇航空发动机，参与完成高可靠、轻量化航空电驱系统关键技术设计研发及其产业化应用项目，成功斩获宁波市科技进步一等奖。

二是智能服务，助企提效转型。推动新产品研发服务由"碎片式、粗放式、匹配弱"变为"集成化、精准化、智能化"，精准、高效推动企业转型升级。集成找人才、找技术、找合作、找成果、找仪器、找资金、找政策、找市场、找直播、找空间等"10 找"普惠性服务和个性化服务，建立部门"平行高效"协同机制，为企业提供事前感知研值服务、事前事中智能决策服务、一站式多跨协同服务、全周期全闭环集成服务等全方位服务和系统解决方案，实现跨部门、跨系统、跨业务服务管理联动，新产品研发相关事项实现"一次登录、一屏知晓、一站办理"，申报材料精简30%、审批时间压缩60%。

三是智能融合，助企提质发展。一体绘制覆盖40个产业链的全图谱，分析企业产业链定位及区域产业链布局，为区域强链补链提供数字支撑。通过新产品研发应用平台测算出江北区科技服务业发展相对薄弱，及时出台科技服务业发展8个方面强链补链新政。成功推动江北区首个科技服务业集聚区启动区挂牌，全区累计备案27家公共科技服务机构。推动企业创新与产业发展相结合，助力推进高储能和关键电子材料制造国家级创新型产业集群与"两链融合"示范区建设。

（浙江省宁波市江北区行政审批管理办公室推荐）

第三节　案例31/广东建设智能化市场准入效能评估平台　为经营主体公平竞争保驾护航

实行市场准入负面清单制度是加快完善社会主义市场经济体制的重要制度安排。党的二十大报告明确将市场准入列为市场经济四大基础制度之一。国家发展改革委印发的《关于建立违背市场准入负面清单案例归集和通报制度的通知》（发改体改〔2021〕1670号），将广东列入第二批市场准入效能评估试点省份，要求建设省级市场准入效能评估平台，不断完善案例归集和通报制度，探索市场准入效能评估经验，开展全省试评估。在上级有关部门指导下，广东省投资和信用中心基于省数字政府改革建设赋能，在"数字发改"建设框架下，创新搭建智能化市场准入效能评估平台，于2023年11月底上线试运行，为全省市场准入负面清单制度的深入实施、市场准入隐性壁垒的持续破除提供全面支撑，切实解决经营主体准入困难问题。

一、依托效能评估平台搭建广东特色市场准入效能评估指标体系

对标世界银行新一轮营商环境评估体系的理念标准，在国家市场准入效能评估指标体系框架下，结合广州、深圳营商环境创新试点城市建设经验，以广东省市场准入效能评估平台为载体，突出广东特色搭建市场准入效能评估指标体系，支撑全省市场准入效能评估。该指标体系包含7个一级指标、15个二级指标、42个三级指标，其中广东特色指标9个，涵盖许可准入措施好差评情况、违规问题追溯整改制度建立情况、违背市场准入负面清单典型案例上报情况等方面。同时，选取4项地方代表性强、问题指向性明显的评估指标，纳入2023年广东营商环境评价体系的观察类指标，突出市场准入效能评估更好服务营商环境的作用。此外，为贯彻落实国家发展改革委关于试点省市探索市场准入效能评估经验的要求，提升广东省市场准入效能评估工作标准化水平，广东省投资和信用中心牵头编制了《市场准入效能评估无感监测规范》《违背市场准入负面清单线索及案例归集规范》两项标准，经省政数局批准已立项为省数字政府工程标准。

二、自动化采集基础数据，实现效能评估数据全覆盖

市场准入效能评估涉及措施覆盖、审批便捷、清查成效、效能保障、主体感受、市场活力、成效观察等7方面指标。做好这项评估工作需要归集整合近50类数据，这些数据既有来自外部问卷调查的数据，也有来自

政务部门内部共享的数据；既有统计数据，也有政务服务办件过程性数据，数据采集渠道多、更新频度密、采集难度大、质量参差不齐，仅全省政务服务办件数据就达到8亿条。效能评估平台按照全自动、智能化理念设计建设，建立了基础数据全自动采集整合功能和机制，通过省数字资源"一网共享"平台自动化采集政务部门数据，依托平台的数据管理模块汇聚全省办件受理数据、好差评事项评价数据、企业营业执照数据，截至2024年5月初共归集整合数据超过10亿条，有效支撑市场准入效能评估大数据分析。

三、智能化开展效能评估，实现效能评估无感监测

依托粤商通平台向21个地市固定资产投资项目中介服务、医疗器械生产及经营、互联网金融、旅游服务、工程建设等领域，超过72万家经营主体推送市场准入调查问卷，获取最客观准确的经营主体市场准入评价数据。广东市场准入效能评估所有数据均实现自动采集、自动评估，无须人工干预，实现完全无感监测评估的效果。目前，效能评估平台已智能输出市场准入效能分析报告21份，并为起草编制全省市场准入效能评估报告提供全方位的数据和功能支撑。

四、机制化排查违背市场准入线索，实现典型案例定期输出

深入分析国家通报的违背市场准入负面清单典型案例，研判市场准入领域的突出问题和典型案例特征，设置违背市场准入规定线索关键词。拓宽违背市场准入规定线索数据来源渠道，整合省数据资源"一网共享"平台、粤省心政务服务便民热线平台、市场主体诉求响应平台、市场准入服务专区等渠道经营主体反馈的诉求数据。设置人工智能识别模型持续挖掘政务服务投诉举报工单信息、互联网监管投诉举报信息，排查梳理违背市场准

入负面清单的典型案例线索，截至 2024 年 5 月，合计收集违背市场准入负面清单典型案例线索 9 批次 30 例。

五、打造市场准入服务专区，提升市场准入在社会公众中的知晓度和影响力

打造面向公众宣传推广市场准入制度的平台载体，在省发展改革委门户网站、广东政务服务网上线市场准入服务专题页面，依托粤商通、粤省事等粤系列平台开设市场准入服务专区，用于发布市场准入负面清单和典型案例，畅通隐性壁垒线索收集渠道，开展经营主体效能评估问卷调查。创新丰富宣传方式，制作市场准入效能评估宣传短视频，在有关政府网站及政务新媒体投放播出，深化社会公众对市场准入制度的认识，努力提升负面清单制度的宣传推广和舆论引导水平。

接下来，我们将进一步提升效能评估平台服务质效，更好支撑市场准入负面清单制度的深入实施，为各类经营主体公平竞争创造基础条件。一是加大效能评估平台推广应用力度，持续完善数据归集、评估报告编制、线索预警提醒信息督查督办、典型案例排查报送等模块功能，扩大平台适用范围。二是持续完善面向社会公众的市场准入服务专区，提升市场准入工作在经营主体中的影响力，提升社会公众的参与度。三是持续发现违背市场准入负面清单线索并归集典型案例，对照国家通报的典型案例，完善线索案例发掘技术和机制，做好典型案例提取输出，按照要求向社会发布违背市场准入负面清单典型案例。

（广东省投资和信用中心推荐）

第四节　案例32/甘肃酒泉：数据赋能12345热线"陇商通"助力营商环境更优化

近年来，酒泉市聚焦"西部领先、全国靠前"营商环境建设总目标，依托数字政府"一网通办"建设，深度挖掘数字政府平台应用潜能，推动酒泉一体化政务服务平台与12345热线深度融合，实现服务企业"四端合一"，持续树立数据赋能营商环境建设、助力经济社会高质量发展的鲜明品牌。

一、构建一体化政企沟通服务体系

针对企业诉求渠道比较分散、答复不及时、答复质量不高等问题，酒泉市按照企业诉求"统一受理、分类处置、限时办结、评价反馈"的工作机制，在12345热线部署"陇商通"涉企诉求服务系统，开发公务版APP、微信小程序等掌上服务，发布《关于"陇商通"平台统一受理酒泉市优化营商环境和民营经济发展投诉举报及意见建议的公告》，实现公众诉求全方位7×24小时感知，政企互动更加便捷高效。2024年以来，酒泉12345热线"陇商通"系统共受理企业诉求3085件次，应答率100%、满意率99%，充分发挥了"陇商通"平台汇聚企业愿望、联系企业经营、服务企业发展的桥梁纽带作用。

二、打造一站式企业综合服务模式

建立12345热线"陇商通"服务专席，围绕企业全生命周期各个阶段，从市县两级 14 个涉企部门中抽取 30 名熟悉法律法规、办事流程、扶持政策的业务专家组成"陇商通"专家座席，负责政企沟通协调、话务人员培训、工单处理和在线应答，推动企业咨询"一次性答复"、企业诉求"一揽子解决"。2024 年以来，开展专家接话 260 余次，受理转办各类诉求 1959 件，在线答复企业咨询 6700 余件，着力打造政府和企业家共商良策、共谋发展的"总客服"。

三、建设专业化涉企服务知识库

针对涉企服务标准高、专业性强等特点，打造智能化涉企知识库，加强政务服务事项库与 12345 热线知识库协调联动，形成企业"热线百科"，为话务员提供智能检索和精准定位。开发智能质检功能，定期分析知识库健康度，出具质检及优化报告，及时发现重复信息、过期信息、错误信息，辅助人工知识专员解决知识库中潜在的知识冲突、知识欠缺、知识冗余等问题，有效提高话务直办率和知识库健康率，2024 年以来，企业诉求一次性答复率由 79.15% 提升至 85.20%。

四、提升涉企诉求闭环办理质效

充分发挥热线智能化应用，通过"智能 + 人工"方式，对热线通话进行实时监测和提醒，系统实时监控座席状态，规范座席行为。通过质检座席通话、工单记录，规范话务员接话服务标准，提高话务人员接线质量。充分发挥预警督办功能，对工单超期提醒、办理环节监控、办理质量进行智能化监控，自动发送提醒、催办短信。推进"人工 + 智能"回访全覆盖，系统自动发出指定回访满意度短信，自动收集企业意见建议，人工回访主要处理智能质检中发现的问题记录，进行问题复检以及对难点、堵点问题办理质量进行意见建议收集，大幅提升质检工作的效率和质量。

五、推动12345热线数智化转型

针对传统智能客服知识库问题匹配不精确、提问语义理解不足、不具备上下文理解与答案抽取能力等问题，持续加强新技术全流程应用，探索利用人工智能、自然语言大模型等技术建设优化智能客服，提升线上智能客服的意图识别和精准回答能力，打造集服务咨询、搜索、投诉建议、好差评于一体的咨询投诉评价"智能总客服"。开发工单智能检索功能，对涉及多个承办单位的诉求，系统自动检索工单录入信息，自主提供涉及部门信息，辅助话务人员合理转派工单。强化数据分析，全面感知社会经济综合态势，精准识别企业集中关切内容，推动企业服务从被动响应向主动服务转型，实现"用数据管理、用数据创新、用数据决策"的数字化向数智化转型。

酒泉市全力营造重商兴商、护商安商、利商富商的浓厚氛围，以招商引资大改善助推发展动能大提升，以营商环境大改善助力发展质效大跃升，2024年上半年，全市新建和续建签约额500万元以上的项目706个，引进到位资金561.86亿元，同比增长54.59%。

（甘肃省酒泉市政务服务中心推荐）

第五节 案例33/内蒙古杭锦后旗：提升服务 激活市场主体活力 优化环境 招商引资促发展

优化营商环境是培育和激发市场主体活力，增强发展内生动力的关键之举。近年来，内蒙古自治区巴彦淖尔市杭锦后旗深入贯彻党的二十大关

十优化营商环境的战略部署，以落实自治区、市全面优化提升营商环境服务市场主体工作方案和市委"五大行动"工作部署为抓手，围绕树形象、优政策、强服务为核心的优化营商环境工作体系，聚焦市场主体和群众关切，持续深化"放管服"改革、进一步探索创新政策协同机制、更大力度推进招商引资，打造良好有序的竞争生态，有力激发各类市场主体活力，助推全旗营商环境持续优化。

一、改革发力，"放管服"持续激发市场活力

优化服务，提振市场信心。持续推进"三集中、三到位"改革，强化政务大厅"一站式"功能，积极推动"一次办"高频事项由线下办理向"一网办""掌上办"转变，推进高频政务服务事项集成化办理，推动"免证办""就近办""一次办"等贴心服务，提高办事效率。进一步完善人社公共服务体系，对重大项目、重点企业，全面推行"一对一"服务专班，实行一个企业（项目）、一个专班负责到底服务机制；对中小微企业和个体工商户，分类型提供有针对性的"服务包"支持，充分发挥政策"宣传员"、项目"代办员"、问题"协调员"的"店小二"服务精神，扎实推进企业服务便利化、精准化。

技术赋能，压减办事流程。一是大力推行市场主体"一件事一次办"改革。推动企业开办、涉企变更和注销登记事项在全程电子化基础上，实现多部门多环节"一网申请、一窗受理、一事联办"0.5个工作日办结。推行"市场主体身份码"，依托"电子营业执照系统"微信小程序，自动为市场主体生成二维码，以市场主体身份关联各类信息，一次生成，终生有效。助力企业实现"一码"亮照、"一码"验证登录、"一码"查询信息。二是推进市场监管审批许可"不见面"。有序推进电子营业执照与电子印章同步发放，推进智慧登记、智慧审批应用。全面推行涉企证照电子化，

加强电子营业执照跨部门、跨区域协同应用。

改进管理，维护市场秩序。落实各行政执法单位包容审慎执法三张清单（不予处罚事项清单、减轻处罚事项清单、从轻处罚事项清单）和不予实施行政强制措施清单。充分运用政策辅导、行政建议、警示告诫、规劝提醒、走访约谈等方式，加大对企业的行政指导力度，确保行政执法监督取得实效，营造公平市场发展环境。开展信用提升行动，针对信用监管领域高频多发违法行为，梳理合规风险点，编制企业信用行政合规指导清单。针对失信市场主体，统一规范信用修复流程、提交材料、办理时限，指导企业信用修复"网上办"，探索"承诺容缺""承诺免查"等信用修复模式，助力相关企业重塑信用，营造诚信市场发展环境。全面提升12345政务服务便民热线为民服务能力，设立"营商环境投诉举报"专席，定期调度考核各地区各部门企业诉求处办情况，充分发挥12345政务服务便民热线帮助企业和群众解决诉求的职能优势，营造健康市场发展环境。

二、政策协同，为企业发展添动力

进一步放宽和规范市场准入规定。一是建立健全准入机制。定期调度政务服务事项办理情况，严格落实"全国一张清单"，确保"一单尽列、单外无单"。继续全面推行企业名称自主申报、自主核准、申报承诺制，提高一次核准率，完善企业名称争议处理机制。二是明确重点，自查自纠。对照《市场准入负面清单（2022年版）》，结合工作实际，对各部门实施的行政许可定期逐项梳理，清理带有市场准入限制的显性和隐性壁垒，实现行政许可事项均在市场准入负面清单之内，同时不断简化行政审批程序，优化审批服务质量，让人民群众真正体会到"办事有速度、服务有温度"。三是明确监管检查职责，强化事中事后监管。按照"谁审批、谁监管、谁主管、谁监管"的原则，通过"双随机、一公开"平台，落实监管责任，防止"自由落体"。

探索实行包容审慎监管机制。推动出台并同步落实包容审慎监管、深化柔性管理服务等机制，大力倡导"包容审慎监管"新理念，明确慎用行政处罚措施，努力变"重管理"为"细服务"、变"严罚式"为"容错式"，实现放管结合、宽严有度。对新设立市场主体给予2—3年包容期，在包容期内以行政提示、行政建议、行政约谈等柔性监管方式，引导和督促企业诚信守法经营，在不触及安全底线的范围内可以依法从轻或不予行政处罚。全面落实市场主体初次未年报不予行政处罚制度，让企业和创业者充分感受到执法"温度"。

积极营造良好有序法治环境。全面认真落实促进民营经济发展的有关政策，积极营造尊重和激励企业家干事创业的法治环境，主动了解掌握企业合理诉求和经营发展遇到的困难，健全知识产权服务和保护体系，严厉打击破坏市场经济环境和侵害民营企业家合法利益的违法行为，坚持"无事不扰、主动服务"的原则，切实维护公平竞争的市场秩序，让广大企业家坚定信心向前走、心无旁骛谋发展，推动民营经济更好更快发展。

三、项目为王，为扩大招商引资提供发展力

强化制度保障，持续加大招商引资力度。制定出台《杭锦后旗招商引资三年行动方案（2023—2025年）》《杭锦后旗社会化招商奖励指导意见（试行）》，围绕杭锦后旗"建好八大园区、创建十个示范、实现十大提升"重点任务，在项目争取、招商引资和优化营商环境上三管齐下、同频发力；建立健全"领导盯办、部门主办、专人专办、监督回访"闭环工作机制，确保项目建设全周期有人盯、有人办、有人督；严格落实重点项目专班负

责制，紧抓项目黄金施工期，加快重点项目调度推进，抢工期、赶进度、保安全，持续形成更多实物量。

加强组织领导，保障招商引资推进有力。成立旗招商引资工作领导小组，定期召开招商引资推进会、调度会，通报各部门招商引资工作进展，交流工作经验做法；依托各地蒙商会，组织成立五个驻外招商工作组，加强与各地发展能人的沟通对接，实现信息资源共享；坚持招商引资"一号工程"地位，各部门主要领导靠前指挥，坚持重要招商活动亲自参加、重要客商亲自会见、重大问题亲自协调，高位推动招商引资和项目建设；构建"全员参与、全旗推进"的招商引资工作格局，围绕杭锦后旗产业发展实际，从全旗范围内抽调骨干力量、具有长期从事招商引资工作意愿的干部，组建赴外"双招双引"小分队，赴全国各地开展上门招商。

精心谋划布局，形成招商引资全新格局。树立"大招商招大商"理念，围绕巴彦淖尔市"两个基地、四个集群"，结合杭锦后旗资源禀赋、产业特点和区位优势，积极对接实施引黄供水、肉牛养殖，辣椒、乳制品、糯玉米精深加工，以及戈壁天堂、温泉水世界等文旅康养项目；梳理编制"项目图谱、重点项目列表、储备项目库"，扎实抓好重大延链强链补链项目的储备、招引、实施，形成"一个产业链、一批重点项目、一批重点企业、一个产业集群"的发展局面，不断提升产业集群优势，助推产业链由低端向高端迈进、由短链向全链循环发展；高质量参与各类展会，通过展示杭锦后旗产业优势，加强投资贸易洽谈，多层面谋划科技、贸易、人文和区域投资合作，招大引强，形成有效投资；充分运用各类媒体，广泛宣传杭锦后旗比较优势和招商引资政策，全面展示招商引资成效，营造社会关注支持招商，广泛参与招商引资工作的浓厚氛围。

（内蒙古自治区杭锦后旗人民政府推荐）

第六节　案例34/数字赋能助力郧西县企业开办工作提质增效

　　企业开办是市场主体设立的第一道关口，是优化营商环境的关键环节，更是营商环境得以优化的直接体现。近年来，湖北省十堰市郧西县行政审批局以大数据为支撑，依托信息化平台，不断创新办理方式，减少办理环节，企业准入准营标准化、规范化、便利化水平大幅提升，截至目前，郧西县实有市场主体达到5.4万户。

　　2020年6月24日，湖北省人民政府办公厅印发《关于进一步激发市场主体活力的若干措施》（鄂政办发〔2020〕35号，以下简称《措施》）标志着湖北省优化营商环境改革工作的全面启动，同时《措施》对企业开办工作提出了新的要求。同年7月1日，十堰市行政审批局印发《关于全面推行企业开办"2半0"标准的通知》，对标省定标准进行个性化升级，推行企业开办"2半0"标准，即2个环节（一表申请、一窗发放），半天工作日办结，全程0费用（免费赠送企业开办大礼包和税务Ukey）。2022年12月29日，十堰市行政审批局印发《关于将企业开办升级为"1半0"标准的通知》，更是将2个环节整合为1个环节（一次申请，邮寄上门），其中企业设立登记时限压缩至1个小时内，鼓励探索企业登记秒批服务；公章刻制时限压缩至1个小时内；申领发票、员工参保登记、住房公积金企业缴存登记、银行开户同步办理、即时办结，确保企业开办全流程在0.5个工作日内办结。

　　为达成这一标准，郧西县行政审批局全面推行"一网通办、一窗通办"

审批模式，线下开设市场服务专区，提供企业开办一站式服务；线上与第三方企业合作，购入商事服务一体机，搭载"一链通"审批服务平台，做到全流程秒批秒办，助力企业快速入市。

一、"一链通"审批服务平台改革实现企业开办AI智能审批

"真是感谢你们，我还以为今天什么都没带只能咨询一下，没想到工作人员帮我直接在自助机上完成申请并领到了营业执照，真是太方便了。"近日，在郧西县行政审批局24小时自助服务专区，湖北港昱新能源科技有限公司负责人赵女士通过"商事服务一体机"一链通系统进行在线操作，只要10分钟就领到了营业执照。

智能审批系统是郧西县行政审批局为让市场主体准入更便利采取的务实举措。郧西县于2021年11月，与第三方企业合作，购进商事服务一体机，搭载"一链通"审批服务平台系统，提高企业开办各环节业务数据共享共用水平，大力推广"一次表单、高效运转、并联审批、一次办成"服务。企业可在自助终端自主申请，通过一次填报，即可完成企业开办包含税务登记、社保登记等6个环节全流程办理，实现秒批秒办，营业执照即办即取。

通过"一链通"审批服务平台解决了银行开户信息实质未反馈各部门间的业务关联问题，实现了银行开户信息推送至税务、社保、公积金部门，不再需要企业再至专网或专柜补录。同时强化了企业注销信息与各相关单位的共享，可以实现工商、税务、银行、社保、公安、商务、海关、公积金8部门注销协同办理，全流程0.5个工作日办结。

二、持续推出企业开办便利化各项举措

近年来，作为企业开办工作的牵头单位，郧西县行政审批局以企业满

意度、群众获得感为导向，以深化商事登记改革为抓手，围绕"开办企业"环节便利度提升，推进数字化、智慧化市场准入，全力强优势、补短板，为郧西县营商环境作出重要贡献。一是用数字赋能让信息多跑路、群众少跑腿。借助数字化、智能化等技术，促进线上服务和线下服务深度融合，推动政务服务业务跨层级、跨地域、跨系统、跨部门办理。截至目前，共为市场主体提供"跨域通办"服务 258 件（次），满意率 100%。同时为新开办企业免费提供"企业开办大礼包"，包含一套五枚印章、营业执照、企业手册等物品。赠送大礼包以来，截至 2024 年 4 月底，郧西县累计为 4482 家企业赠送印章 22190 枚，为企业减免费用合计 177.52 万元。二是大力推广"一照多址"经营场所备案登记，为符合条件的市场主体在同一县域内办理多个经营点提供便利；持续优化完善企业开办"一网通办"，推行"全程网办"。推行企业开办"2 半 0"标准以来，截至 2023 年 10 月，郧西县开办企业 5966 家，其中通过一网通平台办理的有 5871 家，办理率高达 98.4%。三是拓展多渠道办事渠道，加大宣传力度，引导企业可自由选择从湖北政务服务网、i 武当 APP、自助终端设备、线下综窗、小程序、公众号等多渠道开办企业，进一步提升网办率和企业开办智慧水平。四是提升服务质量，持续提高企业体验感和满意度。设置"首席服务员"，对企业开办、变更、注销多环节办理事项进行领办、代办、帮办，实现跨部门"一人受理、全程服务"。自助服务区设帮办代办专员，确保为企业提供手把手"保姆式"服务，让政务服务更有速度和温度，让居民群众和企业办事更省心更舒心。

三、探索"市场准营即入制"改革 实现市场主体准入易准营易

为降低企业办事成本，压缩企业办事时限，从制度层面解决困扰市场主体发展"准入易准营难""办照容易拿证难"的问题，郧西县行政审批

局探索推出了"市场准营即入制"改革，且该项改革作为湖北省 2022 年先行示范区被省营商办通报表扬。

一是强化信用应用。信用良好的市场主体，适用"市场准营即入制"，承诺即准营。线上系统自动对接信用系统，自动核验申请人信用信息，信用良好申请人可上传承诺书后即可快速、便捷地获得《行业综合许可证》。

二是容缺受理。申请人通过"市场准营即入制"平台上传承诺书后，各审批单位直接按承诺制办件，实行容缺受理，当场许可。单项许可电子证书通过微信或文件共享等方式直接传送至"市场准营即入制"综合服务窗口，由窗口工作人员通过"市场准营即入制"制证系统制发《行业综合许可证》。

三是核查后置。自《行业综合许可证》送达申请人手中起 30 个工作日内，由县行政审批局联系牵头部门制定一个核查计划，并通知经营者开展现场核查活动，整改意见现场一次性告知、整改情况一次性复审。对实际情况与承诺内容不相符的，责令限期整改，情节严重或经限期整改后仍无法达到经营条件的，由监管部门通报审批部门依法撤销其经营许可证。

四、推行企业"1+N"一站式注销服务改革 助力企业快速退市

企业"1+N"一站式注销服务改革工作以"1"张营业执照注销为核心，实现"N"张准入类许可证件注销联办为突破，整合联动市场监管、农业农村、文旅、交通、烟草等部门协同推进，构建便捷高效的企业注销体系，有效降低市场主体退出门槛，实现企业证照一次性注销，进一步提升政府办事效率和服务对象满意度。该项改革作为湖北省 2023 年先行示范区被省营商办通报表扬。

一是建立"1+N"一站式注销改革工作机制。建立了企业注销"1+N"

一站式注销改革联席会议制度，统筹推动改革工作。通过相关部门间密切配合，切实加强对改革工作的业务指导和跟踪反馈，共同研究解决的办法和措施，细化推进举措，强化责任落实，保障改革取得实效。

二是优化企业注销"一站式"服务流程。设置企业注销"1+N"综合窗口，为企业注销全流程提供无偿帮办、导办、咨询、指引服务，"一次性告知"所需申请材料，全程专人对接指导，对符合受理条件的一次性综合收件，实现"审前辅导、申请受理、并联审批、统一办结"的"一站式"注销服务。

三是明确企业注销"1+N"证照注销服务规范。编制企业注销"1+N"一站式改革证件目录，制定统一的标准化操作手册，对企业登记注销及相关资质注销的办理流程、申请材料、表单文本等内容进行整合，引导企业一次性提交"1+N"注销申请，让企业只需提交一次申请、报送一套材料，即可完成企业所有证照的注销。

四是健全失信惩戒体系。将申请人承诺信息、践诺行为信息等计入信用档案，建立申请人诚信档案和虚假承诺黑名单制度，面向社会公开。严格落实企业主体责任，依法对失信市场主体实施部门联合惩戒，防止恶意逃废债务。对企业在注销登记中隐瞒真实情况、弄虚作假的，市场监管部门依法将其列入严重违法失信企业名单，通过国家企业信用信息公示系统公示。

郧西县企业开办工作已经向纵深推进，接下来将巩固"企业开办"工作成果，推进"企业开办"全流程各部门协同，继续加大推广"一链通"智慧审批平台，制作更加精细规范的办事指南和操作流程，让企业可以多渠道自主选择办理平台，增大各平台办件量，真正实现"一网通"，提升行政服务和行政监管精准化、智能化水平，积极探索创新工作机制和方式方法，深入推进企业政务服务标准化、规范化。

（湖北省郧西县行政审批局推荐）

第七节 案例35/鹤壁市山城区：智数双融，推动法治环境上阶新高地

近年来，河南省鹤壁市山城区法院立案庭认真贯彻落实上级法院关于全面推进"两个一站式"的工作部署，统筹谋划、多措并举，积极发展新时代"枫桥经验"，进一步整合力量资源，强化协调联动，健全体制机制，智能化、数字化双向融合，全力推进"一站式"矛盾纠纷调解中心建设，不断提升诉讼服务高水平。

2020年10月，立案庭整体、成建制入驻山城区矛盾纠纷多元化解中心，推动实现矛盾纠纷"一条龙"受理、"一站式"服务、"一揽子"化解。多元化解中心大厅目前已实现数字化叫号办案，并计划在未来进一步提升整体智能化水平，推动派驻中心的单位之间实现资料共享，让当事人在叫号机上输入相关信息便可对自身诉求的受理主体进行判断和识别，真正实现智能化、数字化的双向融合，在"党委领导、政府支持、综治协调、法院指导、社会参与"的诉源治理联动格局下，切实把矛盾解决在萌芽状态、化解在基层。

2022年，山城区人民法院"创新财产保全机制，提升审判质效"的经验做法，被最高人民法院《工作信息》刊发并在全国推广；2023年，立案庭办案团队荣获全省法院"李庆军式十佳办案团队"称号，并记集体二等功；立案庭案例荣获"营商环境看河南"2022年度河南省法治环境典型案例。

一、创新发展诉源治理数字化，打造多元解纷共同体

山城区法院立案庭坚持将多元化纠纷解决机制建设于社会治理现代化大局中谋划推进，积极向区委区政府建言献策，推动成立山城区矛盾纠纷多元化解中心。2020年10月，山城区法院立案庭成建制、整体入驻，这成为山城区法院一站式工作的重要转折点。入驻后，山城区法院立案庭提高了诉讼服务硬件设施建设，扩充了服务队伍，积极发挥多元联动优势，推动万人成讼率考评机制纳入山城区平安建设考核体系。依托多元化解中心集成化办件优势，探索在数字化系统平台内深化诉调对接，加强与各部门、各调解组织密切配合，发挥各自职能作用，增强多元化解协同效果，积极构建共建、共治、共享的基层社会治理格局。一是定期召开联席工作会议，为矛盾调解数字化转型奠定基础。借助山城区矛盾纠纷多元化解中心的"访、调、援、诉、裁"综合协同机制和"日会商、周例会、月研判"日常管理机制，打通接待来访、法律咨询、矛盾调解、法律援助、劳动仲裁、诉讼审判等各个环节，打破"各管一段、各自为战"的传统工作模式。二是充分发挥行业调解功效，积极推动当事人材料数字化共享。大力延伸审判职能，与多元化解中心的郭大姐调解室、静熙调解室等特色调解室以及律师调解室、婚调委、医调委、心理咨询室等调解组织紧密协作开展诉前调解工作，通过数字化资料共享来为群众提供一站式解纷服务。三是主动融入网格治理体系，广泛延伸数字化应用触角。积极融入社会综合治理网格，就家事纠纷、土地纠纷、相邻权纠纷开设网页专栏，实现数字化线上征集受理，同时开展巡回审判，送法下乡。通过公正高效审判，使人民群众在巡回审判中感知法律规则和力量，发挥"审理一案，解决一片"的辐射作用，促进社会矛盾纠纷的源头预防和就地化解。

二、加强"四个前置"链接互通，切实应用数字化成果

矛盾纠纷多元化解中心大厅正在升级系统配置，力争实现"对前来办事人员的分流、引导基于数字化系统来完成"，在办事人员"只知矛盾事件本身，不清楚对应的受理部门时"，能够对当事人案件情况进行先行判断。这一数字化系统的升级将使得案件的受理匹配变得更加精准，一来可以提升各部门的工作处理效率，二来可以方便广大没有处理纠纷的相关经验、矛盾调解方向不明确的办事主体。

山城区法院立案庭在诉前调解工作中尤其注重数字化成果应用，重点实现调解、鉴定、保全、速裁"四个前置"协调配合。一是调解前置，通过数字化平台优化并加强诉前调解力量配置，安排经验丰富的工作人员负责诉前调解的普及工作，向当事人讲明诉前调解不收费用、程序简单、流转方便等优势，鼓励和引导当事人选择诉前调解解决纠纷，在保障当事人诉权的前提下，对所有案件优先调解，调解不成再立案。二是鉴定前置，对需要司法鉴定的案件，在诉前即组织双方当事人进行鉴定，以鉴定意见引导当事人达成调解，缩短案件审理周期，提高案件审判效率。三是保全前置，即根据案情引导当事人申请诉前财产保全及诉中保全，以保障将来权利的实现，促成双方当事人直接和解并履行。保全机制的实施，使得整体办案周期大大缩短。四是速裁前置，山城区法院成立 4 个速裁团队，分流 70% 的简案，专业审理速裁快审案件，确保繁简分流精准、速裁快审提速。同时速裁团队指导诉前调解，提前了解案情，对调解成功的督促履行、进行司法确认或出具调解书，对调解不成转立案的案件过滤筛选。

三、强化数字化查控手段，财产保全发挥实效

运用数字化信息手段，提高工作效率，案件保全及时办。及时、高效、

精准是办理保全案件的基本要求，充分发挥执行指挥中心查控平台各项功能作用，完成与公安交管部门、不动产登记管理等部门专网对接，利用网络执行查控系统对被执行人全国范围内的存款、车辆、不动产、证券、支付宝账户、财付通账户等财产线索进行查控。对于跨区域案件的保全，及时通过指挥平台发起事项委托，通过数字化、信息化助力，案件保全工作高质高效迅速办结，为案件审判执行顺利开展创造了有利条件。

山城区法院立案庭以创新财产保全机制为着力点和切入点，全面推行"权利告知、保全前置、专人办理、调查令协助、全流程保全"的财产保全新机制。一是主动提醒，权利告知先行。自首次接待当事人时便发放《申请财产保全权利告知书》《申请律师调查令权利告知书》，就财产保全的程序以及申请律师调查令的程序等内容向当事人释明。二是关口前移，整合保全资源。按照"一体化、多功能"标准，在立案庭成立财产保全团队集中办理诉前、诉中、诉讼后执行前保全案件，实现财产保全工作集约高效办理。办理时长由原来的10个工作日缩短至1个工作日。三是高效便民，严控时间节点。设立当场审查、当场缴费、当日裁定的"三个当场"模式，为当事人提供一站式集中办理保全服务。四是精准发力，发挥调查令积极作用。充分发挥律师调查令优势作用，对提出申请的及时审核，符合条件的1个工作日8小时内签发律师调查令，且申请调查令不限次数。五是全程覆盖，挤压规避空间。充分发挥诉讼阶段法院查控财产职能，经审查符合规定的保全申请，财产保全团队会立即启动保全措施。这一系列措施有力保障了当事人合法权益得到及时高效的兑现，较好地实现了"以保全促和解，以保全促审判，以保全促执行"的工作目标，让纸上的权利早日转换为群众手里的"真金白银"。创新机制实施以来，全院整体办案周期缩短了三分之一，大幅度提升了审判执行质效。

（河南省鹤壁市山城区人民法院推荐）

参考文献

[1] 朱光磊，等. 构建行政审批局：相对集中行政许可权改革的探索 [M]. 北京：中国社会科学出版社，2017.

[2] 范合君，吴婷，何思锦. "互联网＋政务服务"平台如何优化城市营商环境？——基于互动治理的视角 [J]. 管理世界，2022（10）.

[3] 宋林霖，何成祥. 优化营商环境视阈下放管服改革的逻辑与推进路径——基于世界银行营商环境指标体系的分析 [J]. 中国行政管理，2018（4）.

[4] 张康之. 数据治理：认识与建构的向度 [J]. 电子政务，2018（1）.

[5] 黄璜. 对"数据流动"的治理——论政府数据治理的理论嬗变与框架 [J]. 南京社会科学，2018（2）.

[6] 宋林霖，陈志超. 温度、测度、制度：中国营商环境治理结构及其调试 [J]. 中国行政管理，2023（5）.

[7] 赵映，张鹏. 政务服务改革的价值取向：演进、型塑及实现路径 [J]. 上海行政学院学报，2023（4）.

[8] 廖福崇. "互联网＋政务服务"优化了营商环境吗？——基于31省的模糊集定性比较分析 [J]. 电子政务，2020（12）.

[9] 郑磊，高丰. 中国开放政府数据平台研究：框架、现状与建议，电子政务 [J]. 2015（7）.

[10] 孙晋. 数字平台的反垄断监管 [J]. 中国社会科学，2021（5）.

[11] 宋林霖，李广文. "放管服"改革的治理意蕴及其走向 [J]. 中国行

政管理，2022（8）.

[12] 张廷君. 城市公共服务政务平台公众参与行为及效果——基于福州市便民呼叫中心案例的研究 [J]. 公共管理学报，2015（2）.

[13] 詹国辉. "码上商量"：大数据赋能全过程人民民主的地方性实践——基于盐城经验的案例阐释 [J]. 甘肃行政学院学报，2023（1）.

[14] 范如国. 平台技术赋能、公共博弈与复杂适应性治理 [J]. 中国社会科学，2021（12）.

[15] 张晓君. 数据主权规则建设的模式与借鉴——兼论中国数据主权的规则构建 [J]. 现代法学，2020（6）.

[16] 江小涓，黄颖轩. 数字时代的市场秩序、市场监管与平台治理 [J]. 经济研究，2021（12）.

[17] 鲍静，贾开. 数字治理体系和治理能力现代化研究：原则、框架与要素 [J]. 政治学研究，2019（3）.

[18] 贾怀勤. 数字贸易的概念、营商环境评估与规则 [J]. 国际贸易 2019（9）.

[19] 李大宇，章昌平，许鹿. 精准治理：中国场景下的政府治理范式转换 [J]. 公共管理学报，2017（1）.

[20] 徐浩，祝志勇，张皓成，等. 中国数字营商环境评价的理论逻辑、比较分析及政策建议 [J]. 经济学家，2022（12）.

[21] 宋锴业. 中国平台组织发展与政府组织转型——基于政务平台运作的分析 [J]. 管理世界，2020（11）.

后 记

营商环境就是生产力，良好的营商环境可以有效地促进企业增长，提高一个地区或国家的吸引力，从而提升其整体经济竞争力。在现代经济体系中，优化营商环境不仅意味着简化行政程序、减少政府干预，更涉及通过技术创新释放生产力，"数字化"和"营商环境"已然成为促进经济效率提升和推动高质量发展的两大基础性支撑。

随着5G和人工智能等前沿技术的广泛应用，数字技术成为优化营商环境、提升区域竞争实力的核心要素。许多国家正在加速推动数字营商环境建设。例如，欧洲国家利用数字单一市场策略来推动数字技术的广泛应用；美国和加拿大则通过政策和资金支持，鼓励企业数字化升级，提升服务效率和透明度；新加坡和澳大利亚在企业注册和税务申报方面做出了大量简化措施，提高了政府服务的效率和透明度。

为平衡各地经济发展差异，促进区域经济一体化，提高全国经济的整体竞争力，我国通过制定和推动京津冀一体化、长三角一体化和粤港澳大湾区等重点区域的发展战略，继续扩大开放，在全国各地设立自由贸易试验区（FTZ），如上海自贸区、海南自由贸易港等，给予这些试验区更多的政策自主权，比如税收优惠、投资自由度高、外汇管理灵活等，这些政策创新为企业提供了更优越的营商环境，不仅优化了国内的营商环境，也吸引了更多的外资企业投资中国。

近年来，我国在智能化和信息化服务领域取得了显著进展，数字营商环境发展迅猛，电子政务服务通过集成和共享政府数据资源，实现了多项服务的在线化，比如在线办理行政审批、社会保险登记等，极大地减少了企业和公众在办理各类事务时的时间成本和经济成本，通过智能化平台提供一站式服务，不仅简化了企业开办和运营的复杂流程，也使政府监管更加透明有效，这些措施极大地提升了公共服务的办事效率和透明度，同时为企业和公众提供了更为便捷的服务体验，全国各地涌现出一大批数字营商环境建设的典型做法，为在全国复制推广提供了经验和启示，有力地推动了我国营商环境迈向数字新高度。

黑龙江省政务大数据中心能够利用大数据、云计算技术等构建营商环境监测应用，丰富了监测管理手段，提高了数据的完整性、时效性与用户决策能力，建立了多类数据比对分析及各区域市场主体画像，为黑龙江省营商环境监测和市场监管能力优化提供了有力技术支撑，实现了资源共享，创新了服务方式，提高了治理效能。

安徽省亳州市人力资源和社会保障局立足人社职能，开发建设了"满薪满益"服务平台，将劳动关系的建立、运行、监督和调处全过程纳入数字化轨道，通过数据驱动、数字赋能，实现了业务协同，深入推进了劳动关系风险监测智慧预警、企业用工指导服务等为民办实事为企优环境改革创新事项，着力解决了影响和谐劳动关系的体制机制性障碍，释放了创新创业创造动能，激发了各类市场主体活力，持续改善了营商环境。

河南省鹤壁市营商环境和社会信用建设中心通过释放大数据的资源红利，综合运用了人工智能、云计算等科技手段，建立了一体化政务数据耦合共享机制，整合了各方数据资源，解决了束缚融资难的数据获取难、放贷难、全域难、授信难等问题，搭建了信用监控大数据库、失信监控机制、失信双向督促机制和信用修复跨区域协同联动机制，以数字化做深服务领域、创新服务模式、改革服务机制，提升了政务服务品质和效率，打造了信用民生场景圈，全场景式释放了信用效能。

江西省景德镇市"赣通码＋不动产"服务新模式率先驶入"码上办"快车道，将"赣通码"升级为全市统一的政务服务码，他们先行在不动产领域推出"一码通办"服务，以统一身份认证体系为基础，以材料中心为数据底座，对接江西省电子证照库、不动产中心材料库等具有个人或企业身份标识的数据和服务，整合各类政务数据资源，首创不动产领域亮码免材料场景。

河北省威县充分结合当地发展实际，打造了线上线下"两个平台"，强化了数据归集应用，完善了服务体系，优化服务流程，创新了企业服务方式，提升了企业服务实效，畅通了企业诉求渠道，着力解决企业发展面临的痛点难点问题，打造了营商服务品牌，为企业发展提供了全方位的服务支撑，全面推动了服务提效增能。

福建省泉州台商投资区聚焦企业面临的惠企政策兑现，招商合同执行、发展诉求响应现实问题，借助信息化、数字化手段，打通了政企互动直达通道，构建了"三位一体"的智慧云监督体系，统一政策归口，实施"阳光机制"，提升政府工作效率，以智慧监督促进政企合同"双兑现"，提升了营商环境合同执行约束力，让智慧监督机制直达末梢神经，为新区经济高质量发展打造了良好的营商好环境。

在优化营商环境这个大主题下，各地从自身弱项入手，补齐短板，无论是产业集聚的"硬实力"还是政策环境的"软实力"，他们利用数字技术赋能提升政务服务水平，提高政府治理效能，充分展示了我国数字营商环境建设的成功实践，也为全国其他地区提供了可资借鉴的经验。

展望未来，我们将继续助力创新数字化应用场景，优化数字营商环境，确保数字技术在更广领域、更深层次发挥出应有的效能，通过不断推进数字化改革创新，实现更加公平、高效、透明的治理体系，持续提升和优化营商环境，持续推动营造市场化、法治化、国际化的一流营商环境，这是为高水平的对外开放和区域经济高质量发展提供坚实的支撑，更是激发经营主体活力、增强经济内生增长动力的重要基石。

最后，感谢为协助本报告完成而作出贡献的实践案例的创作者、研发者及提供者，他们的工作至关重要。